STORYTELLING MARKETING

Theories & Practices

스토리텔링 마케팅: 이론과 적용

홍숙영 | 조승호

박영사

머리말

인간의 역사만큼 스토리텔링의 역사도 오래 되었을 것입니다. 인간의 시간과 더불어 시작된 스토리텔링은 태양과 달로부터 우주선과 알파고에 이르기까지 무수한 사건과 감동과 지혜를 담아 왔습니다. 태곳적부터 인간과 함께 존재해왔던 스토리텔링이 디지털 시대에 다시 그 진가를 발휘하고 있습니다. 문학과 예술 분야로 한정되어 그 가치를 인정받았던 스토리텔링은 이제 교육과 정책은 물론 미디어와 마케팅 분야에 이르기까지 각 분야에서 널리 활용되고 있습니다. 특히 다매체 다채널의 콘텐츠로, 온오프 라인을 넘나드는 마케팅 방법의 하나로 스토리텔링의 가치는 크게 빛을 발하고 있습니다. 그러나 정작 스토리텔링의 의미와 진정한 가치, 전략적 활용 방안에 대한 길을 제시하는 사례는 그리 많지 않습니다. 이것이 스토리텔링일 것이고, 이런 식으로 하면 통할 것이라는 모호하고 막연한 방식과 체계적이지 못한 접근이 대부분입니다.

이 책은 스토리텔링에 대한 이와 같은 문제의식에서 출발했습니다. 분명 스토리텔링은 창의적이고 독창적인 아이디어와 상상력, 예술적 사고의 산물입니다. 동시에 스토리텔링은 학문의 한 분야이기도 합니다. 스토리텔링을 마케팅에 적용하기 위해서는 이론과 체계, 그리고 전략을 이해할 필요가 있습니다. 마케팅을 위한 스토리텔링은 기업, 창업주, CEO, 제품, 서비스, 고객, 조직원, 투자자, 협력업체, 경쟁사, 기업철학, 정부의 정책, 법제 등을 모두 알아야 합니다. 무엇보다 다른 모든 스토리텔링과 마찬가지로 스토리텔링의 목적이 분명해야 합니다.

이 책에는 마케팅을 위한 스토리텔링 전략에 필요한 이론과 사례, 실전연습 등이 실려 있습니다. 마케팅과 커뮤니케이션, 광고, 홍보학을 공부하는 학생은 물론 기업과 정책입안자에 이르기까지 스토리텔링을 적용해야 하는 모든 분야에 실질적으로 도움을 줄 수 있도록 체계적으로 구성하였습니다.

성공적인 스토리텔링 마케팅을 위해서는 스토리텔링과 마케팅 두 분야를 모두 잘 알아야 합니다. 이는 곧 인문과학과 사회과학에 모두 능통해야 함을 의미합니다. 독창적인 스토리텔링을 설계하려면 신화와 전설의 보편성에 대한 이해가 바탕이 되어야 하며 캐릭터를 설정하고 플롯을 구성할 수 있어야 합니다. 스토리텔링 마케팅 전략을 세우기 위해서는 마케팅과 소비자 심리, 조직 관리와 커뮤니케이션, CEO학 등에 대한 지식이 필요합니다. 따라서 스토리텔링 마케팅은 문학, 경영학, 경제학, 심리학, 커뮤니케이션학, 철학 등의 융합 학문이라고 할 수 있습니다. 이런 연유로 경제학과 커뮤니케이션을 공부한 학자와 철학과 홍보학을 전공한 학자가 공동으로 본서를 집필하게 되었습니다.

스토리텔링 마케팅에 관한 이론을 기초 단계부터 고급 단계까지 구성한 이 책에는 스토리텔링 마케팅을 실현하는 데 필요한 사례와 실전도 함께 제시되어 있습니다. 모쪼록 스토리텔링 마케팅을 체계적으로 공부하고 전략적으로 활용하는 방법을 배우는 데 도움이 되길 바랍니다.

2017년 3월
저자 홍숙영 · 조승호

CHAPTER 1 스토리와 마케팅

CHAPTER 2 스토리텔링 이론

CHAPTER 5 마케팅을 위한 스토리텔링 구성

Storytelling Marketing

Chapter
01

스토리와 마케팅

스토리와 마케팅

1 스토리란?

1) 스토리의 힘

　　인간은 세상의 빛을 보기 전, 어머니의 뱃속에 하나의 생명으로 들어선 그 순간부터 이야기와 접하게 된다. '태교'라는 이름으로 시작되는 이 이야기는 아기에 대한 부모의 기대와 애정을 담고 있으며, 모험으로 가득 찬 인생을 어떻게 헤쳐 나갈지에 대한 지혜를 전해 준다. 이렇게 시작된 이야기는 살아가면서 여러 형태로 우리 주위에 머무르게 된다. 법과 질서의 중요함을 이야기로 전해주는 교사의 수업이나 연극을 통해 알게 되는 나눔과 배려의 삶, 그림으로 배우는 조상의 공덕에 관한 이야기뿐 아니라 TV나 영화 속에서 만나는 재미있는 이야기는 마음에 편안함과 휴식을 안겨주기도 한다. 시작과 중간, 끝으로 구성되는 이야기는 전달하는 사람과 듣는 사람의 환경과 경험, 지식에 따라 변할 수 있으며 이야기가 담기는 매체나 형식에 따라 똑같은 이야기라 하더라도 변형이 가능하다.[1] 이야기는 말이 되거나 글이 될 수도 있고, 노래나 그림이 될 수도 있으며, 몸짓이나 영상이 될 수도 있다. 이야기는 인물들을 중심으로 전개되는 시

퀀스적인 사건으로 정의된다. 이 때 시퀀스란 사건, 생각의 상태나 행동 같은 것들을 의미한다.[2]

이야기는 언제나 사람들을 매료시키며 '사실'은 더욱 생생하게 다가오도록 만들고 '허구'는 마치 실재하는 것처럼 느끼게 하는 힘을 지닌다. 특히 개인의 사회적 관계를 중심으로 한 소셜미디어까지 등장해 그 영역을 확장하면서 사람들이 쏟아내는 이야기는 무궁무진해지고 있는데, 그토록 무수한 이야기 가운데 흥미를 끄는 이야기들만이 사람들의 눈길을 머물게 한다.

그렇다면 도대체 어떤 이야기가 우리의 마음을 사로잡는가? 좋은 이야기란 명료한 하나의 주제를 지녀야 하며 이야기의 출처가 믿을 만한 것이어야 한다. 또한 플롯이 짜임새 있어야 하고, 스타일과 인물에 개성이 담겨야 하며 청자를 의식하여 기대를 반영한 것이라야 한다. 자극적인 이야기나 허황된 이야기, 부정적인 이야기는 잠시 인기를 끌 뿐 오랜 시간 여운을 남기며 마음에 남아 있지 못한다. 많은 학자들이 그들의 연구에서 '잘 된(well−told)' 이야기가 사람들의 생각과 행동에 영향을 미치며 삶에 변화를 가져다준다는 것을 밝혀냈다. 어떤 이야기를 듣게 되면 우리는 그 가운데 핵심이 되는 요소를 뽑아내는데 그러한 것들은 우리 기억 속에 저장되거나 기억과 어우러져 새로운 이야기로 창조된다.[3]

불치병을 앓는 환자를 다룬 다큐멘터리를 보며 ARS로 후원금을 내거나 그 단체에 가입해 정기적으로 기부하는 것, 불의에 맞서 촛불을 든 사람들의 이야기가 또 다른 촛불을 불러 모으는 것, 지구의 환경이 파괴되는 이야기를 듣고 자신만의 컵을 들고 다니는 것처럼 이야기는 사람들의 마음을 움직이고 행동하게 하며 결국 세상을 바꾸게 한다. 이야기의 힘은 바로 여기에 있다. 인간의 기억과 어우러져 새로운 이야기를 쓰고 더 나은 삶을 위해 인간을 변화시키며 이를 통해 세상을 아름답게 변화시키는 것, 그것이 바로 이야기가 지니는 막강한 힘이다.

2) 이야기의 특징[4]

이야기에는 이야기를 하는 사람, 즉 화자인 스토리텔러의 생각과 가치관이

고스란히 들어 있다. 스토리텔러는 이야기 속에 여러 인물을 등장시키고 사건을 일으키면서 자신이 전달하고자 하는 메시지를 담게 된다. 이러한 이야기의 특징은 다음과 같다.

① 이야기는 일정한 형식을 지닌다

어떠한 이야기가 시작될 때 우리는 어떤 식으로 전개되어 어떻게 끝이 날지 기대하게 된다. 어떤 이야기이든 일단 시작하면 매듭을 짓게 되어 있다. 이야기의 형식은 어떤 매체인지 또 어떤 장르인지에 따라 다르게 나타난다. 연극이라면 2막 구조나 3막 구조의 형식을 지니게 될 것이고, 뮤지컬이라면 대사를 노래로 전달하는 부분이 포함 될 것이며 코미디 영화의 경우 포복절도하는 부분이 등장하기 마련이다.

② 이야기는 전이가 가능하다

웹툰은 영화나 연극, 드라마, 뮤지컬, 소설, 종이만화, 웹 드라마 등으로 변형할 수 있다. 콘텐츠는 하나이지만 양식은 얼마든지 전이되어 뻗어나갈 수 있다. 뽀로로는 유아를 위한 애니메이션이지만 테마파크, 동화책, 교육 영상, 게임, 색칠공부, 영화 등으로 전이되어 어린이들을 만나고 있다.

③ 이야기는 변형이 가능하다

지은이와 시대를 알 수 없는 고전 소설 '춘향전'은 여인의 절개를 담고 있다. 남원부사의 아들 이몽룡과 기생의 딸 성춘향이 서로 사랑하다 떨어지게 되는데 새로 부임한 부사가 춘향에게 수청을 강요하자 춘향은 끝까지 절개를 지키고 결국 사랑이 이루어진다는 내용을 골자로 한다. 그러나 소설 '춘향전'의 이본은 120종이 넘으며 내용에 있어서 춘향이 기생인 경우도 있고 그렇지 않은 경우도 있다. 형식도 판소리, 한글 소설, 한문 소설 등 다양한 형태로 전해지고 있다. 이처럼 이야기는 시대와 환경, 청자에 따라 얼마든지 변형이 가능하다.

④ 이야기는 구조를 지닌다

이야기는 사건과 인물, 배경적 요소를 중심으로 전개된다. 시작과 중간, 끝이라는 구성을 지니며 사건이 발생하고 갈등이 생긴다. 탄탄한 구조를 지닌 이야기는 감동을 주며 이야기에 등장하는 인물에게 생명을 불어 넣는다. 존중해야 할 가치를 담은 이야기는 진정성을 느끼게 하며 이야기 속 인물과 이야기 밖의 청자를 교감하게 한다.

Demonstrating Comprehension

1. 이야기의 특징은 무엇입니까?

2. 이야기의 특징을 나타내는 사례를 찾아 발표해 봅시다.

2 스토리텔링이란?

1) 스토리텔링의 개념

스토리텔링의 역사는 인간이 말을 시작하면서부터라고 볼 수 있다. 구술시대에 시작된 스토리텔링이라는 용어는 1995년 미국 콜로라도에서 열린 '디지털 스토리텔링 페스티벌'을 계기로 활발하게 사용되기 시작하였다.[5] 말과 제스처, 표정을 포함하는 스토리텔링이라는 용어가 문자시대로 접어들면서 텍스트를 중심으로 한 '내러티브'로 대체되었다가 디지털 시대에 들어오면서 제자리를 찾게 된 것이다.

스토리텔링이란 '스토리(story)'와 '텔링(telling)'의 합성어로, 스토리는 줄거리가 있는 이야기를 의미하고, 텔링은 매체의 특성에 맞는 표현방법을 말한다. 이는 '이야기'라는 콘텐츠를 매체라는 '형식'에 담는 것으로 정책, 광고, 무용, 예술, 문학, 연극, 교육, 게임 언어, 그림, 제스처, 신화, 전설, 우화, 설화, 소설, 서사시, 역사, 비극, 추리극, 희극, 무언극, 회화, 스테인드글라스, 영화, 뉴스, 일상대화 등 다양한 형식이 모두 여기에 해당된다. 특히 스토리텔링은 '이야기를 하는 행위'가 중심이 되기 때문에 현재성과 현장성이 강조된다.[6] '스토리(Story)'가 텍스트를 중심으로 하는 평면적이고, 정지된 상태를 뜻하는 개념이라면, 스토리텔링은 여기에 입체성과 역동성이 더해진 것을 의미한다.[7]

아주 오래 전, 이야기를 할 줄 안다는 것은 곧 권력을 쥔다는 것을 의미했다. 부족의 비밀이나 자연의 이치는 대를 이어 이야기의 형태로 권력을 가진 소수자에게만 전해졌고, 부족의 지배자들은 이러한 이야기를 적절한 시기에 적절한 형태로 부족민들에게 들려주었다. 학자들은 고대의 예언자나 음유시인, 어릿광대들이 일찍부터 스토리텔링의 영향력을 본능적으로 알았다고 주장한다.[8] 이야기의 형식으로 전달되는 지식과 정보는 보다 감성적으로 연결되고 사람들은 자신의 경험을 떠올리며 상세한 부분까지 기억할 수 있게 된다.

스토리텔링은 인류의 오랜 경험에서 나온 용어이지만, 현대사회에서 대중적, 소비적, 기교적인 속성이 더해지면서 메타적인 용어가 되었다.[9] 각기 다른 분야에서 여러 가지 목적을 달성하기 위해 다양한 방식으로 스토리텔링이 이용되고 있다. 이러한 스토리텔링은 때때로 내러티브와 혼용되어 사용되기도 한다. 스토리텔링이라는 용어 대신 '내러티브'라고 쓰는 학자들이 있는데, 이 때 내러티브는 일반적으로 스토리를 의미하는 것 외에 학문적으로 사용될 경우 사고의 내러티브적 양상(narrative mode of thought)을 의미한다. 즉, 경험에 대한 이해 등의 목적으로 이야기를 창조할 때의 사고과정(thinking process)을 의미한다.[10]

스토리텔링의 개념을 정의하기 위해서는 먼저 내러티브의 개념을 정립해야 할 필요가 있다. 내러티브는 이야기된 진술(storied accounts)을 의미하며 시점이나 텍스트, 구술, 사실, 환상, 길이에 상관없이 문학이론가들 사이에서 중요한 플랫폼으로 간주된다. 구조주의의 시각에서는 내러티브의 정의와 관련해 순서와 지속성을 중요시한다. Scholes은 내러티브를 "주제와 시간에 따른 사건에 연결된 시퀀스의 상징적 제시"라고 정의하였다.[11] 한편 커뮤니케이션의 시각에서는 독자와 해석이 구조나 작가주의만큼 중요하다고 주장한다.[12]

Barry와 Elmes는 내러티브란 내포 작가(implied author)가 내포 독자(implied reader)에게 하는 진술이며 이는 의미를 결합하는 주제와 시퀀스를 지닌다고 하였다.[13] 특정한 주제로 엮어진 시퀀스 안에서 발생하는 사건(event)의 주관적인 진술이 바로 내러티브라는 것이다. 내러티브 혹은 스토리텔링에는 이처럼 '사건(event)'이라는 요소가 반드시 포함된다는 것을 알 수 있다. 사건이 없다면 그것은 단순한 설명에 지나지 않기 때문이다.

군이 내러티브와 스토리텔링의 차이를 찾는다면 무엇보다 내러티브가 서술성을 강조하는 반면 스토리텔링에서는 실시간성과 상호작용성, 구술성이 강조된다는 점을 들 수 있다. 스토리텔링은 '이야기'라는 콘텐츠를 매체라는 '형식'에 담는 것으로 스토리텔링에서 이야기는 평면적인 이야기가 아니라 입체적인 이야기이며 특히 청자와의 상호작용이 중시된다.

스티븐 데닝은 스토리텔링이란 '일어난 상황에 대해 잘 짜인 스토리 방식으로 시각, 청각, 후각 등의 감각에 호소하여 감동적으로 전달하는 고대로부터 전승되어온 인류의 담화 예술 혹은 기술'이라고 정의 내렸다.[14] 구전시대의 담화 기술인 스토리텔링이 현대의 무대에 다시 등장하게 된 것은 사람들의 정신에 영향을 미치고자 하는 마케팅 전략 때문이라고 보는 시각도 있다. 크리스티앙 사몽은 1990년대 이후 미국에서 마케팅, 경영, 정치커뮤니케이션 분야에서 소비자와 시민들의 정신에 영향을 미치기 위해 스토리텔링이 다시 사용되었다고 분석하였다.[15] 정치, 경제, 사회, 미디어 등 문화 전 분야에 주도권을 쥐고 사람들의 의식을 조종하기 위해 스토리텔링이 기교적 커뮤니케이션의 한 분야로 자리 잡게 되었다고 본 것이다. 스토리텔링에 대해 비판적인 시각에서는 스토리텔링이 대중적이며 소비를 부추긴다고 주장하기도 한다.

여러 학자들의 개념을 종합하여 류은영은 스토리텔링에 대해 다음과 같이 정의내리고 있다.

> '스토리텔링이란 구술적 전통의 예술로서, 사실적 및 허구적 사건을 시각이나 청각 등에 호소하며 실시간적으로 재연해 전달하거나 소통하는 시공간적 또는 다감각적 또는 상호작용적 담화 양식으로 20세기말 이후 점차 서사적으로 기교화되면서 정치, 경제, 사회, 문화 전반, 특히 대중소비문화를 주도하는 미디어 및 엔터테인먼트 산업의 토대가 되고 있는 담화 기법이다.'[16]

구술적 전통에 바탕을 둔 스토리텔링은 디지털 시대에 접어들면서 그 중요성이 강조되고 있다. 그동안 텍스트를 중심으로 움직이던 문화가 다시 '이야기하는 행위'를 중심으로 전개되고 있기 때문이다. 이제 정치와 정책, 경영, 문학에 이르기까지 모든 분야에서 스토리텔링이 중요한 기능을 담당하게 되었다.

브루너는 스토리텔링이 4가지 요소로 구성된다고 하였다. 화자의 관점, 행위자에 의해 통제되는 목표를 향한 행동, 시퀀스, 민감성 등이 여기에 해당한다.[17] 스토리텔링은 스토리텔러가 들려주는 이야기이므로 말하는 사람의 시점이나 시각이 중요한 요소로 작용한다. 화자의 이야기 속에서 등장인물은 자신의 목표에 맞춰 행동하며 인물이 지향하는 목표에 따라 갈등이 생기고 사건이 일어난다. 이야기 속에서 내용의 단락을 시퀀스라고 하는데, 주로 장소의 이동에 따라 시퀀스가 나뉘게 된다. 민감성(sensitivity)이란 주어진 문화에서 일상적인 관행으로부터 얼마나 일탈하는가의 정도에 관한 것이다. 상식이나 관습에서 너무 멀어진다면 스토리텔링은 사람들로부터 외면당하게 되므로 수용되는 범위 내에서의 일탈에 관한 이야기를 담아야 한다.

그림 1-1   스토리텔링의 4요소(브루너)

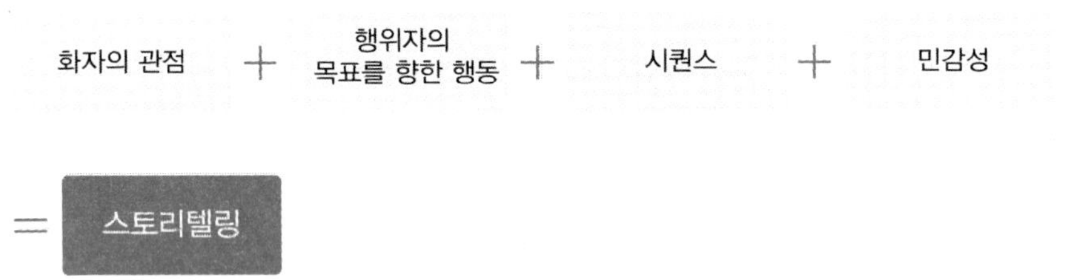

화자의 관점 + 행위자의 목표를 향한 행동 + 시퀀스 + 민감성

= 스토리텔링

2) 스토리텔링의 효과

오늘날 스토리텔링은 재미와 소통뿐 아니라 교육과 마케팅에 이르기까지 다양한 분야에서 활용되고 있다. 스토리텔링은 원시사회로부터 오늘날에 이르기까지 지식과 경험, 기억을 공유하는 장치로 활용되어 왔다. 스토리텔링을 통한 지식이나 메시지의 전달이 유용한 것은 스토리가 가치와 태도를 탐구하는 데 효과적이며, 흥미를 유발하고 기억을 용이하도록 하기 때문이다.[18] 또한 스토리

텔링은 상상력을 풍부하게 하고 동기를 부여하여 목표에 몰입하도록 해 준다.[19] 지식을 단편적으로 이해하는 편협한 시각에서 벗어나 통합적으로 인식하여 다양한 분야를 융합하고 그 과정에서 시너지를 발휘하는 데 있어 스토리텔링은 중요한 역할을 담당한다.[20]

스토리텔링에 관한 교육과 스토리텔링을 활용한 교육은 현재 다양한 교과과정에서 진행되고 있다. 교육의 대상 역시 유아에서부터 초·중·고학생, 대학생, 고등교육대상자, 평생학습자, 자격증 수강생에 이르기까지 폭이 넓다. 스토리텔링을 활용한 교육은 교육적 효용성이 높으며 학생들의 기억력 향상과 흥미 유발에 도움을 줄 수 있다.[21] 스토리텔링은 교육적 효과뿐 아니라 작업 과정이라든지 기술을 익히는데도 도움을 준다. 뿐만 아니라 심리적 안정을 돕거나 비전을 세우는 데 있어서도 큰 역할을 한다.

Facett는 스토리텔링의 강점을 다음과 같이 정리하고 있다.[22]

① 이야기는 방대한 양의 정보를 상대적으로 적은 단어와 한 가지 형태로 청중이 이해하기 쉽게 전달한다.
② 사람들은 이야기에 연관되어 있기 때문에 잘 만들어진 스토리는 기억력을 향상시키는 정신적 장치를 제공한다.
③ 이야기는 아이디어를 의미 있게 만들며 이론수립 능력을 강화시키는 데 효과적이다. 스토리텔링은 후속 작업에 프레임워크를 제공함으로써 발견, 탐험, 재상상의 과정을 촉진시킨다.
④ 스토리텔링은 경험과 맥락을 공유하고 다양한 시각과 사실을 제공한다. 이야기를 들은 청자를 그들 자신의 문화적 틀에서 벗어나 참여할 수 있도록 인도한다. 또한 스스로 깊이 생각하는 능력이 향상될 수 있도록 보다 나은 자기 인식을 창조하며, 인지, 감성, 행동을 동시에 불러일으킨다.

홀브루크(Holbrook, 1981)는 심리학의 렌즈 모델 이론을 토대로 상품의 속성 정보가 소비자가 지각하는 품질에 어떠한 영향을 미치는지에 대해 연구하였다. 렌즈 모델 이론은 아무리 객관적인 정보가 주어져도 인간 개개인의 '눈'이라는 렌즈를 통해서 해독되기 때문에 결국 주관적인 판단이 가해질 수밖에 없다는 내용을 골자로 한다. 홀브루크는 이를 평가적 판단의 종합모델(integrative model of evaluative judgment)이라고 불렀다. 소비자는 자신이 지닌 렌즈에 따라 주관적으로 판단하여 정보를 해석하고 이러한 차이가 지각 과정에서도 차이를 일으키며 결과적으로 품질에 대한 평가 차이로 나타난다는 것이다.[23]

예를 들어 소비자가 카메라를 구매하고자 할 경우 렌즈의 기능, 사진의 화질, 가격과 같은 객관적인 정보는 소비자의 브랜드에 대한 주관적인 인식에 따라 달라진다. 이 때 중요한 것은 소비자가 어떤 형태로 브랜드에 관한 이야기를 알게 되었고 이미지를 형성하였는가 하는 점이다. 광고나 SNS상에 떠돌아다니는 이야기 혹은 영상에서 특정 제품의 카메라를 감성적으로 접하게 된다면 소비자는 기꺼이 그 제품을 구매하게 될 것이다.

과거에 부족을 다스리던 족장이나 무당, 예언자, 음유시인, 피에로들은 스토리텔링의 효능을 잘 알았기에 자신들의 능력을 활용해 권력을 행사하거나 권력자의 비호를 받으며 세력을 형성하거나 예술 활동을 할 수 있었다. 제품이나 서비스가 이야기를 품게 되면 사람들은 보다 감성적으로 그것과 연결되고 세세한 것까지 기억하게 된다.

Giles Lury는 브랜드가 스토리텔링을 담게 될 경우 그 안에는 가족이나 TV의 등장인물들이 연루되는 작은 이야기들이 들어있다고 하였다.[24] 소비자에게 익숙하고 친근한 캐릭터가 등장하는 이야기는 소비자의 흥미를 자아낸다.

여러 학자들의 연구 결과를 보면 브랜드에 관한 스토리를 접한 고객들이 제품에 대해 보다 긍정적으로 반응하며 더 많은 대가를 지불하더라도 기꺼이 그 제품을 구입할 의사가 있는 것으로 나타났다. 더욱이 진정성이 담긴 이야기는 고객에게 친근감을 주고 오래 기억에 머물게 하며 브랜드에 대한 충성도를 높여준다.[25]

3) 스토리텔링의 기능

스토리텔링의 기능과 관련하여 R. Schank는 '역동적 기억'의 개념을 들어 설명하고 있다. 인간은 기억의 한계로 인하여 자신이 경험한 새로운 이야기를 원본 그대로 저장하기가 어렵다. 따라서 기억 속에 축적된 경험을 소환해 새로 입력된 경험을 저장해야 한다. 이 경우 새로운 경험과 기존의 경험 사이에 이루어지는 내적 대화의 과정이 곧 역동적 기억의 본질이 된다. 생크는 역동적 기억의 개념을 설명하면서 스토리텔링의 중요성을 역설하였다.[26] 스토리텔링이 현재와 과거의 기억이 서로 대화할 수 있는 길을 열어 줄 수 있다는 것이다.

우리가 패러글라이딩이라는 새로운 익스트림 스포츠를 경험한다고 가정해 보자. 우리는 시작하기에 앞서 두려움을 느끼고 겁을 집어먹게 된다. 이 때 코치가 패러글라이딩이 안전하고 겁나지 않다는 것을 아무리 강조하더라도 초보자는 믿지 않거나 여전히 겁을 집어먹은 채 두려움에 떨 수밖에 없다. 그러나 현명한 코치라면 과거의 기억을 불러내 새로운 경험을 하도록 격려하는 재치를 발휘할 것이다.

코치: 오늘 우리는 새로운 경험을 할 것입니다. 그러나 사실 전혀 새로울 것이 없습니다. 자, 지그시 눈을 감아보세요. 우리는 어린 시절로 돌아갑니다. 엄마나 아빠의 손을 잡고 있는 자신이 보이나요? 내 키보다 높은 곳으로 올라갑니다. 그 곳에서 폴짝 뛰어내리면 엄마, 아빠는 대견하다며 웃고 손뼉을 쳐 줍니다. 뛰어내리기 전에는 겁이 나고 가슴이 두근거렸지만, 뛰어 내렸을 때의 그 뿌듯함과 스스로에 대한 대견함, 그리고 자신감을 떠올려보세요. 패러글라이딩은 바로 그런 것입니다 폴짝 뛰어내리는 것, 성인이 된 우리는 지금 어린 시절보다 조금 더 높은 곳에서 뛰어내리는 것 뿐입니다. 가슴이 후련해지고 성취감을 느끼게 될 것입니다.

이처럼 새로운 시도는 어린 시절의 기억과 대화하며 새로운 경험으로 이어질 것이다. 스토리텔링은 우리에게 경험과 맥락을 공유하고 다양한 시각과 사실을 제공하여 좁은 틀에서 벗어나 넓은 세계로 항해하도록 돕는다. 또한 스스로 깊이 생각하는 능력이 향상될 수 있도록 보다 나은 자기 인식을 창조하며, 인지, 감성, 행동을 동시에 불러일으킨다.[27]

이야기 속에 담긴 브랜드의 메시지는 고객의 경험과 결합하여 고객의 뇌리에 각인되고 이는 결국 구매에 영향을 미치게 된다. 특히 이야기가 기업의 가치와 철학, 제품의 성격과 디자인, 조직원들의 특성, 커뮤니케이션 등과 유기적으로 결합될 때 스토리텔링 마케팅의 효과는 극대화될 수 있다.

스토리를 담은 광고나 캠페인은 본래의 의도가 무엇이든 그것을 접한 사람들에게 긍정적인 이미지를 전달하고 좋은 기억으로 남도록 한다. 스토리텔링 방식의 광고는 긍정적이고 따뜻한 감정과 같은 긍정적 정서를 증가시킬 뿐 아니라 오래 기억하게 하며 기대를 창조한다. 스토리텔링은 고객에게 긍정적인 감정을 발생시키며 사실보다 더 확신을 갖게 하여 결과적으로 브랜드의 지각도를 높이고 브랜드를 독특한 것으로 만들어준다.[28]

4) 스토리텔링의 특징

스토리텔링은 유연성(flexibility), 상호작용성(interactivity), 행동(action)을 특징으로 한다.[29] 스토리텔링의 유연성이란 이야기가 고정된 정태적 형태가 아니라 수정이나 삭제, 첨가를 통해 얼마든지 변형이 가능한 동태적 성격을 지니고 있다는 것을 의미한다. 만약 누군가에게 우리가 자신의 라이프 스토리를 들려준다고 가정하면, 그 대상이 누구인가에 따라 목소리의 톤과 내용은 달라질 것이다. 친한 사람들에게는 시시콜콜 사적이고 은밀한 내용까지 전하게 되지만, 잘 모르는 사람들에게는 자신에게 호감을 느낄 수 있을 정도로만 선을 그어 이야기한다.

이야기의 유연성은 관객과의 상호작용을 통해 더욱 활발해진다. 청중이나 관객은 스토리텔러가 전해주는 이야기에 대해 소극적이든 적극적이든 간에 어떤 형태로든 반응을 하게 된다. 제스처나 소리로 감정을 전달하기도 하고, 나아가서는 직접 창작 행위에 참여하기도 한다. 이처럼 이야기의 전개가 관객의 반응에 따라 달라질 수도 있기 때문에 스토리텔링에 있어서 관객의 역할은 상당히 중요하다.

관객은 이야기가 진행되는 동안에도 반응하지만, 이야기 행위가 끝난 뒤에도 자신이 경험한 스토리텔링에 대해 느끼거나 깨달은 바를 실행에 옮길 수 있다. 희귀난치병에 걸린 사람들이 등장하는 다큐멘터리를 보고 난 뒤 그들을 후원하는 단체에 가입한다든지 양파가 체지방을 분해해 효과를 보았다는 기사를 읽고 인터넷으로 주문하여 아침저녁으로 마신다든지 블로거가 추천해준 화장품 잇 아이템을 구매하는 등 우리는 누구나 누군가의 이야기를 듣고 이를 실행에 옮겼던 경험을 갖고 있다. 사실 스토리텔링의 목적은 바로 여기에 있다. 누군가를 움직이는 것이야말로 바로 스토리텔링의 존재 이유라고 할 수 있다.

Demonstrating Comprehension

1. 자신이 경험한 스토리텔링의 효과에 관해 이야기해 봅시다.

2. 스토리텔링의 기능에 대해 알아봅시다.

3. 스토리텔링의 특징은 무엇입니까?

3 스토리텔링 마케팅이란?

1) 스토리텔링 마케팅의 개념

미국 마케팅학회는 다음과 같이 마케팅을 정의하고 있다.

> "Marketing is the activity, set of institutions, and processes for cre-ating, communicating, delivering, and exchanging offerings that have value for customers, clients, partners, and society at large."

> 마케팅은 소비자, 고객, 파트너, 그리고 사회에 가치를 제공, 소통, 전달, 교환, 제공하는 일련의 활동이자 제도, 과정이다.

즉, 소비자를 위해 가치를 창조하고 커뮤니케이션하며 전달하고 교환하는 과정이 마케팅이라고 보는 것이다. 그렇다면 스토리텔링 마케팅은 마케팅의 어떤 부분과 결합되고 그 의미는 무엇일까? 무엇보다 스토리텔링 마케팅은 이야기를 중심으로 전개된다. 이야기는 일정한 형식을 지니며 전이와 변형이 가능하고 일정한 구조를 지니고 있다. 이러한 이야기가 어떻게 마케팅과 결합하게 되는 것일까? 그리고 왜 최근 들어 스토리텔링 마케팅이 강조되고 있는 것일까?

사전적 정의에 따른 스토리텔링 마케팅의 개념은 다음과 같다.

> "스토리텔링 마케팅이란 브랜드의 특성과 잘 어울리는 이야기를 만들어 소비자의 마음을 움직이는 감성 마케팅의 일종이다. 브랜드 자체의 히스토리나 소비자의 경험담, 직접 스토리를 만드는 방법 등을 사용한다. 스토리텔링 마케팅은 브랜드 홍보뿐 아니라 영화, 드라마, 외식, 관광 등 문화산업 전반에서 활용되고 있다."[30]

이 때 사전적 의미로 본 스토리텔링 마케팅의 개념은 다소 좁은 의미로 쓰이는 측면이 있다. '브랜드의 특성과 잘 어울리는 이야기'라고 할 때 스토리의 대상이 브랜드에만 제한되는 것처럼 보일 수 있으나 사실은 그렇지는 않다. 스토리텔링 마케팅에서 스토리텔링의 대상은 미국 마케팅학회에서 정의하고 있는 '가치(value)'의 부분으로 널리 확장할 필요가 있다. 여기서 가치란 비단 브랜드만을 일컫는 것이 아니라 제품, 서비스, 기업이미지, 기업비전, 기업미션, CEO, 직원, 생산과정 등을 총괄하는 의미로 해석되어야 한다.

2) 스토리텔링 마케팅의 유사개념

어떤 것의 개념을 정의한다는 것은 개념적 분리를 한다는 것을 의미한다. 스토리텔링 마케팅과 유사한 개념들 혹은 상대적 개념들에 대한 이해를 통해 스토리텔링 마케팅의 개념에 대한 이해가 더욱 용이해질 수 있다.

스토리텔링 마케팅과 가장 근접한 마케팅 개념 가운데 하나가 바로 바이럴 마케팅(Viral Marketing) 혹은 입소문(Word-of-Mouth)이다. 전통적으로 입소문이란 말이 빈번하게 사용되었지만 인터넷과 소셜미디어의 등장으로 바이럴마케팅이라는 용어가 더욱 활발하게 이용되고 있다. 바이럴의 어원은 바이러스로 이는 바이러스처럼 빠른 시간에 확산되는 현상을 말한다. 이러한 현상은 현대 사회가 네트워크로 연결되어 있으며 이동통신에 의해 무엇이든 삽시간에 정보가 확산되는 사회이기 때문에 발생하게 되었다. 과거에는 바이럴이라기보다는 입소문에 의해 정보가 서서히 퍼져나갔으나 오늘날에는 눈 깜빡할 사이에 정보가 지구 반대쪽까지 전달된다. 모든 사람들이 네트워크를 통해서 연결되어 있고 이러한 연결은 정보의 빠른 확산을 일으키고 있다.

스토리텔링은 이야기를 하는 것을 의미하며 입소문 역시 이야기와 연관되어 있다. 이 둘 사이에 다른 점이 있다면 입소문이나 바이럴마케팅이 정보의 전파과정을 설명하는 개념인 반면 스토리텔링은 정보의 생성에 보다 초점을 두고 있다는 것이다. 그러나 스토리텔링과 입소문은 서로 연결되어 있으며 아무리 좋은 이야기라도 공유되지 않으면 그 이야기는 사장되기 마련이기에 이야기와 그 확산과정의 관계에 대한 심도 있는 논의가 진행되어야 할 필요가 있다. 따라서 마케팅 전문가들은 스토리텔링과 바이럴마케팅의 연결고리를 좀 더 면밀하게 연구해야 한다.

다음으로 스토리와 연관되어서 자주 쓰이는 '경험'이라는 개념을 살펴 볼 필요가 있다. 스토리는 이야기이다. 이 때 이야기의 근원은 바로 우리가 경험한 것들이다. 경험을 통해서 이야기가 구성되고 창조되는 것이다. 경험에는 현실에서 일어났던 경험도 있고 실재하지 않았던 가상에 대한 경험도 포함된다. 흔히 픽션과 논픽션이라고 부르는데 사실과 사실이 아닌 것을 구분하는 이 용어는 우리가 실제로 겪은 일인지 그렇지 않은지에 대한 구분과 유사하다. 그런데 인간이 경험하는 모든 것이 스토리이지만 모든 경험이 스토리텔링되는 것은 아니다. 이야기로서 가치를 갖는 것들만이 스토리텔링되는 결과를 얻어낼 수 있다. 매일 먹는 아침식사가 스토리텔링 되지는 않을 것이다. 그러나 어버이날을 맞아 정성스럽게 아이들이 차린 아침식사는 스토리텔링이 될 수 있다. 매일 아침 출근길이 스토리텔링 되지는 않겠지만, 출근길에서 한 눈에 반한 이성을 본 경험은 스토리텔링으로서의 가치가 충분하다. 경험은 스토리의 재료이고 이 재료를 통해 가치 있는 산물이 생성되었을 때 그것은 비로소 텔링될 수 있다.

스토리텔링 마케팅은 제품 경험, 서비스 경험, 브랜드 경험, 이미지 경험, 임직원들과의 관계, CEO와의 만남, 공중과의 관계, 정부와의 관계, 사회적 관계 등 모든 종류의 경험을 망라한다. 이러한 경험이 스토리텔링 되기 위해서는 무엇보다 가치를 지녀야 한다. 여기서 가치란 불변의 가치와 변화무쌍한 가치를 비롯한 모든 가치를 포함하는 다원적 가치를 의미한다.

3) 마케팅 환경의 변화와 스토리텔링

그렇다면 최근 들어 이러한 스토리텔링 마케팅이 중요하게 다뤄지고 부상하는 이유는 어디에 있을까? 이에 대한 해답은 다양한 각도에서 분석하고 찾아야 한다. 무엇보다 마케팅 환경의 변화에서 그 원인을 찾아볼 수 있다. 마케팅 환경의 가장 큰 변화는 매체의 변화에 있다. 마케팅 활동에 있어 보다 용이한 환경은 전통적 매체 환경이라고 할 수 있다. 전통적 매스미디어 환경에서 마케팅은 손쉽게 일방적으로 소비자에게 메시지를 전달할 수 있었다. 전통적 매체는 누구나가 쉽게 접근할 수 있는 것이 아니라 자본이나 권력을 가진 소수의 소유물이었다. 따라서 매체를 움직일 수 있는 자만이 정보와 메시지를 통제할 수 있었고 수용자와 소비자는 수동적인 위치에 있었다. 물론 지금도 이러한 특성이 완전히 사라졌다고 할 수는 없으나 인터넷 시대의 도래로 매체 환경은 지각 변동을 겪게 되었다.

　　인터넷의 등장은 세상 모든 분야에 새로운 변화를 가져왔으며 마케팅 영역 역시 예외일 수는 없었다. 소비자들은 인터넷을 통해 소비 활동을 하고 정보를 탐색하며 쌍방 간에 대화가 가능하게 되었다. 인터넷은 더 이상 가상공간이 아니라 우리 삶의 중요한 공간이 되어가고 있다. 인터넷은 소수의 소유물이 아니라 누구든지 쉽고 자유롭게 활동할 수 있는 공간으로 활용된다. 이와 함께 개인 미디어가 등장하면서 소비자들은 다양한 커뮤니케이션 활동을 전개하고 있다. 제품을 구매할 때 소비자들은 더 이상 전통적인 매체에서 제공되는 정보에 의존할 필요가 없게 되었다. 서로 연결된 네트워크를 통해 자유로운 정보교환이 가능해진 것이다. 이제 소비자들은 자신이 경험한 제품이나 서비스에 대해서 서로 이야기를 나누고 그러한 이야기를 통해 제품을 구매하며 서비스를 선택한다. 바로 여기에 스토리텔링의 중요성이 있다. 기업이 생산한 이야기뿐만 아니라 소비자들 스스로 만들어 낸 이야기들이 다양한 매체를 통해서 빠른 속도로 전파되는 환경에 놓이게 된 것이다. 소비자에 의해 만들어진 이야기는 지어낸 거짓 이야기가 아니기 때문에 더욱 흥미로우며 그 이야기에 진정성이 담겨 있기에 다른 소비자들에게 흥미를 불러일으키며 설득을 가능하게 만든다.

　　마케팅 실무자들은 이러한 미디어 환경에 대해 매우 민감하게 반응하고 있다. 기업은 더 이상 기존의 틀에 박힌 마케팅 전략으로 소비자를 설득할 수 없는 환경에 놓이게 되었다. 마케팅 실무자들은 소비자를 통한, 소비자에 의한, 소비자를 위한 마케팅 전략을 수립하기 위해서 절치부심해야 한다.

　　사회적 기업으로 명성이 높은 탐스슈즈의 CEO인 블레이크 마이코스키는 "이제 기업의 마케터는 소비자다"라는 말을 했다. 한 켤레를 사면 한 켤레는 신발을 사지 못하는 제3세계 국가의 아이들에게 기부되는 탐스슈즈는 제품에 대한 광고나 홍보활동을 거의 하지 않는다. 대부분 소비자들에 의해 만들어진 이야기가 블로그나 페이스북, 인스타그램과 같은 개인미디어를 통해서 전파되고 있다. 여기에는 셀러브리티도 기꺼이 동참한다. 브리트니 스피어스, 스칼렛 요한슨, 키이라 나이틀리, 아기네스 딘, 리브 테일러와 같은 쟁쟁한 헐리우드 스타들도 탐스슈즈의 주고객이지만 모델료를 지급하지 않는다. 이들은 자발적으로 돈을 주고 신발을 사 신으며 SNS에 자신의 패션을 업로드한다. 사람들은 연예인의 패션아이템이자 사회를 변화시키는 브랜드로 탐스슈즈를 인식한다. 국내에서는 공효진, 류승범 등이 탐스슈즈를 애용한다는 사실이 알려지면서 소비가 곧 기부가 되는 탐스슈즈에 사람들의 관심이 집중되기도 하였다.

　사람들은 이러한 이야기를 지닌 착한 기업의 제품을 선호하며 젊은이들은 착한 회사의 일원이 되어 가치를 전파하는 일에 동참하고 싶어 한다. 소비자에 의해 확산된 메시지는 다른 소비자들을 감동시키며 새로운 이야기를 더해간다. 소비자들은 이야기를 통해 기업을 알게 되고 기업을 좋아하게 되며 결국 충성도 높은 고객이 된다.

　두 번째 환경의 변화는 지구촌화이다. 지구촌(global village)이란 용어는 캐나다 커뮤니케이션 학자인 마셜 맥루한(Marchall McLuhan, 1911~1980)이 1962년 '구텐베르크 은하계(The Guternberg Galaxy)'란 저서에서 처음 쓴 말이다. 맥루한은 미디어에 의해 세계는 하나의 부족마을, 즉 '지구촌'이 될 것이라고 주장했다. 맥루한의 주장대로 세계는 전화, 신문, TV, 라디오 등 통신과 미디어의 전파로 뉴스와 정보를 공유하고 지구적인 일에 힘을 모으는 것이 가능해졌다. 지구촌을 형성하는 데 있어 단순히 미디어만 기여한 것은 아니다. 교통의 발전과 사람들의 생활수준의 향상이 보다 많은 국제적 교류를 가능하게 했으며 이데올로기에 의한 극한 대립은 점점 사라져가고 있다. 전 세계는 마치 하나의 시장으로 변화되어 가고 그 속에서 기업들은 치열한 경쟁을 벌인다. 이제 기업들은 초국가적 기업으로 변화되어 가고 있다. 이것은 비단 기업뿐 아니라 소비자도 한 국가의 국민이 아니라 지구촌 시장의 소비자로 변하고 있다는 것을 의미한다. 최근 이러한 경향을 여실히 보여주는 현상이 직접구매이다. 흔히들 직구라고 하는데 소비자들은 인터넷을 통해 국내 쇼핑몰뿐만 아니라 해외 쇼핑몰까지 손쉽게 넘나들며 제품을 구매한다. 이러한 환경에서 이제 이야기는 한 국가에만 제한되는 것이 아니라 지구촌의 이야기가 된다. 지구촌은 이야기를 만들고 이야기를 공유하며 이야기가 전파되는 곳이다.

세 번째 환경은 소비자의 변화이다. 흔히 철학을 인간학이라고 하는데 이는 태초부터 가장 심오하고 난해한 연구의 주제가 바로 인간이었기 때문이다. 고대와 중세, 근대를 지나 현대에 이르면서 인간에 대한 규정은 실로 많은 변화를 가져왔다. 인간의 이성을 강조한 철학자도 있었으며 인간의 감성을 중시한 철학자도 있었다. 철학사에서 인간의 이성이 가장 강조된 시기는 근대이다. 이성은 합리성을 의미하고 이러한 합리성은 모든 인간 활동의 기준이 되었다. 근대 이후 합리성의 절대적 우위는 쉽게 사그라지지 않았다. 이러한 합리성은 마케팅 전략에도 영향을 미치게 되었다. 소비자들이 합리적 소비를 할 것이라는 가정 하에 마케팅의 다양한 전략과 프로모션을 수립하게 된 것이다. 예를 들면 소비자들은 동일한 품질이라면 저렴한 가격의 제품을 선호할 것이며 제품선택에 있어서 합리적인 선택을 취할 것이라고 가정하는 것이다.

20세기 중반부터 마케팅은 새로운 국면을 맞이하게 된다. 고객의 구매성향이 단순히 제품의 특징이나 제품이 주는 편익에 좌우되지 않는다는 사실을 깨닫게 된 것이다. 수많은 마케팅 관련 조사와 연구에서 고객은 합리적인 제안보다는 제품에 담긴 이야기나 감성을 자극하여 마음을 움직이는 감성중심의 제품이나 서비스에 관심을 가지고 구매행위를 한다는 사실이 밝혀졌다.[31] 이는 소비자는 합리적이고 이성적이기 때문에 가격과 제품의 품질이 중요하다고 가정했던 기존 마케팅 연구의 근간을 흔드는 대단한 발견이었다. 바야흐로 감성 마케팅 시대가 도래하면서 학자들과 기업, 마케팅 전문가들은 소비자 기호의 변화가 이러한 변화를 이끌었다는 것을 알게 되었다. 이 과정에서 스토리텔링 마케팅은 감성 마케팅에 가장 효과적인 마케팅 전략 가운데 하나로 부각되었다.

4) 스토리텔링 마케팅의 목표

스토리텔링 마케팅의 목적을 '브랜드의 홍보'라고 보는 견해도 있는데 이는 좁은 시각에서 스토리텔링을 바라보는 것이다. 이 개념은 마케팅 차원에서 재조

명될 필요성이 있다. 스토리텔링은 브랜드에 국한된 것이 아니라 기업 가치에
해당되는 모든 것을 대상으로 한다. 제품, 서비스, 임직원, 기업이미지, 브랜드,
CEO 등이다. 여기에 소비자에 관한 내용도 추가된다. 기업 가치를 이루는 요소
가 스토리텔링의 소재로 쓰이기도 하고 어떠한 스토리 속에 그러한 소재가 포
함되기도 한다. 이를 통해 기업은 의도적 혹은 비의도적으로 스토리텔링 마케팅
을 실행하게 된다. 궁극적으로 기업의 가치를 향상시키는 것이 스토리텔링 마케
팅의 목적이라고 할 수 있다.

    그렇다면 스토리텔링 마케팅의 목표를 가장 효과적으로 이루는 방법은 무
엇인가? 최선의 방법은 기업 가치를 극대화하는 것이다. 기업의 가치는 시간적인
관점에서 현재가치와 미래가치로 나눌 수 있다. 키간과 그린(Keegan & Green)
에 따르면, 현재의 가치와 미래가치를 극대화하기 위한 노력은 마케팅 전략적
측면에서 살펴보면 세 가지로 나눠진다. 첫 번째는 현재의 전략을 유지 혹은 팽
창(Extension)하는 것이다. 이는 제품, 판촉, 유통, 가격 전략에서 현재 실시하고
있는 전략을 유지하고 확대하는 것을 의미한다. 이 때 스토리 전략 역시 기존에
실시해온 방식을 유지하고 확장하는 방식을 택한다. 둘째는 변화 혹은 적응
(Adoption)전략이다. 이 전략은 기존 전략에서 부족한 부분을 수정하거나 보완
하고, 변화하는 소비자 기호와 시장 환경에 적응하기 위해 노력하는 것 등을 포
함한다. 여기서 스토리텔링은 시대의 주요 이슈나 관심사를 이용하여 변형된 틀
과 접근법으로 소비자에게 다가가는 방식을 취한다. 셋째는 혁신(Innovation)으
로 이는 새로운 제품과 서비스를 개발하고 이에 대한 다양한 판촉활동을 펼치
는 것이다. 스토리텔링 전략 역시 혁신제품이나 가치와 더불어 변화되어야 한
다. 스토리텔링 마케팅의 목표를 효율적으로 달성하기 위해서는 현재전략의 유
지나 팽창, 변화 혹은 적응, 혁신이라는 세 가지 요소를 중심으로 전략을 세우
고 기업의 가치를 극대화하기 위한 마케팅 활동을 전개해야 한다.

1. 본문에서 정의한 스토리텔링 마케팅 개념에 기초해 본인이 최근에 경험한 제품 혹은 서비스 중에 스토리텔링 마케팅이 가장 잘 드러난 사례를 발표해 보세요.

2. 마케팅 환경의 변화에 따른 스토리텔링의 중요성에 대해 설명하세요.

3. 스토리텔링 마케팅의 목표를 효과적으로 이루는 방법에 대해 이야기해 보세요.

Storytelling Marketing

Chapter
02

스토리텔링 이론

스토리텔링 이론

1 인간과 스토리텔링

1) 호모나란스

이야기는 인간이 지구상에 존재하는 것과 동시에 탄생하였으며 인간의 곁에 머물러 있다. 인간의 희로애락과 의식에서부터 각종 지식이나 정보, 삶의 지혜에 이르기까지 이야기는 인간과 함께 언제나 존재하였다. 그래서 인간을 이야기하는 존재, 즉 호모나란스(Homo Narrans)라고 한다.[32] 어떤 이들은 이야기의 동적인 부분인 이야기하는 행위에 중점을 두어 호모 스토리텔링(Homo Storytelling)이라고 부르기도 한다.[33] 문명이 발달하기 이전, 원시사회에서는 '이야기'를 할 수 있고, 다룰 수 있는 자들이 리더의 자리에 올랐다. 족장은 부족의 의식이나 의식주와 같은 인간의 기본적인 욕구를 해결하는 방법에 대한 이야기를 부족민들에게 들려주며 권위를 세웠다. 제사장이나 예언자는 자연의 이치나 우주의 섭리, 초자연적인 힘에 대해 풀어서 이야기해 주었고, 이러한 능력은 부족민의 경외를 이끌어 내는 강력한 힘이 되었다. 세상이 열리고 영웅이 탄생하며, 승리와 환호를 전하는 이야기는 오래된 기억을 되살려내고, 집단의 정체성을 형성하였다. 교훈을 주는 이야기, 꿈을 주는 이야기, 문제를 해결할 실마리를 제공해 주는 이야기를 설득력 있게 전개할 수 있는 지혜로운 자가 물리적 힘을 지닌 자보다 더 높은 대접을 받았다.

성경에 등장하는 약속의 땅이나 17세기 미국의 청교도 지도자들이 들려주었던 '언약'에 관한 이야기는 통합을 이루는데 원동력이 되기도 하였다. 우리나라에도 신화나 전설에 등장하는 많은 이야기들이 있는데 그 속에 담긴 삶의 지혜와 세상의 이치, 인간의 도리와 같은 내용은 오늘날 우리에게도 깊은 울림을 낳고 있다. 은혜를 아는 동물에 관한 이야기에서 우리는 보은을 배우고, 견우와 직녀 혹은 해와 달이 된 오누이 이야기에서 자연과 우주의 섭리를 깨닫게 된다.

구소련(현 러시아)에서는 노동생산성을 높이고 공산주의 경제 체제의 우수성을 알리기 위해 노동영웅 스타하노프의 이야기를 발굴하고 대대적으로 홍보한 사례도 있었다. 스타하노프는 스물한 살이 되던 1927년, 돈바스 지역 카디예프카에 있던 한 광산에서 광부로 일하기 시작했다. 1935년 8월 31일, 그는 스스로 고안해 낸 혁신적인 채탄공정으로 5시간 45분 만에 102톤의 석탄을 채굴했는데 이는 당시 평균 생산량과 비교할 때 무려 14배가 넘는 양이었다고 한다. 이후 스타하노프는 스탈린 정권하에서 '새로운 인민'의 표상으로 떠올랐으며 연이어 자신이 세운 기록을 경신했다. 소련은 전국적으로 '스타하노프 운동'을 전개하였는데, 이는 국가가 어떻게 영웅을 발굴해 그 이야기를 활용했는지, 또 그것이 국민들에게 어떤 영향을 주었는지를 보여주는 유명한 일화로 꼽히고 있다.

이야기는 이처럼 인류의 탄생과 함께 태어나 시대를 거치면서 때로는 좋은 측면에서 때로는 그렇지 못한 측면에서 사람들에게 영향을 주며 사람들과 함께 존재해왔다. 그런데 왜 이 시대에 들어서 유독 관심을 받고 있는 것일까?

그것은 바로 이제 이야기를 바탕으로 한 '이야기하기'라는 행위가 인류를 이끌어가는 힘의 중심이 되고 있기 때문이다. 미래학자 롤프 옌센(Jensen, Rolf)은 정보사회의 태양이 지고 드림 소사이어티라는 새로운 태양이 뜨고 있다는 것을 예견하였는데, 드림 소사이어티(Dream Society)란 이야기를 기반으로 하여 움직이는 사회를 말한다. 옌센은 인류가 사냥과 농경, 수공업, 산업사회와 정보사회를 거쳐 '꿈의 사회'에 접어들었다고 하였다.[34]

정치·경제·종교·교육 분야의 지도자들은 '꿈'을 기치로 내걸고, 사람들은 꿈을 전하는 이야기를 사거나 팔면서 경제활동을 한다. 바야흐로 꿈이 담긴 이야기가 우리 사회를 지배하게 되었다. 그러나 그 꿈이 허황되거나 이기적이라면 일시적인 주목을 받을 수는 있겠지만, 생명력은 짧을 수밖에 없다. 꿈의 진정성이 공유될 때, 스토리텔링의 가치는 오랫동안 빛날 수 있다. 과장되고 허황된 이야기, 그릇된 가치를 반영한 이야기, 세상에 해악을 끼치는 이야기들은 공감을 이끌어내기 어렵다. 마케팅 분야의 스토리텔링 역시 다르지 않다. 제품이나 기업의 정신에 대한 왜곡이나 과장은 일시적인 흥미를 불러일으킬지는 모르나 곧 외면 받게 될 것이다. 따라서 사람들에게 비전을 제시하며 미래로 이끌고 진실을 담고 있는 기업의 스토리텔링을 발굴해야 한다.

2) 경험과 내러티브

내러티브 심리학(Bruner, Robinson, Hawpe, Polkinghorne)은 "사람은 사람들과 그들의 행동에 관한 정보를 이야기 형태로 조직하려는 본능적 성향을 지니고 있다"는 것을 전제로 한다. 서비스와 관련해서 고객들은 자신의 경험을 시간과 장소에 따라 일어난 시퀀스에 따른 사건으로 인식한다. 내러티브 이론은 다른 사람들에 대한 경험을 내러이팅 혹은 이야기하는 행위(스토리텔링)를 하며 이해하려고 한다는 점을 강조한다. 여기서 내러티브의 개념은 브루너의 서사심리학에서 온 것이다. 이야기를 통한 효과에 대한 관심은 브루너의 연구로부터 본격화되었다. 브루너는 내러티브가 이야기나 담화의 수준에 머무는 것이 아니라 사고의 양식이라고 보았는데, 그는 인간의 사고 양식을 과학적 사고에 해당하는 패러다임 사고(paradigmatic mode of thought)와 주관성과 관련된 이야기 중심의 내러티브 사고(narrative mode of thought) 두 가지로 구분하였다.[35]

패러다임 사고는 묘사와 설명에 있어 형식적이고 수학적인 시스템의 아이디어를 수행하는 것이다. 이 사고방식은 진실과 추상적인 것, 예측 등을 일반화한다. 패러다임 사고는 이성적·논리적 기능을 수행하는 특성을 지닌다. 반면 내러티브 사고란 우리가 경험하는 여러 가지 사건이나 그와 관련된 지식을 구성하는 자연스러운 방법 등을 포함하는 것으로 의미의 건설에 대한 이해를 목표로 한다. 브루너는 배우(등장인물, 브랜드)가 어떤 목적을 달성하기 위해 행동하는데 이는 사고의 내러티브 양식을 통해 해석된다고 하였다. 왜냐하면 소비자는 광고 자극제를 해석하기 위한 이야기를 만들어내기 때문이다. 이처럼 우리는 자신의 사적 경험을 내러티브 양식을 통해 해석하려는 경향이 있다.

그림 2-1　**인간의 사고양식**

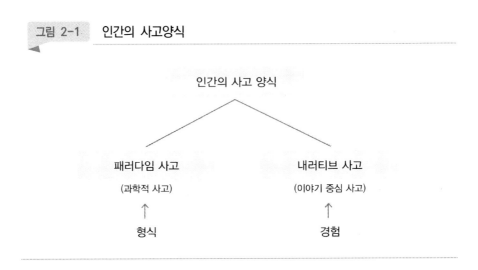

브랜드에 관한 새로운 정보가 유입되었을 때 잠재적 소비자는 이를 자신이 경험한 것과 연결 짓는다. 이 때 내러티브 방식을 통해 자신의 경험과 새로운 정보에 관한 이야기를 만들게 되며 이는 인간의 본성이다. 따라서 스토리텔링 마케팅에서는 소비자가 경험한 것을 이야기하는 장을 마련해 주어야 하며 이를 통해 소비자와 기업이 연결될 수 있도록 해야 한다.

Demonstrating Comprehension

1. 제품 광고에서 자신의 경험을 떠올린 적이 있는지 생각해 보세요.

2. 경험과 스토리텔링의 관계에 대해 설명하세요.

3. 패러다임 사고와 내러티브 사고의 차이점에 대해 이야기해 보세요.

2 스토리텔링의 구성에 관한 이론

1) 스토리텔링의 구성

스토리텔링을 구성하기 위해서는 우선 '이야기(text)'가 필요하며, 이야기 하는 주체의 행위인 '이야기하기(narrating)'가 있어야 하고 이야기의 시간적 · 공간적 환경인 '이야기판'(champ)을 갖추어야 한다. 이 때 이야기판 안에는 화자 와 청자 사이에 이야기를 할 수 있고 들을 수 있는 상대적 자율성이 포함되어 있다.[36]

이야기는 말이나 글, 동작, 이미지 등으로 표현될 수 있다. 말은 청각에, 글 이나 이미지는 시각에, 동작은 시각과 촉각에 동영상은 시각과 청각에 의지한 다. 3D영상과 같이 입체적인 시각과 청각에 의존할 수도 있으며 4D처럼 시각, 청각, 후각, 촉각에 영향을 받는 형태도 있다. 인류의 탄생과 함께 시작된 스토 리텔링은 디지털 시대에 접어들면서 복제성, 보존성, 확산성, 양방향성까지 갖 춘 디지털 스토리텔링으로 변모하게 되었다.

스토리텔링은 누구를 위해, 어디에 대고 이야기하는가에 따라 형식과 내용, 구성방식이 달라진다. 이야기는 청자(관객, 소비자)의 요구와 기대에 부응해야 하 며 이야기를 전달하는 매체의 특성에 대한 이해도 수반되어야 한다. 신문이나 잡지와 같은 인쇄매체는 가독성이 좋아야 하고, 라디오나 TV와 같은 시청각매체는 단숨에 관객을 사로잡을 수 있어야 한다. 모바일은 이동하는 중에 이용한다는 특성을 살려야 하며 인터넷은 실시간 상호작용성을 최대한 활용해야 한다. 옥외간판이나 전광판, 극장, 전시장, 야외공연장 등도 스토리텔링이 구현되는 공간이자 관객과 직접 대면하는 곳이므로 각각의 특성에 따른 이야기콘텐츠를 구성해 관객과 소통할 수 있어야 한다.

스토리텔링이 성립되기 위해서는 이야기를 하는 행위의 주체인 화자와 이야기를 향유하는 층인 청자(관객, 소비자)가 존재해야 한다. 화자인 스토리텔러는 언제나 청자를 염두에 두고 이야기를 하며 청자의 반응에 따라 스토리의 내용도 달라진다. 우리나라의 전통극인 마당극은 배우와 관객이 적극적으로 상호작용하며 작품을 완성해간다. 무대의 높이는 관객에게 맞춰져 있고 무대를 둘러싸고 앉은 관객들은 배우와 대화하며 극에 적극적으로 참여한다. 어떤 관객이 어떻게 반응하고 행동하는가에 따라 배우들의 연기도 달라지며 매번 새로운 극이 탄생하게 된다. 스토리텔링은 일방적인 이야기의 전달이 아니기에 화자와 함께 청자의 개성과 참여도가 중요하다.

IMF 사태로 경제적 위기를 겪던 시절, 국민에게 희망을 주었던 메시지는 "아빠, 힘내세요"라는 노래에 실려 전국적으로 퍼져 나갔다. 노래의 구성을 보면 초인종 소리로 음악이 시작되고 아이가 문을 연다. 기다리던 아빠가 서 계셔 반가워했지만 아빠는 우울해 보인다. 무슨 일이 있을까, 무슨 걱정이 있을까. 아빠를 걱정하는 어린 자녀는 아빠에게 힘을 내라고 말한다. 우리가 있지 않느냐며 아빠를 위로하고 힘을 준다는 내용이다. 이 노래는 음악을 하겠다는 꿈을 버리지 못했던 초등학교 음악교사 한수성 씨에 의해 탄생하였다. 지하 단칸방에서 살던 한 씨가 곡을 쓰고 아내가 노랫말을 써 1997년 MBC 창작동요제에 진출했지만 3위 안에 들지는 못했다. 그런데 유치원 교사로 일하는 지인이 재롱잔치에서 이 곡을 선보이면서 당시의 사회적 상황과 맞물려 부모들의 가슴을 울리게 되었다.[37] 이때부터 수많은 유치원과 어린이집에서 아이들이 이 노래를 부르게 되었고 이후 한 신용카드 회사의 광고에 등장하면서 국민 동요로 자리매김하였다. 이처럼 이야기는 노래의 형태로도 존재하며 이야기가 스토리텔링 될 때 어떤 관객이 어떻게 반응하며 어떻게 전파하는가에 따라 이야기의 실행 능력이나 생명력도 달라진다.

이야기가 실현되기 위한 요소와 구조를 정리하면 다음과 같다.

그림 2-2 스토리텔링 개념도[38]

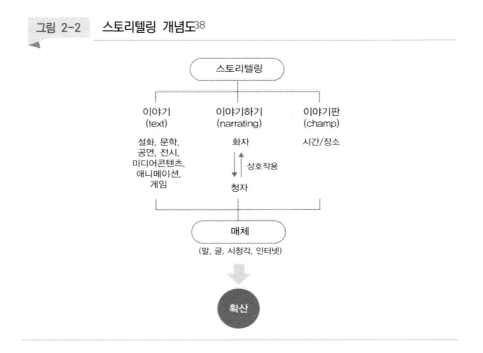

2) 서사이론

어떠한 메시지나 이미지가 '스토리텔링된다'라고 말할 때 대부분의 사람들은 '이야기'가 포함된 어떤 것이라고 생각할 뿐 그것이 지닌 조건은 그다지 상관하지 않는다. 그러나 스토리텔링 마케팅의 조건에 부합되는지의 여부를 판단하기 위해서는 스토리텔링의 개념과 조건을 알아야 한다. 스토리텔링이 성립되기 위해서는 무엇보다 서사, 즉 내레이션의 성립 조건을 충족시켜야 한다. 따라서 스토리텔링에 관한 이론의 출발은 서사이론에서부터 시작되어야 한다.

'서사'라는 용어를 처음 사용한 이는 아리스토텔레스로 알려져 있다. 본격적으로 문학 분야에서 서사에 관한 연구가 시작된 것은 1960년대부터이다. 서사이론에서 서사란 이야기와 이야기를 담는 매체, 이 두 가지의 요소로 성립된다.[39] 서사는 문학적 서사, 예술적 서사, 사실적 서사로 나뉜다. 소설이나 서사시, 동화, 민담, 전설, 신화 등 서술자가 이야기를 서술하는 문학적 서사에서는 언어를 매체로 하여 이야기를 제시한다. 이야기를 제시하고 나타내는 영화와 연극, 무용 등은 예술적 서사에 해당한다. 매스미디어의 보도나 일상의 대화, 역사적 사실을 서술하는 이야기는 사실 이야기의 서사라고 하는데 이 때 사실이나 사실이라고 주장하는 것은 모두 여기에 포함된다.[40] 우리는 여기에 하나의 서사를 더 추가할 수도 있을 것이다. 그것은 바로 마케팅 서사인데 이는 사실과 사실이기를 바라는 것, 실용적인 것과 환상적인 것, 정보와 홍보가 섞인 다소 과장될 수도 있는 이야기를 제시하는 모든 서사를 포함한다.

채트먼은 회화, 조각, 발레, 연속만화, 팬터마임은 시각적 서사에 해당한다고 하였으며, 음악적 서사와 방송극은 청각적 서사, 서사시와 소설은 픽션에 속한다고 하였다.[41] 그는 시각적 서사, 청각적 서사, 픽션을 모두 서사의 범주에 포함시켰다. 롤랑 바르트는 광의의 서사개념을 확립시켰는데, 서사는 인류의 역사와 함께 시작되었다고 하면서 누구나 이야기를 갖고 있으며 무엇이나 이야기의 도구가 될 수 있다고 보았다. 쥬네트(Gerard Genette)와 애보트(H. Poter Abbott)도 서사의 개념을 광범위하게 해석하였으며, 서사에 대해 명확한 정의를 내리기보다는 최소한의 서사를 중시하는 입장을 취하였다.

서사가 성립되는 조건과 관련하여 발(Mieke Bal)과 보드웰(David Bordwell) 등은 '두 개의 연속적인 사건들'이 존재해야 하며 이 때 이 사건들이 인과적 연관을 맺어야 한다고 전제하였다. 한편 프린스(Gerald Prince)는 다소 완화된 견해를 표명하였는데, 그는 서사물이란 현실 또는 허구의 사건과 상황을 '하나의 시간 시퀀스'를 통해 표현한 것이라고 정의를 내렸다.[42] 대체적으로 오늘날 서사의 조건과 관련하여 서사가 존재하기 위해서는 적어도 '하나의 사건(event)'이 필수적이라는 것은 최소 서사의 성립 조건으로 인정되고 있다. 이 때 사건은 구체적으로 일어난 일 혹은 행위를 의미하며 묘사나 설명은 해당되지 않는다. 다음의 예문을 살펴보면 이해가 쉬울 것이다.

은수가 식물인간이 되어 병석에 누운 지 2년이 흘렀다. (여기에는 사건이 없다.)
은수가 식물인간이 되어 병석에 누운 지 2년 만에 손가락을 움직였다.
　　(이것은 대단한 사건이다.)

친구의 결혼식장에서 진수는 가슴이 벅차오는 것을 느꼈다. (사건이 없다)
친구의 결혼식장에 갔다가 진수는 뜻밖에 헤어졌던 여자 친구와 마주쳤다. (사
　　건이 있다.)
친구의 결혼식장에 갔다가 진수는 신부를 보고 깜짝 놀랐다. 그녀는 바로 일 년
전까지만 해도 자신과 사랑을 속삭였던 바로 그녀, 은혜였다.
　　(엄청난 사건이다.)

"S사의 제품은 단 하나의 불량품도 나오지 않는 것을 목표로 합니다. 고객은 S
　　사를 믿습니다." (사건이 없다.)
"S사의 제품에서 모터가 돌아갈 때 타는 냄새가 난다는 소비자의 불만이 접수
　　됐습니다." (사건이 있다.)
"S사는 지난 일 년 동안 모터가 돌아갈 때 타는 냄새가 나는 제품 5천 개를 전부
　　리콜하였습니다. 고객이 만족할 때까지 S사의 리콜은 계속될 것입니다." (엄청
　　난 사건이다.)

　　이처럼 스토리텔링 마케팅에서 스토리텔링이라는 조건이 성립되기 위해서
는 적어도 하나의 사건이 담긴 이야기가 있어야 한다. 이 때 사건이 극적일수록
청자인 고객으로부터 더욱 주목을 받게 된다.

　3) 내러티브 패러다임[43]

　　내러티브 패러다임은 Walter Fisher가 주창한 것으로 스토리가 청자의 개
인적 가치(audience's own personal values)와 연관이 있어야 한다는 점을 강조
한다. 내러티브 패러다임은 어떻게 커뮤니케이션이 내러티브 형태를 띠는지에
대해 설명하고 있다. 인간은 도대체 왜 커뮤니케이션을 하는 것일까? 많은 학자
들은 인간이 본질적으로 사고하는 존재이며 토론과 추론에 근거하여 합리적 결

정을 내린다고 보았다. 논의에 의한 합리적인 의사소통과 선택이 이루어진다는 믿음이 줄곧 학계를 이끌어왔다. 그러나 피셔는 이야기에 주목하여 인간의 커뮤니케이션을 파악하고자 하였다. 그는 어떠한 이야기를 하기 위해서 혹은 어떤 사건들에 대해 자세하게 이야기해 주기 위해서 인간이 커뮤니케이션하는 것이라고 보았다. 이렇게 이야기를 통해 메시지를 전달받은 사람들은 자신의 패러다임에 따른 신념체계를 기준으로 메시지의 가치를 판단하게 된다.

피셔는 내러티브 이론이라고 하지 않고 보다 넓은 시각을 제시하기 위해 내러티브 패러다임이라고 명명하였다. 그는 인간을 스토리텔러이자 청중이며 논쟁보다는 이야기에 의해 설득당하기 쉬운 존재라고 전제한다. 인간은 자신의 삶을 고유의 갈등, 인물, 시작, 중간, 끝을 지닌 현재 진행되는 일련의 서사로 경험하고 이해한다. 피셔는 심지어 인간의 이성에 호소하는 모든 형태의 의사소통까지도 역사, 문화 및 인물에 의해 형성된 이야기의 형태로 나타난다고 보았다.

피셔는 기존의 세계를 지배하고 있는 합리적인 패러다임의 다섯 가지 가정을 다음과 같이 지적하며 그 한계를 지적하였다.

- 합리적인 패러다임의 다섯 가지 가정
  첫째, 인간은 근본적으로 합리적이다.
  둘째, 인간은 논증을 토대로 결정을 내린다.
  셋째, 법률, 과학, 입법과 같이 말하기의 유형에 따라 논쟁 과정이 결정된다.
  넷째, 합리성이란 우리가 얼마나 많이 알고 얼마나 잘 주장하는지에 따라 결정
  　　　되는 것이다.
  다섯째, 세계는 합리적인 분석을 통해 문제를 해결할 수 있는 논리적 퍼즐의 집
  　　　합이다.

그는 이러한 합리적인 패러다임의 시각이 제한적이라고 비판하면서 내러티브 패러다임을 제안하였는데 그가 전제한 다섯 가지 가정은 다음과 같다.

• 내러티브 패러다임의 다섯 가지 가정

첫째, 인간은 본질적으로 스토리텔러이다.

둘째, 우리는 좋은 결정에 근거해 의사 결정을 한다.

셋째, 서사적 합리성은 역사, 전기, 문화 및 인물 등에 의해 영향을 받는다.

넷째, 이야기의 합리성은 이야기의 일관성과 충실도에 의해 결정된다.

다섯째, 세상은 우리가 선택한 일련의 이야기들이며 이리하여 끊임없이 우리의
　　　　삶을 재창조한다.

내러티브 패러다임은 인간의 가치가 기존의 이야기에 영향을 받으며 우리가 어떠한 의사 결정을 할 때 자신이 경험한 이야기에 반추해 정보를 받아들이게 된다고 본다. 커뮤니케이션과 나아가 세상을 이끄는 것이 바로 내러티브 패러다임이라는 것이다.

경영분야 역시 이러한 내러티브 패러다임에 근거해 해석할 수 있다. 비즈니스는 이야기를 제안하고 충성도를 낳는 이야기들이나 이미지들의 영향을 받는다.[44] 이러한 이야기는 고객의 경험과 연계될 때 고객의 선택에 영향을 주게 된다. 기업은 고객과의 접점을 찾기 위해 광고와 PR을 통해 좋은 이야기를 만들어내며 막대한 투자를 감행한다. 같은 카테고리 안에 있는 브랜드에 차별성을 부여하여 고객이 선택하게 하는 중요한 요소가 바로 브랜드의 이야기이다. 브랜드 스토리텔링의 성패는 이야기가 얼마나 일관되고 지속성이 있으며 진실한가에 달려 있다.

예를 들어 노동과 휴식의 가치를 동등하게 두는 사람 A와 노동을 해서 돈을 버는 것이 휴식보다 더 중요하다고 생각하는 사람 B가 있다고 하자. 똑같은 정보에 대해 이들은 각기 다른 방식으로 이야기를 전달하게 된다.

"정보: 어떤 사람이 10년 동안 호떡을 팔아서 10억을 벌었다고 한다."

A: 어떤 사람이 10년 동안 호떡을 팔아서 10억이나 벌었대. 그렇게 돈만 벌면
　　뭐하겠어. 즐기면서 살아야지. 그래봤자 자식들 좋은 일 시키는 거 아닐까?

B: 어떤 사람이 10년 동안 호떡을 팔아서 10억이나 벌었대. 정말 대단하지 않
　　아? 누구든지 노력하면 이렇게 큰 성공을 거둘 수 있는 것 같아.

　　이처럼 같은 메시지라도 청자의 가치관이나 경험, 교육, 성장 배경 등에 따라 다른 방식으로 수용되고 전달된다는 것을 알 수 있다. 따라서 스토리텔링이 성공하기 위해서는 청자의 경험과 라이프 사이클, 배경, 환경 등 다양한 요소를 고려해 경험 속 이야기와 접점을 찾을 수 있는 요소를 찾아내는 것이 무엇보다 중요하다.

Demonstrating Comprehension

1. 서사의 성립조건은 무엇인지 설명해 보세요.

2. '같은 메시지라도 다르게 전달될 수 있다'는 주장에 대해 어떻게 생각하는지 자신의 의견을 밝히세요.

3 분석에 관한 이론

1) 프 롭

프롭은 '요정'에 얽힌 민담의 분석을 통해 대부분의 민담이 보편적 이야기 구조를 갖는다는 사실을 밝혀냈다.[45] 그의 연구에 따르면 민담의 시작은 가족 중 한 사람의 부재에서 비롯된다. 주인공은 누군가 세상을 떠났거나, 일하러 나갔거나, 나무하러 갔거나 고기를 잡으러 집을 떠난 상태에 놓이게 된다. 이 때 주인공에게 누구와도 말을 해선 안 된다거나, 출입이 금지되거나, 얼굴을 보여선 안 된다거나, 어떤 물건을 건드려서는 안 된다는 것과 같이 금지의 명령이 내려진다. 그러나 호기심에 의해 혹은 누군가의 유혹에 의해 주인공은 금지를 어기게 되고 적대자에게 유리한 상황을 만들어주게 된다. 이로 인해 주인공이 소중하게 생각하는 인물에게 해를 입히게 되고 주인공은 이 문제를 해결하기 위해 길을 떠난다. 이 과정에서 주인공은 증여자에게 시험을 당하기도 하고 신비한 능력을 지닌 동물이나 물건을 얻게 된다. 주인공은 적대자의 공간으로 인도되어 마침내 투쟁단계에 들어간다. 이 때 공주는 반지로 주인공의 얼굴에 상처를 내어 일종의 낙인을 찍는다. 적대자는 패배하고 문제가 해소되어 주인공이 돌아오지만, 그는 다시 쫓기는 신세가 된다. 숨어 있는 주인공에게 난제가 주어지지만 주인공은 이를 해결한다. 이 때 '낙인'에 의해 주인공의 정체가 밝혀지고, 마침내 공주나 가족과 재회한다. 결국 가짜 주인공의 정체가 폭로되고 주인공은 변신을 통해 새롭게 탄생한다. 적대자는 벌을 받고 주인공은 공주와의 결혼을 통해 왕자의 지위에 오른다.

이처럼 주인공이 시련을 견디며 과업을 수행하고 이를 완료하여 보상을 받는 등장인물의 구성방식은 어느 나라 어느 민담에나 쉽게 찾아볼 수 있다. '바보 온달'이나 '삼손과 데릴라', '잠자는 숲 속의 공주'와 같은 이야기는 이러한 보편적인 이야기 구조를 취하고 있다. 신화와 전설, 민담, 설화의 스토리는 어디선가 들어본 것처럼 익숙하고 등장인물들은 친밀한 존재로 우리에게 다가온다. 이야기의 보편성은 비현실적인 존재나 신비함, 마법마저도 있을 법한 어떤 것으로 여기도록 만든다. 누구든지 민담을 소재로 한 이야기에 쉽게 빠져드는 이유는 바로 이 때문이다. 따라서 스토리텔링은 인간의 보편적 정서에 호소하고 익숙한 주제로 접근하는 방식을 선택해야 한다. 가장 보편적인 스토리텔링이야말로 누구의 마음에나 와 닿는 친숙한 스토리텔링이 될 수 있다.

2) 이항대립

이항대립 분석은 이야기 속에 들어 있는 두 가지 대립되는 요소를 찾아내는 것이다.

표 2-1 이항대립 요소[46]

선	악
우리	너희
인정 있는	인정 없는
인간적인	비인간적인
감성적인	냉혈적인
문명적인	야만적인

신화의 구조를 분석한 레비스트로스에 따르면, 대부분의 신화는 야생적 사고/이성적 사고, 이성/감성, 합리성/비합리성과 같이 대립되는 짝패구조를 이룬다고 한다.[47] 어떤 종족의 신화이든 관계없이 모든 신화에 보편적인 이야기 구조의 핵심 요소가 대립쌍으로 존재한다는 것이다. 이 대립쌍은 추상적 수준과 구체적 수준을 넘나들면서 의미를 생성하게 된다.

신화뿐 아니라 설화와 전설, 민담의 인물들 역시 대립의 전형을 보여주는 경우가 많다. '장화와 홍련'이나 '헨젤과 그레텔'에서 아이들은 '선한 존재', 계모는 '악한 존재'로 대립각을 세우며, '지킬과 하이드'에서는 이성적인 '지킬'과 야성적인 '하이드'가 내적인 싸움을 벌인다. 선과 악, 성과 속, 흑과 백, 남성과 여성, 용기와 비겁, 문명과 자연 등 대립되는 쌍은 극적 긴장감을 고조시키고 관객을 몰입으로 이끈다.

이야기 속에서 이항 대립은 여러 층위를 지니며 나타나고 상징적 질서를 이루는 데 기여한다. 마케팅을 위한 스토리텔링에서 대립이 불분명할 경우 메시지의 전달력이 약해질 우려가 있다. 창립자가 아무런 어려움도 없이 부모로부터 물려받은 막대한 자산으로 기업을 설립했다는 스토리에서 우리는 보편성이나 대립쌍을 발견할 수 없으며 따라서 그 어떤 극적 긴장이나 감동도 얻을 수 없다. 반면 우리가 흥미를 느끼는 이야기에서 이항대립을 찾아내기란 어려운 일이 아니다.

알바몬이 제작한 '알바의 상식'에는 여러 개의 대립쌍을 찾아볼 수 있다. 최저 임금도 주지 않는 나쁜 사장 / 알바를 대우해주는 착한 사장, 매너를 안 지키는 개념 없는 손님 / 이를 응징하는 정의로운 사장, 알바의 책임을 다하는 알바생 / 알바의 도리를 다하지 않는 알바생이 등장한다. 이처럼 극명한 대립을 통해 관객은 극적 긴장감을 느끼고 카타르시스를 경험한다. 미국 HPA(Hollywood Post Alliance) Awards Commercial 부문 'Outstanding Color Grading'을 수상한 두산의 기업PR 광고 '아름다운 지구'편에는 아름답다 / 아름답지 않다, 갈증 / 물, 어둠 / 빛과 같은 이항대립쌍이 등장한다.[48] 이처럼 대립이 주는 긴장과 갈등 그리고 삶의 질적 향상을 지향하는 가치관이 영상의 독창성과 어우러지면서 관객의 감동을 이끌어 낸다.

3) 기호학

러시아의 민담을 분석한 프롭(Prope)에서 시작되어 토드로프, 브레몽, 쥬네트, 메츠, 에코, 바르트, 그레마스 등으로 이어져 온 서사 기호학은 이야기의 구조적인 분석을 논리적으로 전개하는 서사성을 중시한다.[49] 서사 기호학은 등장인물과 이야기의 시작, 사건, 갈등, 결말 등 서사의 구성방식과 구조 등을 분석의 대상으로 하고 있다.

기호학자인 바르트는 이미지 분석에 있어 언어학적 메시지, 코드화된 도상적 메시지, 비코드화된 도상적 메시지의 세 가지 층위를 제안하였다. 이 때 코드화된 도상적 메시지란 겉으로 드러난 외시적(dénotée) 이미지를 의미하며, 비코드화된 도상적 메시지란 내적으로 함유된 공시적(connotée) 이미지를 뜻한다. 바르트는 모든 이미지는 다의적이며 시니피앙 아래에 숨어서 그 독자가 어떤 것은 선택하고 다른 것들은 무시하는 시니피에들의 "고정되지 않은 연쇄"를 내포하고 있는 반면, 언어적 메시지는 상당히 직접적이어서 "정박(ancrage)"해 있다고 하였다.[50]

바르트는 판자니 광고사진으로 기호학을 설명한다. 사진에서 언어텍스트는 판자니/이탈리아로 나타난다. 겉으로 보이는 이미지는 장바구니에 담겨진 야채와 스파게티면, 소스깡통이다. 여기서 이미지의 내재적 의미는 무엇일까? 야채들은 장보기를 마친 직후의 신선함을 의미하며, 깡통에 든 소스와 면은 식사준비가 완료되었다는 것을 뜻한다. 이것은 판자니 제품을 구매하면 시간과 노력을 들이지 않더라도 손쉽게 식사를 할 수 있다는 것을 암시한다. 또 다른 의미를 찾아보면 초록과 흰색, 빨강색을 띤 야채의 색에서 이탈리아 국기의 삼색이 드러나고 이는 곧 이탈리아적인 어떤 것을 표방함을 알 수 있다.[51]

예를 들어 아버지가 딸을 안고 웃는 광고사진이 한 장 있다. 여기에서 겉으로 보이는 것은 누구나 다 알 수 있는 표면적인 것, 즉 시니피앙이다. 한 아

버지가 대여섯 살 정도 되는 어린 딸을 품에 안

고 있다. 아버지는 자상한 표정으로 딸을 바라

보고 딸은 행복한 웃음을 짓는다. 이 이미지의

내면을 들여다보면 행복은 가장의 보호아래 가

능하며 아버지의 책임과 권위에 대한 인정 속에

서 가족이 행복해질 수 있다는 가부장적 이데올

로기를 담은 시니피에를 발견할 수 있다.

그림이나 사진, 동영상 등 시각적 이미지에는 우리가 생각하는 것보다 훨씬 많은 이야기가 포함되어 있다. 사진가, 화가, 감독 등이 제작한 작품은 그들이 전달하고자 하는 이데올로기와 가치의 스토리텔링이다. 디즈니의 애니메이션에는 전개되는 이야기의 근간에 미국을 중심으로 한 서구우월주의와 자본주의 이데올로기가 깔려있으며 일본의 애니메이션에는 일본인들의 종말론과 허무주의가 담겨 있다.

그레마스(Greimas)는 행위소 모델(Schema actantiel)을 제시하여 이야기 속에 등장하는 인물의 행위를 중심으로 이야기의 구조를 분석하는 유용한 분석의 틀을 제시하였다. 그는 이야기 연구의 관점을 주체의 서사행로를 중심으로 전개하면서, 이야기를 커뮤니케이션을 위한 하나의 수단으로 정의하였다. 이는 의사소통이 가능한 모든 사람은 이야기를 할 수 있는 지식구조를 갖추고 있음을 전제한 것이다.[52] 프랑스의 언어학자 테니에르(Tesnière)가 문장을 공연에 비유해 주어를 행위하는 존재로 본 것에 착안한 그레마스는 서사분석에 '행위자(actant)'라는 개념을 도입하였다.[53]

일반적으로 사람들은 텍스트를 역사, 가치, 성장 환경 등에 따라 다르게 해석하는 경향이 있다.[54] 따라서 텍스트의 해석에 있어 주관성을 배제하기란 쉽지 않다. 그러나 그레마스는 개인의 환경이나 성향 등 분석에 영향을 줄 수 있는 요소를 가급적 피하고 텍스트 자체의 기호에 기초해 의미를 해석하고자 하였다. 즉, 개인의 관점에 의한 주관적 해석에서 벗어나 기호들 사이의 관계를 파악하여 비교적 객관적 해석을 함으로써 오류를 피하고자 한 것이다.[55] 방법론적인 면에서 비교적 객관적이고 논리적이라고 할 수 있는 그레마스의 모델은 문학뿐 아니라 마케팅, 사진, 영상, 광고, 게임콘텐츠에 이르기까지 다양한 분야에서 활용되고 있다.

그레마스의 모델에는 주체, 대상, 발신자, 수신자, 반대자, 조력자가 등장하는데 그레마스는 이를 행위자(actants)라고 명명하며 다음과 같은 행위소 모델(Schema actantiel)을 제시하였다.

표 2-2 그레마스의 행위소 모델(Greimas' Schema actantiel)[56]

destinateur (발신자)	→	objet (대상)	→	destinataire (수신자)
		↑		
opposant (대립자)	→	sujet (주체)	←	adjuvant (조력자)

여기서 행위자(actant)는 전통적인 서사에서 인물을 대체하는 것으로 인간뿐 아니라 동물, 물건까지 모두 포함하는 개념이다. 행위자 개념은 문학 기호학에서의 인물이라는 전통적인 개념을 대체한다. 보다 구체적으로는 프롭의 '극인물'(dramatis persona)의 개념을 효과적으로 대체한다. 행위자라는 용어는 인간뿐 아니라 동물이나 물건 또는 개념들까지도 아우르는 보다 광범위한 개념이다.[57]

그레마스의 모델에서 주체는 행동과 상태의 주체로 규정되며 대상은 주체와의 관계에 의해 정의된다. 여기서 주체는 무엇인가를 원하는 존재이고 대상은 원해지는 존재에 해당한다. 발신자와 수신자의 개념은 야콥슨의 커뮤니케이션 모델에서 차용한 것으로 발신자는 발화자 혹은 서술자에 해당하며 수신자는 피발화자, 피서술자를 의미한다.

반대자와 조력자는 프롭의 개념에서 온 것으로 이들은 소통을 용이하게 하면서 도움을 주거나 소통에 맞서면서 방해물들을 만들어낸다. 이 두 가지 기능들의 다발은 각각 원조자(조력자)와 대립자(반대자)라는 이름 아래 두 개의 구분되는 행동자(행위자)로 간주된다.[58]

이와 같은 분석의 틀을 지닌 그레마스 모델은 기업의 브랜드 스토리를 분석하고 커뮤니케이션 전략을 면밀히 파악하는 데 유용하게 사용되고 있다.[59]

스토리텔링 마케팅에서 기업은 발신자로서 수신자인 고객에게 이야기를 전달한다. 이 때 기업 혹은 기업에 속한 구성원들은 주체나 조력자의 역할을 담당하며 기업의 가치, 비전, 이념이라는 대상을 추구하기 위해 문제를 해결하게 된다. 여기서 반대는 기업이 겪게 되는 어려움이나 경쟁회사, 장애물들을 의미한다. 이 과정에는 그레마스의 모델에서 제시하고 있는 행위자(actants)들이 모두 등장한다.

그레마스 모델을 적용하여 브랜드 스토리텔링을 분석하면 스토리텔링의 주체와 타깃, 추구하는 방법 등을 찾아낼 수 있으며 스토리의 전략을 파악할 수 있다. 반대로 그레마스 모델에 근거해 스토리를 설계할 경우 스토리텔링 마케팅에 보다 효율적으로 활용할 수 있을 것이다.

Demonstrating Comprehension

1. 광고 속에 들어 있는 이항대립 요소를 찾아보세요.

2. 웹드라마에 그레마스 모델을 적용해 스토리를 분석해 보세요.

4 스토리텔링 마케팅에 관한 이론

1) 효과 이론

스토리텔링은 다양한 분야에 적용되고 있으며 그 효과를 검증하기 위한 연구들이 시도되고 있다. 스토리텔링의 효과를 이해하기 위해서는 효과이론에 대한 체계적인 논의가 선행되어야 한다. 사회과학분야에서 효과이론은 크게 세 분야로 구분되어 다뤄지고 있다.

첫째는 인지효과로 이는 어떤 정보가 유입되었을 때 이를 소비자가 얼마나 지각하고 기억하며 이해하는지에 대한 측면을 의미한다. 둘째는 태도효과인데 태도는 심리학적 측면에서 특정 대상에 대한 호감이나 비호감을 표현하는 것이다. 일반적으로 태도는 과거와 현재의 경험을 통해서 형성되며 이는 부정적인 태도와 긍정적인 태도로 표현되기도 한다(Wood, 2000).[60] 세 번째는 행동에 관한 것으로 여기서 행동이란 외부로 표현되는 일련의 활동을 말한다. 민톤 등은 (Minton & Khale, 2014)[61] 행동을 다양한 자극에 대한 조직반응 혹은 시스템 반응으로 보았는데, 이는 내적이거나 외적, 의식적이거나 무의식적, 명확하거나 명확하지 않거나, 자발적이거나 비자발적인 행동으로 나타난다. 이 가운데 광고에 대한 명확한 기억은 광고의 성공을 측정하는 도구로 가장 빈번하게 이용되고 있다.[62]

2) 브랜드 인지

브랜드 인지란 고객들의 마음속에 들어 있는 브랜드에 대한 태도의 강도를 말한다.[63] 브랜드 인지도는 크게 3단계로 구분할 수 있다. 제 1단계는 브랜드 인식으로 브랜드 인지의 제일 낮은 단계에 해당한다. 제 2단계는 브랜드 기억으로 브랜드 인식보다 높으며 소비자의 자발적인 기억에 토대를 둔다. 제 3단계는 브랜드가 마음에 새겨지는 브랜드 각인이다. 이 단계는 제일 높은 인지에 해당하는데 특정 브랜드의 심리점유율과 감정점유율을 측정하는 중요한 지표가 된다. 고객이 특정 브랜드에 대해 어떠한 상품 유형인지 인식하고 기억하는 능력을 말하는 브랜드 인지도는 개인의 경험과 기억에 바탕을 두고 있다. 고객은 자신의 관점과 관념에서 브랜드를 상품 유형과 연결 짓는 경향이 있다. 브랜드가 건네는 이야기가 고객이 간직하고 있는 경험 속 이야기와 맞아 떨어질 때 브랜드에 대한 고객의 인지는 높아진다.

스토리텔링의 활용이 브랜드에 미치는 긍정적 영향은 다음과 같다.[64]

첫째, 브랜드의 역사, 비하인드 에피소드를 스토리텔링을 통하여 브랜드를 연상시켜 설명함으로써 긍정적이고 강력한 브랜드의 인식이 가능하다.
둘째, 스토리텔링은 소비자에게 경험, 드라마, 에피소드를 통해 브랜드를 간접 체험할 수 있도록 해준다.
셋째, 스토리텔링은 브랜드의 전개와 확장을 가능하게 한다.
넷째, 스토리텔링에서 패러디, 루머 등 사람들에게 가십(Gossip)거리가 되는 입소문은 브랜드의 홍보 효과를 얻도록 해준다.

다섯째, 브랜드의 스토리텔링은 특수 채널을 통해 소비자에게 브랜드의 문화와
　체험을 제공한다.

기업은 스토리텔링을 통해 아이덴티티를 확립하고 브랜드 인지도를 확산시
키며 고객과의 관계를 형성한다. 고객은 기업의 스토리텔링을 자신의 경험과 연
결 지어 이해하며 이 과정에서 호감과 신뢰감을 쌓게 된다. 기업의 스토리텔링
에서 공통되는 요소를 발견하고 감동을 받을수록 브랜드는 고객의 뇌리 속에
강력하게 각인될 수 있다.

처음 'Java Coffee'라는 이름으로 문
을 열었던 엔제리너스(Angel-in-us cof-
fee) 커피는 2006년 브랜드의 명칭을 변
경하였다. 대부분의 커피체인점이 강하고
직접적인 네이밍을 갖고 있던 시기 엔제리너스는 브랜드명에 여성스럽고 따뜻한
이미지를 담았고 '우리 안의 천사'라는 뜻이 느껴지도록 'Angel'과 'in', 'us'가
자연스럽게 연음되도록 했다. 이와 함께 엔제리너스는 '가브리엘, 라파엘, 안젤라'
라는 이름을 가진 세 명의 천사가 등장하는 브랜드 스토리를 선보였다.

나쁜 짓을 하다가 인간세계로 쫓겨난 가브리엘은 자신이 저지른 잘못만큼
인간에게 행복을 전하라는 명을 부여 받게 된다. 어떻게 하면 용서받을지 고민
하며 커피를 마시던 가브리엘은 가장 맛 좋고 향 좋은 커피로 인간을 행복하게
만들어줘야겠다는 결심을 한다. 이를 위해 그는 자신만의 노하우를 담아 커피
농사를 지었고 수확한 원두로 라파엘, 안젤라와 함께 엔제리너스 커피를 만들게
되었다는 것이다.

쫓겨난 천사, 신의 노여움, 용서를 청하며 만드는 커피, 결국 이 모든 것이
신이 인간을 위해 준비해준 선물이 되는 셈이다. 내 안의 천사라는 따뜻한 브랜
드네임과 천사가 전해주는 신의 선물과도 같은 커피에 관한 브랜드 스토리가
조화를 이룬다. 이처럼 이야기와 브랜드의 이름이 연결될 때 브랜드는 고객에게
각인되며 특별하게 다가가게 된다.

3) 브랜드에 대한 태도

태도란 학습을 통해서 형성된 것으로 개인의 행위 선택에 영향을 주는 내부 상태를 의미한다.[65] 러츠(Lutz, 1991)는 태도를 어떤 사물에 대한 개인의 경향을 반영하는 감정이라고 하였다.[66] 여러 학자들의 의견을 종합해 보면 크게 4가지 부분으로 태도를 구성할 수 있다.[67]

첫째, 태도는 사람의 내부적인 상태를 의미하며 이는 어떤 행위를 하거나 하지 않을 것에 대한 가능성을 제공한다.

둘째, 태도는 행위의 선택 상태이며 이는 회피, 애호, 염오, 수락, 배격 등으로 표현된다.

셋째, 태도는 경험과 학습의 결과 생겨난 것이다.

넷째, 태도는 지도성이 있다. 태도가 형성되게 되면 후속 정보의 처리에 방향을 제시하는 지도적 역할을 하며 후속 정보의 감지, 여과, 처리, 추측을 지도함으로써 개인의 사회활동에 영향을 미친다. 정보를 접수하여 태도가 형성되면 이는 다시 전달하려는 의도와 행위에 긍정적인 영향을 주게 된다.[68]

개인의 태도와 가치관, 믿음의 체계 등은 구전과 공유의도와도 관련이 있다. 소비자의 태도가 비호의적이면 구전이나 공유의도가 생기지 않지만 소비자가 브랜드나 제품에 대해 호의적이라면 구전과 공유의도는 높아진다. 고객이 호의적인 태도를 지니게 되면 상품에 대해 적극적인 영향을 미치고 싶어 하며 상품을 계속 구입할 의사가 강해진다.[69] 기업이 들려주는 진정성이 담기고 감동적인 이야기는 고객에게 호의적인 태도를 갖게 한다. 호의적인 고객은 구전이나 공유의도를 갖게 되며 어떤 형태로든 영향력을 행사하려고 하고 이는 상품의 지속적 구매로까지 연결된다.

4) 스토리텔링 마케팅의 효과

브랜드 스토리텔링의 효과를 측정하기 위한 실험 연구도 시도되었는데, Lundqvist 등은 브랜드 스토리텔링의 영향력을 확인하기 위하여 20명의 실험

대상자들을 선정한 뒤 실험을 진행하였다. 연구진은 임의로 코스메틱 제품을 선정하여 한 그룹(story group)에게는 세 장의 페이퍼와 슬라이드 등을 통해 기업의 유래에 관한 스토리를 소개한 후 제품을 보여주었고, 다른 그룹(non‒story group)에게는 이야기를 하지 않은 채 제품을 보여준 다음 심층 인터뷰를 진행하였다. 그 결과 이야기를 들려준 그룹(story group)은 화장품의 용기에 적힌 문구가 자세한 정보를 전달해 주었고, 리사이클 할 수 있도록 플라스틱만을 사용한 친환경적 포장이 좋았으며 이야기가 두드러지는 이미지라고 하였다. 그리고 디자인에 대해 단순하면서도 우아하다고 평가하는 등 긍정적인 평가를 하였다. 반면 브랜드에 관한 이야기를 들려주지 않은 그룹(Non‒story group)은 포장의 설명 문구가 혐오스러우며, 과학적으로 보이려는 시도인 것 같으나 무슨 말을 하려고 하는지 알 수 없다고 답하였다. 포장 용기에 대해서도 친환경적 용기를 사용했으나 그다지 흥미로워 보이지 않고 보수적이며 고객을 평가절하할 뿐 아니라 혼란스럽게 하고 디자인도 싸구려 같다고 평가하였다. 연구진은 이러한 실험을 통해 스토리텔링이 고객에게 긍정적인 반응을 유발하며 브랜드의 지각도를 높이고 브랜드를 독특한 것으로 만들어준다는 것을 확인하였다.[70]

국내에서 스토리텔링의 마케팅 효과를 고찰하기 위한 연구는 다양한 분야에서 시도되었다. 김도영과 서정운은 와인의 스토리텔링이 브랜드의 인지와 구매행동에 어떠한 영향을 미치는지에 대해 고찰하였는데 그 결과 와인 소비자는 스토리의 차별적이고, 독특함에 관심을 보였으며 브랜드 인지부분에서 독특성, 역사성, 흥미성 등에 높게 반응하는 것으로 나타났다. 또한 스토리텔링 요소의 브랜드 인지는 구매행동으로까지 이어지는 것으로 나타나 마케팅적으로 활용할 수 있는 가능성을 제시하였다.[71] 박운성과 김헌은 웹 브랜드 아이덴티티 강화를 위한 인터랙티브 스토리텔링 사례를 연구한 논문에서 단순한 구조보다는 복합적 인터랙션 구조가 더욱 웹 브랜드 아이덴티티를 강화하는데 적합하다고 하였다. 이와 함께 브랜드스토리 마케팅 수행이 어떻게 이루어지는지에 대해 첫 번째 브랜드스토리를 다양한 커뮤니케이션 채널을 통해 접하며 브랜드를 인지하는 단계, 두 번째, 소비자가 브랜드 제안을 자세히 살피거나 관심을 보이는 관여 단계, 세 번째, 시험적으로 브랜드를 체험하거나 사용해보는 시험사용 단계,

네 번째, 사용해본 경험을 바탕으로 구매를 통해 브랜드와 긴밀한 관계를 맺는 구매 단계, 다섯 번째, 브랜드를 소속된 단체나 그룹에 홍보하고 추천하여 마케터로서의 역할을 하는 추천 단계 등 모두 5단계로 구분하였다. 이러한 스토리텔링의 과정은 브랜드와 소비자의 밀착관계를 더욱 견고하게 해줌으로써 브랜드 아이덴티티를 강화할 수 있는 좋은 마케팅 전략이라고 보았다.[72]

스토리텔링 기법과 제품 관여도가 광고태도, 브랜드태도, 구매의도에 미치는 영향을 조사한 연구도 진행되었는데, 고관여 제품과 저관여 제품에 대해 정보제공형 스토리텔링과 이미지 제공형 스토리텔링의 효과를 비교한 결과 저관여 제품의 경우 이미지제공형 스토리텔링과 정보제공형 스토리텔링은 광고태도에 유의한 차이를 보이지 않았으나 고관여 제품일 경우 정보제공형 스토리텔링이 이미지제공형 스토리텔링보다 더 많은 영향을 미치는 것으로 나타났다. 주얼리 기업의 관점에서는 스토리텔링의 효과가 광고태도를 높이는 것에 그치지 않고 구매의도, 즉 매출로 연계되어야 하므로 주얼리 제품의 관여정도에 따라 차별적인 스토리텔링 기법을 사용할 것을 제안하였다.[73]

배준영과 오경수는 페이스북을 중심으로 스토리텔링 마케팅 효과에 관한 연구를 진행하였다. 연구진은 페이스북 스토리텔링 유형을 에피소드 유형, 체험담 유형, 기념일 유형, 정보 유형으로 분류하고, 각 유형에 따른 인지적 반응, 감정적 반응의 차이와 구매의도에 영향을 미치는 요인을 분석하였다. 그 결과 기념일 스토리텔링과 정보 스토리텔링이 에피소드 스토리텔링, 체험담 스토리텔링에 비해 인지적 반응(신뢰도, 정보성, 관여도), 감정적 반응(호감도), 구매의도에서 긍정적으로 나타났다고 하였다.[74]

브랜드 스토리의 유형(브랜드 히스토리, 스토리슈머, 브랜드콘텐츠)에 따른 효과를 분석한 연구에서는 브랜드 스토리의 유형에 따라 소비자 공감에 대한 평가에 차이가 있는 것으로 나타났다. 브랜드 히스토리와 스토리슈머는 쾌락재보다 실용재일 때, 소비자 공감이 더 큰 것으로 나타난 반면 브랜드 콘텐츠는 실용재보다 쾌락재일 때, 소비자 공감이 더 큰 것으로 나타났다.[75] 스토리를 담은 마케팅의 효과는 고객이 등장인물과 스토리에 얼마나 공감하느냐에 달려 있다. 고객은 스토리가 자신들의 이익을 대변한다고 느낄 때 이를 긍정적으로 평가하지만 기업의 이익만을 대변한다고 느꼈을 경우에는 부정적으로 평가하게 된다.

여러 학자들의 연구 결과에서 브랜드의 스토리를 접한 고객들이 제품에 대해 보다 긍정적으로 반응하며 기꺼이 더 많은 대가를 지불하고라도 그 제품을 구입할 의사가 있는 것으로 나타났다. 또한 제품의 유형에 따라 스토리텔링의 유형도 다르다는 것을 알 수 있다.

그렇다면 스토리의 주체에 따른 스토리텔링 메시지의 효과는 어떻게 나타날까? 이를 위하여 홍숙영과 조승호(2016)는 실험연구를 진행하였다.[76] 스토리가 없이 정보만 제공하는 비스토리텔링, 스토리의 주체가 기업(㈜)인 기업스토리텔링, 스토리의 주체가 고객인 고객스토리텔링인 세 종류의 라디오광고 메시지를 제작하고 고등학교 3학년 세 개 반에 각각의 다른 메시지를 노출시켰다. 그리고 수업이 끝난 후에 설문을 통해서 광고 제품기억, 광고태도, 광고에 대한 감정(긍정적, 부정적), 제품 구매의도, 광고 구전의도를 종속변인으로 이를 측정하였다.

표 2-3   스토리의 주체에 따른 스토리텔링 광고

스토리텔링 구성방식	스토리 내용
비스토리 Non-Storytelling	발이 편해야 마음도 편하죠. 마음이 편해야 사랑도 하는거구요. 보네르 슈즈를 만나보세요. 최신공법으로 탄생한 튼튼하고 가볍고 편한 커플 슈즈 보네르로 편하게 사랑을 이루세요. 사랑을 이루어주는 보네르 슈즈 글로벌 커플 운동화 보네르 슈즈!
기업유래 브랜드 스토리 Firm originated storytelling	소꿉친구 나오미를 사랑하지만 고백하지 못한 채 유학을 떠난 웨슬리 '보네르 슈즈'라는 작은 신발 공장을 차린 그는 여전히 나오미를 잊지 못했습니다. 결국 그녀를 찾아 나선 웨슬리는 나오미를 만나 자신과 같은 신발을 신겨주었고 나오미는 웨슬리의 마음을 받아 주었습니다. 사랑을 이루어주는 보네르 슈즈 글로벌 커플 운동화 보네르 슈즈!

고객유래 브랜드 스토리 Consumer originated story-telling	유학 시절 줄리라는 여학생을 짝사랑한 유키. 마음을 전하기 위해 똑같은 디자인의 보네르 슈즈를 두 켤레 준비했습니다. 한 켤레는 자신이 신고 나머 지 한 켤레는 선물로 주며 함께 공원을 산책하고 싶 다는 서툰 유키의 고백이 줄리의 마음을 움직였습니 다. 사랑을 이루어주는 보네르 슈즈, 글로벌 커플 운동화 보네르 슈즈!

연구결과를 요약하면 각각의 요인에 따라 그 효과가 다르게 나타나고 있었다. 스토리의 주체가 고객인 경우, 스토리의 주체가 기업인 경우보다 광고태도, 광고에 대한 긍정적 감정, 제품 구매의도, 광고 구전의도가 높은 것으로 나타났다. 제품명에 대한 기억은 기업스토리텔링이 효과가 있는 것으로 나타났으며 부정적 감정에 있어서는 비스토리텔링이 스토리텔링 메시지에 비해 높은 것으로 나타났다. 한편 스토리의 주체가 기업일 경우 스토리가 포함되지 않은 광고와 그 효과에 있어 별 차이가 없는 경우도 있었다.

일반적으로 스토리텔링 마케팅이 비스토리텔링 마케팅에 비해 효과가 높은 것으로 간주되고 있다. 그러나 효과면에서 스토리텔링 내에서도 층위가 나뉜다는 점에 주목해야 한다. 기업주가 외적으로 자신을 드러내는 성향을 지녔다고 해서 무조건 스토리텔링의 주체로 등장해서는 곤란하다. 다각적 분석과 실험을 통해 기업주, 제품, 서비스, 직원, 고객 가운데 어떤 요인을 스토리의 주체로 내세웠을 때 가장 효율적인지 시뮬레이션을 해 보아야 한다. 스토리텔링 마케팅의 기획에 있어 어떤 효과를 기대하는지에 따라 스토리의 주체를 다르게 해야 할 필요가 있다.

잭스와 생커 등은 스토리텔링은 경험을 조직화하고 그러한 경험이 의미를 지니는 프레임워크를 제공한다고 하였다. 이야기가 지니는 필터링 효과로 인해 소비자들은 브랜드마다 다른 평가를 내리게 되며 평가를 다르게 하고 특정 브랜드의 가치를 높게 보기도 한다.[77] 이야기 안에 담긴 브랜드의 메시지는 고객의 경험과 결합하여 고객의 뇌리에 브랜드를 각인시킨다. 이는 구매에 영향을 미칠 뿐 아니라 구전을 통해 타인의 구매행동에까지 영향을 주게 된다. 특히 이야기가 기업의 가치와 철학, 제품의 성격과 디자인, 조직원들의 특성, 커뮤니케이션 등과 유기적으로 결합될 때 스토리텔링 마케팅의 효과는 극대화될 수 있다.

5) 스토리, 스토리텔링, 소비자

브랜드 스토리는 소비자의 브랜드에 대한 이미지, 제품과 서비스에 대한 이해, 구매, 구전, 재구매 과정 등에 영향을 주게 된다. 소비자에 대한 이야기의 영향력이 무엇인지 정리하면 다음과 같다.[78]

> 첫째, 사람들은 논쟁이나 패러다임의 입장에서 사고하기보다는 서술적으로 사고하는 것이 훨씬 자연스럽다.
> 둘째, 대부분의 정보는 에피소드의 형태로 기억 속에 저장되고 검색된다.
> 셋째, 이야기는 아리스토텔레스가 말한 '적절한 즐거움', 즉 카타르시스를 낳는다.
> 넷째, 특정 브랜드와 제품은 인간의 원형에 관한 이야기를 담고 있으며 이러한 이야기는 우리에게 행복을 안겨 준다.
> 다섯째, 우리는 타인이나 자신의 예전 대화, 사건 및 결과를 이해하기 위해 이야기를 하며 이를 통해 분명한 것을 추구한다.

인간은 이야기를 듣고 말하는 과정에서 신화의 원형을 경험하게 되는데 이와 같은 이야기의 DNA는 태어날 때부터 우리와 함께 하며 배우지 않아도 자연스럽게 우리 안에 깃들어 있다. 이에 따라 우리는 자신에게 들어오는 정보를 이야기의 형태로 이해하려고 하는 경향을 갖게 되는데 이는 브랜드에 대해서도 마찬가지다. 소비자는 브랜드와 관련한 그들의 경험에 대해 이야기라는 형태로 사고하게 된다. 어떤 제품의 구매를 선택하고 구매행동에 이르게 되었을 때 자신이 내린 결정에 대해 소비자들은 대체로 이야기의 형태로 풀어나간다. 따라서 브랜드의 의미 역시 소비자가 브랜드에 대해 구축한 이야기에 바탕을 두고 있음을 알 수 있다.

내러티브 프로세싱 이론은[79] 소비자를 창조적인 스토리 빌더(story builder)라고 간주한다. 소비자는 단순히 세계를 기록하는 것이 아니라 세계를 창조하고 그들이 개인적인 이야기를 구축하는 것처럼 문화적·개인적 기대 속에서 세계를 혼합하는 존재이다. 이러한 인간은 이야기의 형식으로 유입되는 정보를 이해하기 위해 기억 속에 저장된 에피소드에 이것을 병치시키려고 한다. 이를 마케팅 시각으로 보면 소비자가 내러티브 프로세스에 연루될 경우 '목표/지향, 행동/성과'에 관한 에피소드를 자신의 기억 속에 존재하는 이야기들과 접점을 찾으려고 하는 것으로 설명할 수 있다.[80]

내러티브 프로세싱 이론에서 볼 때 내러티브적 사고는 크게 두 가지 기능을 갖는다.[81] 첫째, 내러티브 사고는 시간적 차원에서 사건을 조직화한다. 즉, 시간적 차원에서 시작, 중간, 끝의 구조를 갖는다. 둘째, 내러티브 사고는 조직화된 틀 속으로 각 요소들을 구조화한다. 이는 이야기의 요소 간에 관계를 형성하고 인과관계의 추론을 허용한다는 것을 의미한다. 이야기는 목표가 이끌고 행동이 발생하는 시퀀스로 구성된다. 이야기는 목표/지향, 행동/성과로 구성되는데 이를 에피소드 스키마(episode schema)라고 한다.[82]

내러티브 프로세스는 브랜드를 자아와 연결시키는 자아브랜드연결(SBC self-brand connections)의 메커니즘을 제공한다. 유입되는 정보에 대해 소비자는 기억 속의 이야기와 부합되도록 연결한다. 이러한 과정에서 목표, 행동, 결과물과 같은 핵심적인 스토리 요소에 초점을 맞추게 된다.

여기서 스토리는 다음과 같은 가능성을 지닌다.

첫째, 새로운 이야기는 이미 기억 속에 구성되어 있는 이야기와 연결된다.
둘째, 새로운 이야기는 이야기의 상실된 부분을 업데이트하려는 경향을 지닌다.
셋째, 새로운 스토리는 이미 이해하고 있는 이야기에 대해 더 많은 증거를 제공한다.[83]

그림 2-3   내러티브 프로세스와 SBC

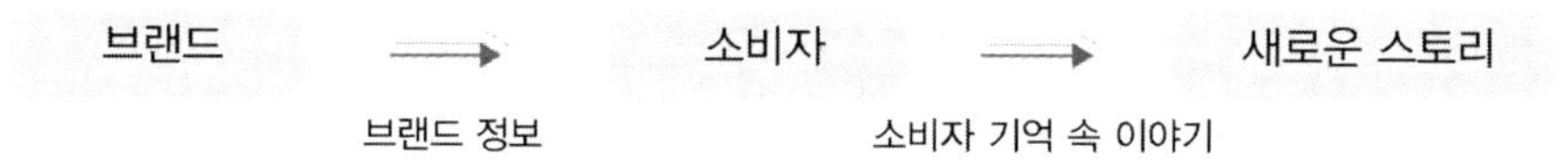

브랜드   ⟶   소비자   ⟶   새로운 스토리

　　　　브랜드 정보　　　　　　소비자 기억 속 이야기

고객은 브랜드에 관한 정보가 유입될 때 기존에 자신이 경험한 기억 속의 에피소드와 연결시키려 하며 이 과정에서 브랜드와의 관계를 형성하게 된다. 동시에 브랜드에 관한 이야기는 고객이 자아를 표현하고 정체성을 강화하며 개성을 드러내고 타인과 교류하는 것을 도와준다. 사람들은 자신이 욕망하는 자아 이미지를 창조하고 표현하기 위해 제품과 브랜드를 사용하며, 이를 다른 사람들에게 보여주려고 한다. 소비자가 효용이나 편익에 의한 선택만을 하는 것이 아니라 심리적 혜택에 근거해 제품과 서비스를 선택하는 것도 바로 이러한 이유에서이다.

Demonstrating Comprehension

1. 스토리텔링 마케팅의 효과적인 측면에서 브랜드 인지도와 브랜드 태도를 설명해 보세요.

2. 이와 관련해 본인이 경험한 사례 혹은 간접 경험 사례를 찾아 이야기해 보세요.

3. 내러티브 프로세스와 SBC에 대해 설명해 보세요.

Storytelling Marketing

Chapter

03

스토리텔링 마케팅 분야

스토리텔링 마케팅 분야

1 감성과 스토리텔링 마케팅

1) 감성 마케팅(Emotional Marketing)

감성 마케팅이란 고객의 기분과 정서에 영향을 미치는 감성적 동인을 동원해 브랜드와 고객 사이의 유대를 강화하려는 기업의 활동과 노력을 말한다. 감성을 활용하는 것은 마케팅 커뮤니케이션 분야에서 브랜드 이미지를 차별화하고 브랜드 충성도를 강화할 수 있는 핵심적 방법 가운데 하나로 평가받고 있다. 고객은 일반 소비자이고 소비자들의 기분과 정서는 다양한 요인에 의해서 변화를 겪는다. 인간의 감정은 흔히 희노애락(喜怒愛樂)으로 표시된다. 이를 이분화하면 긍정적 감정(기쁨, 즐거움, 쾌감, 상쾌함)과 부정적 감정(화, 슬픔, 노여움, 울분, 고통, 울음 등)으로 나눌 수 있다. 감성 마케팅은 이러한 감정을 자극하거나 혹은 감정의 정화를 이끌어 내는 것이다.

소비자의 감성에 어울리거나 그들의 감성이 좋아하는 자극이나 정보를 제공함으로써 소비자를 감동시키는 감성 마케팅에서 중요한 것은 고객의 라이프

사이클이다. 고객 유치에서 활성화, 고객보유, 재활성화까지 모든 단계를 포괄해야 하며 독립적이 아닌 상호 관계적인 전략을 펼쳐야 한다.[84] 이 때 고객에 대한 이해를 바탕으로 구성된 기업의 스토리텔링은 고객에게 감동을 주며 고객의 감성을 자극할 수 있다.

코카콜라는 판매율이 저조한 호주에서 감성 스토리텔링 마케팅 전략을 펼쳐서 성공을 거두었다. 'Share a coke'라는 캠페인은 코카콜라의 병 표면에 호주에서 가장 많이 불리는 150개 이름의 라벨을 붙이는 것이었다. 사람들은 자신의 이름이나 가족의 이름, 친구의 이름을 찾아내고 이러한 이야기를 SNS에 공유하며 기쁨을 나누었다. 이 캠페인으로 호주에서 코카콜라의 인지도와 판매량은 모두 상승하였다.

이처럼 광고에서 감성 마케팅이 드러나도록 프로모션 전략을 세워 실행할 수 있는데 여기에 스토리텔링 요소가 포함되어야 효과를 거둘 수 있다. 광고에서 고객의 감성에 호소하는 감성소구(emotional appeal) 전략은 근래 들어 보다 활발해지고 있다. 이는 광고에 감성적인 요소를 삽입하여 제품에 대한 소비자의 인지, 태도, 구매행위에 영향력을 행사하고자 하는 의도를 지니고 있다. 감성소구의 재료는 다양한데, 유머를 이용한 광고, 스타를 활용한 광고, 재치 있는 광고 등이 여기에 포함된다. 감성소구에 대한 상대적인 개념으로 이성소구(rational appeal)를 들 수 있다. 이것은 소비자의 감성이 아니라 합리성, 논리성, 정보의 종합, 지식의 활용, 판단 등과 같은 이성적인 요소에 무게중심을 두는 것이다. 일반적으로 광고 제품에 관한 정보를 전달하기 위해서 제작된 광고는 이성소구 광고에 포함된다. 광고 제품의 특징, 시장의 환경, 소비자 특성, 경쟁사 등을 고려해서 감성과 이성 중 어디에 호소해야 할지 결정해야 한다.

감성 마케팅의 영역은 광고뿐 아니라 보다 방대한 분야까지 확대되고 있다. 스콧 로비넷은 광고와 같은 일반적 마케팅 기법으로도 고객의 일시적인 감성적 반응을 이끌어 낼 수 있지만 감성 마케팅 전략은 소비자들의 구매행동을 유도

할 뿐 아니라 일회성 구매에 그치지 않고 장기적인 충성도를 형성할 수 있다고 하였다. 그는 감성 마케팅을 "전사적 차원에서 고객과의 지속적 유대를 추구하는 것으로, 고객 자신이 소중하게 여겨지고 배려 받는다고 느끼게 함으로써 충성도를 갖게 하는 것"으로 정의하고 있다.[85] 그는 감성 마케팅이 브랜드 자산, 브랜드 경험, 에너지와 결부된다고 하면서 이를 '감성요소'라고 하였다.

브랜드 자산은 브랜드의 신뢰성과 아이덴티티를 포함한다. 이 때 신뢰는 관계형성에 필수적인데 이는 다양한 요소에 의해서 형성된다. 그 중 하나가 친밀감이다. 감성적 요소를 지닌 친밀감은 대인 관계에서 따뜻하고 정겨운 느낌이 들게 해 줄뿐 아니라 기업과 소비자의 관계에서도 마찬가지로 발현될 수 있다. 브랜드 아이덴티티는 브랜드의 정체성으로 브랜드가 추구하고 지향하는 궁극적인 가치를 의미한다. 이는 행복, 평화, 사랑 등으로 표현되기도 하고 평안, 안락, 편익에 대한 추구로 나타나기도 한다. 이처럼 추상적인 가치를 추구하는 브랜드 아이덴티티는 특정 부분에 있어 소비자의 감성을 자극하는 요소로 활용될 수 있다. 브랜드 경험이란 기업의 가치(제품 혹은 서비스)를 소비자들이 체험하게 되는 교환의 상황에 해당한다. 교환이 발생하는 시점에서 소비자는 제품이나 서비스에 대해 감성적 지각을 경험한다. 이처럼 감성은 마케팅의 다양한 영역과 연관되어 있다.

감성 마케팅을 적극적으로 활용하기 위해서는 소비자 라이프스타일의 변화 추이를 명확하게 파악해야 한다. 라이프스타일은 소비자의 생활 가치관을 보여주는 것으로 소비자의 태도, 행동, 인지 구조 등을 파악하는 데 상당히 유용하다. 과거와 비교해 현대인에게 두드러지게 나타나는 현상 가운데 하나가 바로 개인미디어 이용시간이다. 스마트폰과 인터넷의 등장으로 각 개인이 미디어를 확보하고 정보를 수용할 뿐 아니라 콘텐츠를 제공할 수 있는 프로슈머 미디어 환경이 구축된 것이다. 사람들은 이제 스마트한 환경에서 다양한 정보를 공유하며 살아가고 있다. 개인 미디어의 이용 시간도 절대적으로 증가했다. 특히 이용자의 증가가 확연히 보이는 것이 SNS 사용 시간이다. 한국방송광고공사가 2006년과 2014년의 소비자 하루 평균 미디어 이용시간을 조사한 결과를 보면 라디오는 37분에서 23분으로 38% 줄었고, TV는 203분에서 166분으로 약 18% 감소했다. 신문 이용시간은 25분에서 10분으로 59%나 줄어들었고 PC기반 인터넷 이용시간 역시 2006년 90.7분에서 2014년 56.6분으로 감소했다. 그러나 모바일 기반의 이동형 인터넷 이용시간은 2010년 16.1분에서 2014년 60.2분으로 급격히 상승하고 있다.[86] 특히 모바일을 통해 쉽게 접속이 가능한 SNS 이용시간이 크게 증가하는 추세이다. DMC 미디어의 '2016 소셜 미디어 이용 행태 및 소셜 미디어 광고 접촉 태도 분석 보고서'에 따르면 페이스북 이용자의 하루 평균 이용시간은 33.6분, 인스타그램 30.3분, 카카오스토리가 21.2분, 밴드 20.7분, 트위터 18.9분으로 조사되었다.[87]

　　오늘날 소비자들은 트위터, 블로그, 페이스북, 인스타그램, 카카오톡, 밴드, 유튜브 등을 통해서 서로 연결되어 있고 정보를 공유한다. 이때 공유된 정보는 감성적 정보과 이성적 정보로 나눌 수 있다. 재미있는 이야기, 웃음을 주는 이야기, 특별한 이야기, 감동을 주는 이야기 등은 감성적 정보에 해당하며, 그 자체로 가치를 지니는 정보는 이성적 정보에 해당한다. 현재 급속도로 전파되는 주요한 정보의 대부분은 감성적 정보이다. 이에 대한 원인은 다양하게 논의될 수 있으나 주된 원인은 감정적 복제(copying) 욕구에 의한 것이라고 할 수 있다. 질만(Zillman, 1988)은 이것을 '감정상태의 관리(Mood Management)'라고 불렀다.[88] 사람들은 자신의 감정상태(mood)가 만족스럽지 않을 때 이를 변화시키려는 욕구를 지니고 있다.

　　슬픈 감정을 느낄 때 사람들은 슬픔을 달래기 위한 무언가를 찾게 되고, 화가 날 때는 화를 누그러뜨릴 수 있는 것을 찾게 되며, 우울할 때는 우울함에서 벗어날 수 있는 것을 찾게 된다는 것이다. 질만은 이러한 감정상태가 개인에 따라 각기 다른 미디어 이용을 선택하게 만든다고 보았다. SNS 환경에서는 개인의 감정변화에 있어 촉매제 역할을 한 소재를 타인과 공유하는 것이 가능하다. 이에 따라 개인은 자신에게 감동과 즐거움을 주었던 것, 기쁨이나 행복, 쾌락, 상쾌함 등을 제공한 콘텐츠를 타인에게 알려줄 수 있게 되었다.

　　2016년 고객의 사연을 반영한 LG유플러스의 리얼 스토리 광고는 많은 사람들에게 감동을 주며 커다란 반향을 일으켰다. 특히 '아버지의 버스편'은 35년 간 버스운전기사로 일하다 혈액암에 걸려 투병하고 있는 아버지를 위한 아들의 스토리를 담아 감동의 물결을 일으켰다. 이 광고에서는 아버지가 운전하며 다녔던 그 길을 아버지에게 보여드리기 위해 아들이 직접 대형면허를 따고 운행에 나서는 내용을 생생하게 보여주었다. 과장이나 꾸밈이 없이 부자 간의 진한 사랑을 담은 영상은 많은 사람들의 감성을 자극하였고, 유튜브 영상은 630만 회 이상 조회되는 기록을 세웠다.

기업은 이제 단순히 제품에 대한 정보 제공의 수준을 뛰어넘어 소비자를 감동시키는 광고, 재미를 주는 광고, 웃음과 눈물을 선사하는 광고를 제작하고자 한다. 이를 위해 행복한 제품, 즐거운 제품, 신선함을 주는 제품, 가슴 뭉클한 제품 등의 콘셉트를 세우고 소비자에게 전달하기 위한 여러 가지 전략을 구상한다. 소비자에게 기업의 의도가 전달되어 감성적으로 소구되고 소비자가 감동하게 된다면 소비자 스스로가 마케터가 되어 입에서 입으로 제품의 정보를 바이러스처럼 전염시키는 바이럴마케팅 현상이 발생한다. 기업의 감성 마케팅은 고객이 자발적으로 마케터가 되는 바이럴마케팅 효과를 이끌어 낼 수 있기에 그 가치는 가격을 매길 수 없을 정도로 크다.

2) 감성과 스토리

감성 마케팅의 중요성이 강조되는 이유는 소비자의 감성이 중시되는 환경이 조성되었기 때문이기도 하지만 이와 함께 소비자의 감성이 쉽게 표현되고 표출되고 전달되는 장이 마련되었기 때문이기도 하다. SNS환경에서 사적인 영역은 공적인 영역과 연결되어 그 구분이 쉽지 않게 되어가고 있다. 과거에 사적인 영역에 해당하는 분야에서 생성된 콘텐츠는 이제 빠르게 공적인 영역으로 옮겨지고 있는데, 이는 서로가 촘촘하게 연결된 네트워크 시스템으로 인해 가능하게 되었다. 이러한 네트워크 시스템이 제공하고 있는 공간에서는 특히 스토리가 강력한 힘을 발휘하게 된다. 그러나 우리 일상의 모든 이야기가 네트워크를 통해서 전파되는 것은 아니며 누군가와 나누고 싶은 가치가 있거나 흥미 있는 이야기가 네트워크의 물결을 타고 항해를 하게 되는 것이다.

그렇다면 사람들은 어떠한 스토리를 공유하고 싶어 하는가? 이야기의 형태는 말, 글, 영상, 디지털 등 다양하며 그 성격은 형태에 따라 다르게 나타난다. 이를 정리하면 다음과 같다.[89]

표 3-1 이야기의 형태와 성격

이야기의 형태	사실적인 것	허구적인 것
말	경험담	신화, 전설, 민담
글	일기, 수기, 편지, 기사	소설, 희곡, 서사시, 시나리오 등
이미지	사진	그림, 만화
영상	뉴스, 다큐멘터리	드라마, 영화, 애니메이션 등
디지털	블로그	인터넷 유머, 컴퓨터 온라인 게임, 웹소설, 웹툰 등

위 표에서 보듯이 이야기의 형태와 성격은 다양하다. 그러나 어떠한 이야기가 사람들의 공감을 얻고 보다 많은 사람들에게 전파되는지에 대한 것은 이야기의 형태와 성격에 있다기보다는 이야기의 내용에 있다고 볼 수 있다. 이야기의 내용적 측면에서 가장 중요한 요소는 감성적 요소이다. 이야기의 내용면에서 감성을 자극하는 요소가 많을 때 그 이야기는 보다 많은 사람들의 입에 회자된다. 우리의 감성을 자극하는 요소가 무엇인지를 탐구하기 위해서는 우리의 감성에 대해 알아야 하며 감성을 자극하는 다양한 요소에 대한 이해가 선행되어야 한다.

인간은 자신의 현재 감정상태를 개선하고자 하는 욕구를 지니고 있다. 물론 현 상태가 최적일 때는 그 감정상태를 유지하고자 할 것이다. 감정상태를 개선하기 위해 사람들은 다양한 방법과 도구를 활용한다. 음악감상, 영화감상, 여행, 낚시, 운동, TV 시청, 맛집 투어, 산책, 명상, 독서, 쇼핑 등 수많은 재료를 이용할 수 있다. 그 가운데 하나가 바로 스토리이다. 스토리는 이야기이고 사실적 혹은 허구적으로 구성되며 말이나, 글, 영상, 디지털로 구현이 된다. 그러나 모든 이야기가 텔링되는 것은 아니다. 이야기가 사람들의 입에서 입으로 회자되기 위해서는 반드시 감성을 자극하는 요소가 포함되어야 한다.

브랜드가 담고 있는 가치와 현실적인 목표가 부합되는 감성적인 이야기가 탄생할 때 그 브랜드는 최고의 시너지 효과를 거둘 수 있다. 고객이 감동하고 입에서 입으로 전해지는 브랜드 스토리는 감성코드를 지니고 있어야 하며 진정성이 느껴져야 한다. 자연주의를 내건 화장품 브랜드인 이니스프리는 초창기 콘셉트를 제대로 세우지 못하며 고전했다. 그러나 브랜드에 스토리를 담으며 모델, 매장, 용기 디자인, 제품의 효과 등이 통일성을 지니기 시작했고 고객들의 호응을 얻게 되었다.

이니스프리 화장품은 예이츠의 시 '이니스프리의 호도'(The Lake Isle of Innisfree)에서 그 이름을 따 온 것이다. 제목에서 짐작할 수 있듯 이 시에는 평화롭고 아름다운 자연을 칭송하는 내용이 담겨 있다.

나 이제 일어나 가리, 이니스프리로 가리,
거기 외 엮어 진흙 바른 오막집 짓고
아홉 이랑 콩 심고, 꿀벌통 하나 두고,
벌들 잉잉대는 숲속에 홀로 살으리.
또 거기서 얼마쯤의 평화를 누리리.
평화는 천천히
아침의 베일로부터 귀뚜리 우는 곳으로 떨어져 내리는 것
한밤은 희미하게 빛나고, 대낮은 자줏빛으로 타오르며,
저녁엔 홍방울새 날개 소리 가득한 곳.

- 예이츠의 시 '이니스프리의 호도' 중에서

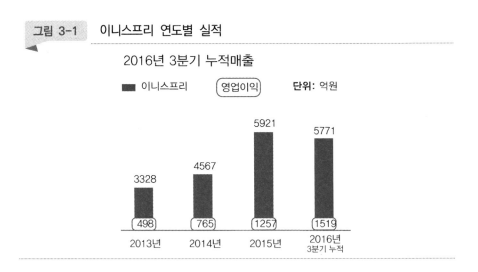

그림 3-1　이니스프리 연도별 실적

2016년 3분기 누적매출

■ 이니스프리 　(영업이익)　**단위: 억원**

평화롭고 한적한 힐링의 섬 이니스프리의 이미지를 제품에서 그대로 구현하겠다는 의미를 담은 브랜드 이니스프리는 자연주의를 표방했지만 출발은 그다지 순탄하지 않았다. 인지도를 올리는 일이 쉽지 않아 매출이 저조했고, 같은 기업 내에서도 천덕꾸러기 취급을 받았다. 마침내 이 브랜드의 선택은 제품에 '제주'라는 섬의 모든 것을 담는 것이었다. 제품의 원료뿐 아니라 제주의 풍광과 제주의 이야기를 담으면서 사정은 달라졌다. 화산이 폭발할 때 용암이 굳어 만들어진 제주 화산송이를 사용해 만든 모공 마스크가 크게 히트를 쳤고, 깨끗한 제주암반수로 키우는 유기농 녹차를 사용한 화장품 라인도 인기를 끌었다. 제주 동백마을 할망들이 손수 딴 동백꽃잎을 원료로 만든 카멜리아 라인에서는 빨간 꽃잎을 따며 도란도란 추억과 정을 나누는 할머니들의 평화로운 모습을 연상할 수 있도록 했다. 화장품의 원료만 제주도에서 나오는 것이 아니라 섬의 모습을 지키기 위해 버려지는 제주 감귤껍질을 재활용한 종이상자를 사용했고, 콩기름으로 인쇄한 종이 박스를 사용했다. 포장재 역시 감귤껍질을 재활용하여 만들었다. 고객들과 함께 매년 제주 올레길을 걷는 행사를 열며 광고 역시 제주도를 배경으로 제작된다.

이처럼 브랜드의 가치와 원료, 제품, 포장, 광고에 이르기까지 '제주'라는 섬을 모티브로 일관성 있고 감성적인 이야기를 만들어나간 결과는 놀라웠다.

2009년 매출 1,000억 원을 달성한 데 이어 2013년에는 그 세 배에 이르는 3,000억 원을 기록했다. 2012년 중국에 글로벌 매장을 연 데 이어, 2013년에는 홍콩과 일본에까지 진출하는 성과를 거두었다. 2003년부터 시작한 공병수거는 330만 개가 넘었으며, 휴지 대신 손수건을 사용하는 에코손수건 140만 장이 고객에게 전달되었다고 한다. 고객과 상호작용하는 웹툰스토리를 제작하기도 하고, 최근에는 '어쩌다 제주'라는 인스타그램 마이크로 드라마를 제작하기도 하였다. 이처럼 이니스프리는 이미 만들어 놓은 스토리에 안주하지 않고 '섬' 과 '자연'이라는 스토리의 골격은 유지하되 끊임없이 새로운 이야기를 써가는 노력을 계속하고 있다.

수도 없이 쏟아져 나오는 제품과 광고의 홍수 속에서 사람들은 마음의 소리에 따라 선택을 하게 된다. 선택의 기준은 어떤 이야기가 마음을 움직이는가 하는 것이다. 감동적인 이야기를 담은 감성 스토리텔링만이 고객의 선택을 받을 수 있다.

3) 감성 스토리텔링의 유의점

현대인들은 제품에 관한 각종 정보와 직간접적인 광고의 홍수 속에서 살아간다. 복잡한 현대 사회에서 사람들은 소비에 있어 제품의 기능뿐 아니라 감정적인 이끌림과 진실성을 기대한다. 아무리 이성적인 소구의 제품이라 하더라도 감성을 건드리는 부분이 있어야 관심을 갖게 되는 경향이 있다. 이러한 감성을 자극하는 스토리가 바로 감성적 스토리텔링이다.[90]

감성적 소구는 언어적·사고적 반응에 대해 감정과 느낌을 총괄하는 개념이다. 소비자의 구매태도에 영향을 줄 수 있는 긍정적이거나 부정적인 정서를 담은 메시지는 소비자의 감정과 정서에 영향을 준다. 경험적 관점에서 본다면 소비의 결과는 제품을 통해 소비자가 얻는 즐거움이며 이는 제품이 제공하는 즐거움과 제품으로 인한 즐거움으로 나타난다.[91] 따라서 기업은 경쟁에서 살아남기 위해 소비자에게 선택받을 수 있도록 차별적이며 설득적인 메시지를 전달하고자 노력한다. 기업은 소비자의 기억에 각인되는 이미지를 구현하고 호의적인 태도를 형성할 수 있는 감성적인 스토리텔링 개발에 전력을 기울인다. 이 때 감성만 자극해서는 곤란하다. 고객이 지나치게 감성에 흐르게 될 경우 제품이나 메시지는 뒷전으로 밀릴 수 있기 때문이다.

　2013년 갤럭시 노트3와 기어 광고에는 글로벌 축구스타 메시가 등장했다. 천재 아티스트라 불리는 로드의 대표곡인 로얄즈를 테마로 뮤지컬 형식을 빌어 전개되는 이 광고는 세계인의 이목을 집중시켰다. 광고에서 메시는 갤럭시 노트 3와 갤럭시 기어를 이용해 비밀스런 프로젝트를 진행한다. 다 쓰러져가는 죽음의 도시에 말쑥하게 차려입은 메시가 등장한다. 어둡고 두려운 표정의 아이들은 로열스를 합창하며 의심에 찬 눈초리에서 기대에 찬 모습으로 변화한다. 이와 함께 황량한 도시는 무너지고 그 곳에 아이들이 뛰어노는 축구장이 탄생한다. 한 남자의 손이 갤럭시 노트3와 갤럭시 기어를 움직이며 아이들에게 새로운 꿈의 세계를 보여주는 스토리텔링을 담고 있다. 그런데 여기서 주의해야 할 점은 수면자 효과로 인해 메시지의 의도가 제대로 전달되지 못할 수도 있다는 것이다. 수면자 효과란 신빙성이 낮은 출처의 메시지에 대해 신뢰성이나 동의하는 정도가 낮은 메시지가 시간이 지나면서 상대적으로 신뢰도와 설득력이 높아져 태도변화를 유발하는 현상을 말한다. 호블랜드 등은 시간이 경과하면서 메시지의 출처에 대한 신뢰성과 메시지의 내용이 분리되어 메시지의 내용만 남게 되기 때문이라고 설명하였다.[92]

그림 3-2 　칼 호블랜드의 수면자 효과

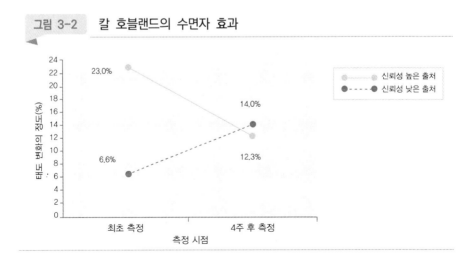

  호블랜드와 와이스(Hovland & Weiss, 1951)는 메시지의 출처에 대한 신뢰성에 관심을 가지고, 메시지 출처의 신뢰성이 태도나 의견 변화에 미치는 영향을 알아보기 위한 실험을 진행했다.[93] 이들은 몇 가지 주제에 대해 권위 있는 학자나 저널과 같이 신빙성이 높은 출처와 자유기고가의 글처럼 신빙성이 낮은 출처에 의해 작성된 메시지를 선택하였다. 메시지의 내용은 의사의 처방 없이 항히스타민제(Anti-Histamine) 약품을 판매하는 것, 현재(1950년대)의 기술로 원자력 잠수함을 만드는 것, 철강 부족 사태에 대한 철강 회사들의 책임, 영화 산업의 미래 등에 관한 것이었다. 학자들은 실험에 참여한 200명이 넘는 사람들에게 메시지를 제시하고 각 메시지에 동의하는 정도 등을 포함한 설문 문항을 작성하도록 했다. 4주 후, 동일한 메시지에 얼마나 동의하는지 다시 측정한 결과 신빙성이 높은 출처에서 전달한 메시지에 대한 동의의 정도가 소폭 감소했으나 신빙성이 낮은 출처에서 전달된 메시지의 동의 정도는 소폭 상승했다.

  스토리텔링 마케팅의 효과에 대해 대부분의 사람들은 과도한 기대를 갖고 있으나 실제로 실험 연구에서는 이러한 효과가 제한적인 것으로 나타나고 있으며 성공을 위해서는 여러 가지 변수를 고려해야 한다는 것을 강조하고 있다. 메시를 내세운 뮤지컬 형식의 삼성 갤럭시 노트3와 갤럭시 기어의 스토리텔링 광고는 유명 스포츠 스타가 등장하고 16세의 천재 뮤지션인 로드의 음악을 테마로 한다는 점에서 관심을 끌기에 충분하다. 그러나 신뢰성이 낮은 출처를 통해 이 메시지를 접했을 경우 종국에는 브랜드의 핵심 메시지는 누락될 우려가 있다. 즉, 소비자들은 이를 광고로 인식하기보다는 유튜브에 게시된 동영상에서 메시가 환경이 어려운 아이들을 위해 무언가 좋은 일을 행한다는 식으로 기억되는 수면자 효과가 나타날 수도 있다는 것이다. 소비자는 메시와 로드의 로얄스라는 노래, 뮤지컬 형식의 광고만 기억하게 되고 제품이나 브랜드에 관한 이야기는 묻히게 될 수도 있다. 따라서 스토리텔링의 효과에 있어 과신은 곤란하다. 소비자의 상황과 기대에 부합하는 스토리텔링을 설계하고 효율적인 전략을 세워 체계적으로 접근해야 한다.

1. 최근 들어 감성 마케팅은 마케팅의 프로모션 전략으로 빈번하게 활용되고 있습니다. 성공적인 감성 마케팅 프로모션 전략을 위해 필수적인 요소는 무엇인지 앞서 논의를 바탕으로 기술해 보세요.

2. 각 요소에 따른 사례를 찾아보세요.

2 관계와 스토리텔링 마케팅

1) 관계마케팅

마케팅의 전체 개념을 논할 때 일반적으로 총체적 마케팅(Holitics Marketing)
이란 용어를 사용한다. 총체적 마케팅(Holitics Marketing)은 내부적 마케팅(Inter-
nal Marketing), 통합마케팅(Integrated Marketing), 기업의 사회적 책임(Corpora-
te Social Responsibility), 관계마케팅(Relationship Marketing)의 4가지로 분류된
다. 내부적 마케팅이란 조직 내 마케팅 부서와 관련된 부서 간의 원활한 의사소
통을 위해 마케팅 실무자들이 가져야 할 태도 및 역할을 포함한다. 마케팅 부서
는 고위 경영자와 긴밀한 관계를 유지해야 하며 더불어 생산관리, 영업, 광고홍
보, 인사, R&D 팀들과도 밀접하게 연관되기 때문에 지속적으로 소통해야 한다.

관계 마케팅의 두 번째 범주는 사회적 책임 마케팅이다. 사회적 책임 마케
팅은 최근 기업은 물론 정부와 자치단체, NGO 등에서 매우 중요하게 다루는
이슈이다. 사회적 책임 마케팅의 당위성은 기업이 한 사회의 구성원이며 사회의
안녕과 복지에 기여해야 한다는 철학적 근거에서 출발한다. 시대에 따라 사회적
책임의 범위와 수준은 달라져 왔다. Carroll(1979)[94]은 기업의 사회적 책임을 경
제적 책임, 법적 책임, 윤리적 책임, 자선적 책임으로 분류하였다. 초기 사회적
책임활동은 기업이 질 좋은 제품을 생산하고 이윤을 극대화하는 데 있었다. 두
번째 단계에서는 기업의 법적 책임이 강조되었다. 이는 공리론을 기본으로 하는
행위를 말하며, 국가에서 정한 상법에 관련된 법률을 기업이 이행해야 한다는
것이다. 세 번째 단계인 기업의 윤리적 책임은 의무론에 기초한다. 강제력은 없
으나 사회적 가치관에 따라 기업이 활동하기를 기대하며 이를 지키지 않으면
기업 이미지에 해가 되는 책임을 말한다. 마지막으로 자선적 책임은 기업의 적
극적인 사회참여 활동을 중시한다. 사회적 이슈에 대해 기업이 자발적으로 나서
서 문제를 해결하는 데 도움을 주는 것이다. 빈곤, 환경, 범죄, 실업, 질병, 자연
재해 등 한 사회나 국가 나아가 전 지구적 관점에서 기업이 사회적 문제에 적
극적으로 참여하는 것을 말한다.

세 번째 총체적 마케팅의 주제는 통합마케팅이다. 통합마케팅이란 고객의

가치를 창출할 수 있도록 기업이 커뮤니케이션 능력을 극대화하기 위한 전략을 계획하고 실행하는 것을 의미한다. 통합마케팅은 표적 시장에서 마케팅의 목표를 달성하기 위해 기업이 활용하는 마케팅 도구를 총망라하는 마케팅 믹스에서 의사결정을 내릴 때 판매자와 구매자의 관점을 모두 고려해 일련의 마케팅 활동을 통합하는 프로그램을 개발하는 것이다. 다양한 커뮤니케이션 수단을 통합해 소비자에게 명쾌하고 일관성 있는 커뮤니케이션을 함으로써 기업과 브랜드의 가치를 높여 소비자를 장기적인 고객으로 확보하는 전략이다. 슐츠는 통합마케팅 커뮤니케이션은 소비자와 브랜드, 기업과의 모든 접점을 메시지전달 채널로 간주해 타깃의 구매행동에 직접 영향을 주는 것을 목적으로 한다고 하였다. 소비자로부터 출발해 가능한 모든 수단을 동원해 설득력 있는 커뮤니케이션을 실행하는 프로세스가 바로 통합마케팅이다.[95]

　　마지막으로 관계마케팅은 기업이 고객, 공급업자, 유통업자 그리고 기타 마케팅 파트너들과 같은 핵심 당사자들과 장기적이고 호혜적인 관계를 구축하는 것이다. 관계마케팅은 네트워크를 유지하고 확산하는 것을 의미하는데 이는 관계마케팅의 궁극적 결과물이자 기업의 자산이 된다. 마케팅 네트워크는 기업과 기업이 상호 이익이 되는 사업관계를 조성하기 위해 기업을 지원하는 이해관계자로 구성된다.

　　코틀러(Kotler)는 관계마케팅을 "마케팅 관리자와 고객, 중간상, 대리점, 공급자들 상호간에 경제적, 기술적, 사회적 유대를 강화하여 장기적이며 신뢰할 수 있고 협력적인 관계를 수립함으로써 수익성 있는 거래를 형성하고 최종결과로 마케팅 네트워크라는 특수한 기업자산을 구축하는 것"이라고 정의하였다.[96] 관계마케팅에서 핵심은 바람직한 관계를 형성하는 것이고 이러한 관계를 형성 유지하는데 가장 중요한 요소는 커뮤니케이션이다.

2) 관계와 커뮤니케이션

　　고객과의 관계유지에서 가장 중요한 부분은 커뮤니케이션 활동이다. 마케팅 커뮤니케이션 활동은 주로 PR(Public Relations) 활동을 통해 이루어진다. 오랫동안 기업 커뮤니케이션 분야를 연구해 온 그루닉(Grunig, 1984)은 4가지 모델을 제시하고 있다. 첫 번째 커뮤니케이션 모형은 언론대행(Press agent)이다. 이 모형에서 PR의 활동은 일방향적 메시지를 전달하는 것이다. 여기서는 공중이나 소비자의 의견을 고려하기보다는 주로 기업의 입장을 대변하는 역할을 수행한다. 두 번째 모델은 정보제공(Public information)이다. 이것 역시 일방향적 메시지를 전달하는 것인데 기업의 대변인 역할에서 벗어나 공중이나 소비자가 필요로 하는 정보를 제공하는 커뮤니케이션을 하게 된다. 세 번째 모델은 양방향 비대칭(two-way asymmetric) 커뮤니케이션이다. 이는 사실상 양방향 커뮤니케이션 시스템을 기업이 갖추고 있으면 소비자들로 하여금 자유롭게 기업에 요구사항을 전달할 수 있게 하는 커뮤니케이션 형태이다. 그러나 기업이 소비자의 의견이나 요구를 무조건적으로 수용하는 것이 아니라 선별적으로 소비자의 의견에 반응하는 시스템을 말한다. Web 1.0이 양방향 비대칭 커뮤니케이션의 좋은 예이다. 일반적으로 기업의 웹사이트는 소비자의 불만이나 의견을 개진할 수 있도록 연락정보를 제공하고 있다. 그러나 소비자의 제안이나 반응 불평에 대해서 선별적으로 응답하거나 소비자의 제안이나 대응이 웹사이트에 공시되지는 않는다. 네 번째 커뮤니케이션 모델은 양방향 대칭(two-way symmetric) 커뮤니케이션이다. 양방향 대칭 커뮤니케이션은 기업과 소비자 간에 커뮤니케이션 형태의 방향에서 오픈시스템이다. 이러한 커뮤니케이션의 형태가 Web 2.0이다. 최근 기업은 SNS를 통해서 양방향 대칭 커뮤니케이션을 실시하고 있다. 이러한 SNS에서 가장 효과적인 커뮤니케이션 방식은 스토리텔링을 통한 것이다.

3) 고객 커뮤니케이션과 스토리텔링

정보는 이성적 특성과 감성적 특성을 지닌다. 스토리 역시 이 두 가지 특성 모두를 포함하고 있다. 스토리를 통한 이성적/감성적 정보는 소비자의 정보 인지, 태도, 행동에 효과적이다. SNS는 관계지향성을 기본적인 속성으로 한다. 사람들이 SNS를 이용하는 동기에는 정보적 동기, 오락적 동기, 사회적 동기 등이 포함되는데 이 가운데 관계를 유지하고 발전하려는 사회적 욕구가 주 동인으로 작용한다. 전통적인 광고나 홍보 전략을 SNS에 활용하는 것이 효과가 없다고 단언하기는 어렵지만 관계매체에서 소비자들의 관심을 끄는 메시지는 무엇보다 생동감 있는 메시지이다. 즉, 살아있는 메시지, 바로 우리 자신에 관한 이야기인 것이다.

SNS에 드러나는 메시지는 대부분 우리 일상에 관한 이야기로 채워진다. 특히 우리에게 커다란 감동을 주는 스토리나 정보는 네트워크를 통해 빠른 속도로 전파된다. 기업은 이러한 네트워크를 이용한 바이럴 마케팅에 힘을 쏟고 있다. 바이럴마케팅에서 가장 핵심적인 요소는 콘텐츠이다. 단순한 콘텐츠가 아니라 소비자의 감동과 흥미를 이끌어내는 이야기가 담긴 메시지여야 한다. 그렇지 않을 경우 메시지는 소비자의 네트워크를 통해서 전달되지 않기 때문이다. Jurvetson과 Draper은 바이럴마케팅이란 용어를 처음 소개했다.[97] 바이럴마케팅은 word-of-mouth와는 차이가 있다. 소셜네트워크를 통해서 확산된다는 점에서 바이럴마케팅은 전통적인 입소문과는 속도나 확산정도에 있어서 확연한 차이를 보인다.[98] 이 둘의 공통점은 소비자에 의해 기업의 광고나 홍보메시지가 다른 소비자에게 전달되는 것이다. 따라서 기업의 마케팅 실무자들은 소비자의 바이럴마케팅 동기가 무엇인지를 찾아내야 한다.

Ho와 Dempsey는 대인간 커뮤니케이션 욕구모델에서 바이럴마케팅의 동기를 연구했다.[99] 이들은 슈츠(Schutz)가 연구한[100] 대인간 커뮤니케이션의 동기인 소속감(연대감), 호감, 통제를 제시하였다. 소속감 혹은 연대는 사람들이 집단에 소속되고자 하는 욕구가 있으며 주목 받고 싶은 마음이 있다는 것을 말한다. 호감이란 사람들이 감사나 관심을 타인에게 표현하고자 하는 것이며 통제는 인간을 둘러싼 사회적 환경에서 권력을 지향하는 경향이 있음을 의미한다. 실제 학자들은 실증연구에서 이러한 사실을 증명하고 있다. Phelps 등은 사람들이 이메일을 다른 사람에게 전달하고 싶은 욕구는 타인과 연결되고 공유하려는 욕구에서 나온다고 하였다.[101] Flanagin과 Metzger 온라인을 통한 대인간 커뮤니케이션의 욕구가 관계유지와 유대에 있다고 밝히고 있다.[102] Ho와 Dempsey는 슈츠가 주장한 대인커뮤니케이션의 세 가지 욕구인 소속감(연대감), 호감, 통제에 호기심(Curiosity)을 추가하였다. 이들의 연구에서 이러한 욕구는 인터넷 이용자의 바이럴마케팅 동기에 유의한 변인으로 판명되었다.

결국 우리가 이야기를 공유하려는 것은 '관계'를 유지하고 확장시키려는 데 있다. 이것이 바로 바이럴마케팅의 핵심이다. 그렇다면 사람들은 어떤 메시지를 주위 사람들과 공유하고 싶어 하는 것일까? 이는 메시지의 특성과 바이럴마케팅의 상관관계에 관한 문제제기에 해당한다. Feick와 Price에 따르면 사람들은 사회적 교환을 이용하려는 목적으로 메시지를 보낸다고 한다.[103] 메시지가 유익하거나, 재미있거나, 감동적이거나, 놀라운 일일 경우 메시지가 전달될 가능성은 높을 것이다.

이야기는 긍정적인 관계를 형성하는 데 도움을 주며 기업은 고객의 이야기를 통해 드러나는 이익 외에도 보이지 않은 막대한 효과를 거둘 수 있다. 이처럼 스토리는 관계와 유익을 모두 아우른다. 따라서 기업은 고객과 이야기를 주고받으며 관계를 형성하는 마케팅 전략을 세워야 한다. 모니터단이나 기자단, 고객마케터 그룹 등 고객이 기업과 관계를 맺으며 이야기를 나눌 수 있는 장을 마련하는 것도 좋은 방법이다. 캠페인이나 광고에 고객의 이야기를 담거나 고객이 직접 등장하는 것도 고객과 긍정적인 관계를 형성하도록 해 줄 것이다.

Demonstrating Comprehension

1. 관계마케팅의 목적은 소비자와 지속적이고 호혜적인 관계를 유지하는 데 있습니다. 최근 들어 관계마케팅은 일방향적인 메시지 전달에서 벗어나 바이럴 마케팅을 통해 소비자들의 네트워크 상에서 메시지를 공유하려고 합니다. 소비자들이 서로 공유하고 싶어 하는 메시지는 어떠한 특징을 가져야 할까요?

3 가치와 스토리텔링 마케팅

1) 가치의 개념

가치란 인간이 바라는 바람직한 무언가를 의미하는데 이것은 인간의 욕구나 욕망 그 자체일 수도 있고 이를 충족시켜주는 대상일 수도 있다. 가치라는 용어는 철학, 교육, 심리, 사회, 경제, 경영, 과학 등 여러 분야에서 사용되며 각 분야마다 내리는 정의도 다양하다. 가치의 종류는 명예, 정의, 진실, 용기와 같이 추상적인 것에서부터 물질적인 가치와 같이 실용적인 것도 있다. 또한 누구에게나 바람직한 객관적 가치와 조직이나 개인의 성향에 따라 다르게 나타나는 주관적 가치로 구분되기도 한다.

피터와 올슨(Peter & Olson)은 마케팅에서의 가치를 "소비자가 가장 기본적으로 느끼는 중요한 욕구와 목표의 인지적 표현"이라고 하였다. 즉, 가치란 소비자가 인생에서 달성하려는 궁극적 상황의 정신적 표현으로 본 것이다.[104]

각 분야의 가치에 관한 정의는 각각 독립적이거나 상호연관이 있는데 Zainuddin 등은 이러한 가치에 관한 정의가 마케팅에 있어서 4가지 분야로 요약될 수 있다고 하였다.[105] 경제적인 면을 포함하는 기능적(functional) 가치,[106] 향락적인 면을 포함하는 감성적(emotional) 가치,[107] 사회적(social) 가치, 이타적(altruistic) 가치가 그것이다. 기능적 가치는 외적 동기에 의한 것으로 제품이나 서비스의 소비로 제공받은 효용성을 포함하며 개인이 경제적 이득을 얻는 데 목표를 둔다. 사회적 가치는 외적 동기에 의한 것으로 지위나 영향력처럼 추구하는 목표의 달성을 위한 수단이 여기에 해당하며 타인에게 영향을 주는 데 초점을 맞춘다. 사회적 가치의 효용성은 사회적 그룹과 연관된 제품이나 서비스로부터 얻을 수 있다. 감성적 가치는 내적이면서도 자기중심적인 동기에서 시작되는데 감성적 경험을 위한 소비가 여기에 해당된다. 신뢰, 기쁨, 분노, 공포 등과 같은 정서적 상태와 관련이 있는 가치를 포함한다. 이타적 가치는 내면적이며 타인을 위한 가치로 자기충족감 또는 웰빙과 연관이 있으며 자신의 소비가 타인에게 어떤 영향을 미치는가에 관심을 둔다.

2) 가치마케팅

기업이 지향하는 가치는 기업의 정체성을 형성하며 기업 구성원에게는 목표이자 자부심의 근간이 된다. 기업의 가치가 담긴 기업의 이미지와 기업 활동은 소비자가 제품을 선택하는 데 있어 중요한 요인으로 작용한다. 기업은 이윤추구라는 실질적인 목표와 더불어 사회에 기여하고자 하는 이상을 추구하고 기업의 철학을 내세운다. 기업은 조직이면서 동시에 기업시민으로 사회를 구성하는 일원이다. 따라서 사회가 지향하는 공동의 목표 안에서 기업 나름의 가치관과 이념을 정립하고 이에 따른 활동을 전개한다. 이는 공동체의 일원으로서 책임을 인식하고 이웃과 사회에 기여하기 위한 기업의 순수한 의도에서 비롯될 수도 있으며 사회가 기업에게 부여한 의무일 수도 있다.

기업의 가치는 기업의 브랜드네임, 슬로건, 광고 등에 표현되며 CSR 활동을 통해 활발하게 실현된다. 여기에는 평등, 평화, 지구환경, 우주의 원리, 배려, 민주주의, 자유, 관용 등 기업의 철학과 이념이 담겨 있으며 소비자의 기대를 반영한 가치는 일반적으로 기업의 '핵심가치'로 표현되고 있다. 이와 같은 가치를 강조하는 '가치마케팅'은 밥 길브리스(Bob Gilbreath)가 개념을 정리하면서 마케팅의 한 분야로 자리 잡게 되었다. 길브리스는 마케팅이 다이렉트 마케팅, 퍼미션 마케팅, 가치 마케팅의 단계로 진화하였다고 하였다. 가치마케팅(Value based Marketing)은 소비자의 참여가 가능하며 가치가 더해진 혜택을 소비자에게 제공함으로써 마케팅 자체가 삶을 향상시키는 것이다. 그는 마케팅의 진화과

정을 다음과 같이 설명하고 있다.[108]

표 3-2   가치마케팅의 진화과정

다이렉트 마케팅	퍼미션 마케팅	가치 마케팅
꼭 맞는 정보를 이용해 고객에게 직접 접근한다.	접근하기 전에 소비자의 허락과 의견을 구한다.	소비자 참여를 환영하는 마케팅을 창조한다.
좋든 싫든 광고가 집으로 곧장 날아온다.	광고를 받을지 말지 정할 수 있다.	마케팅 자체가 삶을 향상시켰다. 그래서 브랜드를 인정하고 고객이 되어줄 것이다.
'말로 팔기'식 독백	'주고 받기'식 대화	'가치가 더해진' 혜택
끼어들기	허가	서비스
매체에 초점	메시지에 초점	가치에 초점

　가치마케팅은 고객이 원해서 관계를 맺는 마케팅을 의미한다. 소비자의 삶에 가치를 더해줄 수 있는 "사람들의 삶 자체를 향상시키는 마케팅"이기에 판매자가 굳이 구매를 강조할 필요가 없다. 초창기 다이렉트 마케팅은 고객의 의사와 무관하게 사람들을 붙잡거나 광고지를 발송하는 무례한 방식이었다. 길을 가는데 난데없이 가로막고 스티커 한 장을 붙이고 가라거나 전단지를 주며 관심도 없는 일에 대한 설명을 잔뜩 늘어놓아 불쾌했던 경험을 우리는 누구나 갖고 있다. 이러한 막무가내 마케팅 방식과는 달리 퍼미션 마케팅은 고객의 의사를 존중해서 먼저 허락을 구한 다음 다가간다. 밥 길브리스는 퍼미션 마케팅 이후 기업은 고객을 더욱 소중하게 여기게 되었고 소비자의 참여를 통해 가치를 더하는 마케팅 단계에 이르렀다고 하였다.

　밥 길브리스는 인간의 욕구에 따른 가치마케팅의 모델을 해법(Solution), 관계(Connection), 성취(Achievement)의 3단계로 제시하였다.[109] 1단계는 해법을 제공하는 단계인데 여기서는 소비자의 기본적인 욕구를 충족시켜야 하며 혜택을 제공한다. 할인 쿠폰이나 샘플을 제공하거나 1＋1 이벤트, 페이백과 같은 직접적인 혜택을 제공하면서 의식주와 같은 '생존의 욕구'가 해소되도록 한다. 2단계는 관계를 형성하는 단계로 사람과 브랜드를 서로 이어주는 관계를 만들어주면 된다. 주부모니터단이나 기자단, 블로거단, 사용자 모임 등이 여기에 해당된다. 3단계는 성취를 약속하는 단계로 삶의 질을 높이고 기대를 충족시키며 꿈을 이루거나 사회와 세상을 긍정적으로 바꾸는 데 기여한다. 여기서는 DIY 교육이나 사진, 디자인, 영상 교육을 실시하거나 아틀리에, 랩 등을 제공하여 보다 고차원적인 고객의 욕구를 만족시킬 수 있도록 해야 한다.

그림 3-3　밥 길브리스: 가치마케팅의 3단계[110]

장 마리 플로슈는 브랜드의 가치를 실용적 가치, 유토피아적 가치, 비판적 가치, 유희적 가치의 4가지로 구분하였다.[111] '실용적인 가치'는 공리적인 가치를 의미하는데 편안함이나 안전, 효용성 등을 의미한다. '유토피아적 가치'는 정체성, 인생, 모험 등 존재적 가치를 포함한다. '비판적 가치'는 품질, 가격, 혁신 등 비실존적 가치로 경제성을 강조한다. '유희적 가치'는 사치, 세련미, '작은 광기' 등과 같이 심미적인 것들을 말한다. 여기서 작은 광기란 피규어나 오래된 음반을 수집하는 것처럼 자신의 취미나 기호에 집착한 소비를 가리킨다.

그림 3-4　장 마리 플로슈: 소비의 기호사각형[112]

의류의 가치를 4가지 가치에 적용해 보면 보온성과 땀 흡수성이 좋은 질감을 사용한 등산복을 선택하는 행동은 실용적인 가치에 따른 것이다. 신기술을 이용해 의복에 컴퓨터 칩을 넣고 심박 수를 측정하거나 온도를 조절하는 것은 유토피아적 가치에 해당한다. 값비싼 의복에 반기를 들고 로고 없이 친환경 소재를 사용해 저렴하게 판매하는 의복을 선택하는 것은 비판적 가치를 중시하는 태도이다. 상표를 뒤집거나 찢어진 옷처럼 보이는 디자인을 고르는 것은 독특한 디자인적 재미를 추구하는 유희적 가치라고 할 수 있다. 기업이 추구하는 가치에 소비자의 가치가 부합될 때 그 기업의 제품은 소비자의 선택을 받게 된다.

3) 가치의 창출과 스토리텔링 마케팅

스티브 잡스는 소비자의 욕구를 따라가기보다는 고객들이 애플의 상품을 원하도록 만들었다. 신기한 상품을 개발한 다음 그것을 세상에 선보여 사람들이 그것을 갖고 싶게끔 소유의 욕망을 불러일으킨 것이다. 옷이 너덜너덜해지고, 자동차가 폐차 직전이며, 휴대폰이 고장 나서 사는 사람들이 과연 얼마나 될까? 이제 사람들은 낡고 다 떨어질 때까지 기다려서 소비하지 않는다. 있는데 바꾸거나 그다지 필요 없는데 사거나 있어도 또 가지고 싶어서 물건을 구입하는 욕망의 시대에 우리는 살고 있다. 장 보드리야르는 이러한 현상을 물건이 파괴를 통해 빠르게 소모될수록 더 많은 가치가 창출되는 현대사회의 특징이라고 진단하였다. 파괴소비시대에 접어들면서 소비는 유희이자 감성을 자극하고 행복과 재미를 안겨다 주는 행위로 인식되고 있다. 파괴소비시대의 키워드는 감성, 욕망, 재미, 다양성, 예측불가능성을 들 수 있다.[113] 더 이상 과거의 방식으로는 소비자를 사로잡기 힘든 시대가 되었기에 기업은 소비자를 관찰하고 소비자와 대화하며 소비자의 마음을 읽고 소비자의 욕구를 앞서서 이야기해 줄 수 있어야 한다.

댄 힐은 그의 저서 'Body of truth'에서 브랜드 스토리의 플롯은 크게 소비자 욕구(consumer needs)와 브랜드 스토리 유형(brand story type) 두 가지로 구성된다고 하였다.[114] 먼저 소비자에게 결핍된 것을 찾아내고 이것을 바탕으로 이야기를 구성해야 한다는 것이다. 오늘날 부족한 혹은 부재한 결핍을 만들어내는 스토리를 창출하는 것이 기업 스토리텔링이 직면한 과제 중 하나가 되고 있다.

소비자와 브랜드의 관계에 있어서 관계의 감성적 기초를 결정짓는 첫째 요인은 바로 소비자의 욕구이다. 기업은 소비자들의 기본적인 결핍 욕구를 찾는 것부터 시작해야 한다. 인간의 욕구에 대해 연구한 미국의 심리학자 매슬로우(Abraham H. Maslow)는 인간의 욕구를 크게 5단계로 나누었다. 가장 낮은 1단계에서 인간은 의식주를 비롯한 생리적 욕구를 지니고 있다. 2단계에서는 신체적 · 감정적 안정을 추구하며 3단계에서는 특정 집단에 소속되고 싶어 하며 애정을 받고 싶은 욕망을 추구한다. 4단계에서는 성취를 통한 자기만족과 함께 타인으로부터 인정받고 싶어 하는 존경욕구를 드러낸다. 5단계는 지속적인 자기계발을 통해 자아를 완성하려는 자아실현의 욕구를 추구한다.

앨더퍼(Clayton P. Alderfer)는 ERG(Existence: 존재, Relatedness: 관계, Growth: 성장) 모델을 제안하였다.[115] 욕구의 우선순위를 부정한 앨더퍼는 매슬로우의 욕구단계 이론을 세 단계로 단순화하였다.

그림 3-5　　매슬로우의 욕구위계

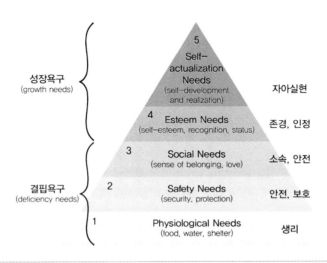

표 3-3　　Alderfer ERG모델

ERG 모델
존재(Existence): 생존 유지와 안전 욕구
관계(Relatedness): 소속감과 외적인 존중 욕구
성장(Growth): 자아실현과 내적인 존중 욕구

　　근래 들어 인기를 끌고 있는 패스트 패션은 합리적인 가격과 편안함으로 소비자의 욕구를 충족시켜주는 브랜드 유형으로 자리잡고 있다. 유니클로, 자라, H&M, 믹소, 포에버21, Eight Seconds 등과 같은 브랜드들은 실용적인 소재를 사용하고 어디에나 어울리는 디자인과 색상으로 전 세계, 전 연령대의 고객을 사로잡고 있다.

　　유니클로의 경우 초창기부터 광고에 별로 설명을 하지 않고 자유롭고 편안한 느낌을 주는 사람들의 모습을 담아 화제를 모았다. 이러한 광고의 스토리는 잉여의 패션이 아니라 유명인들의 자유로운 스타일을 욕망하게끔 만든다. 최근 선보인 청바지 광고 역시 '기분 좋은'을 콘셉트로 내세워 '편안한, 경쾌한, 유연한, 활동적인, 자유로운' 일상을 스토리텔링하고 있다. 뿐만 아니라 여러 가지 기술을 접목시켜 가벼우면서도 따뜻한 내의와 겉옷, 브래지어와 슬리브리스를 결합시킨 브라톱 등 새로운 욕망을 불러일으키는 실용적인 제품을 내놓는다. 빈번하게 바뀌는 색상과 디자인의 홍수 속에서 패스트 패션은 심플하고 실용적인 패션으로 소비자의 욕구를 자극하는 스토리텔링을 담아 소비자에게 다가간다.

4) 사회공헌과 스토리텔링 마케팅

오늘날 기업이 사회적 약자를 돌보거나 환경을 보호하는 것, 문화와 예술에 지원하는 일 등은 기업에 대해 긍정적인 이미지를 형성하는 중요한 전략 가운데 하나이다. 특히 이러한 활동은 극적인 '스토리'를 담고 있어 고객들에게 감동을 주고 참여와 지지를 이끌어 낸다는 점에서 과거의 기부활동과는 차원이 다르다.

기업은 이제 자체적으로 사회공헌 활동 사이트를 운영하면서 어떤 '착한 일'을 하고 있는지 적극적으로 홍보한다. 삼성사회봉사단, 한국수출입은행 희망씨앗, 현대자동차 사회공헌 블로그, 푸르덴셜 사회공헌 재단, 포스코 사회공헌, 하이원리조트 사회공헌 위원회, 김앤장 사회공헌위원회 등 각종 사이트들을 살펴보면 기업이 사회적으로 어떤 공헌을 하고 있는지 그 이야기를 들을 수 있다.

기아자동차의 그린라이트 사이트에 접속하면 '스토리' 항목에 미디어라는 이름으로 봉사단의 사회공헌활동 동영상이 올라와 있다. '탄자니아 스토리'는 기아자동차 글로벌 봉사단이 탄자니아에서 활동한 내용을 담고 있는데, 탄자니아 말을 배우고, 별이 아름다운 탄자니아의 문화를 이해하며 이들과 사랑을 나누는 감동적인 영상이 펼쳐진다. 자동차정비교육을 하고, 함께 자립사업장을 지으며 마을 축제에 올릴 공연을 준비하는 봉사단의 기쁨에 가득 찬 모습이 마지막까지 여운을 남긴다.

이처럼 기업이 경제적 이윤을 추구할 뿐 아니라 사회와 환경에 관심을 가지며 책임을 다하는 CSR(Corporate Social Responsibility)은 조직의 결속력을 다지는 동시에 사회에 기여하는 기업의 긍정적 이미지를 제고하는 활동으로 알려져 있다. CSR에 관한 논의는 보웬(Bowen)의 'Social Responsibilities of the Businessman'이 출간되면서 본격적으로 시작되었다.[116] 보웬은 사회가 추구하는 목적이나 가치를 위해 기업이 정책을 추구하고 의사결정을 내리는데 이러한 행동이 곧 기업의 책무이자 기업의 사회적 책임(SRB)이라고 하였다.[117] CSR의 개념에 대해서는 다양한 견해가 존재하며 시대에 따라 강조되는 부분이 달라지기도 하지만 캐롤이 제시한 정의가 대체로 통용되고 있다.[118]

캐롤(Caroll)은 CSR을 "주어진 특정 시점에서 기업의 사회에 대한 경제적·법률적·윤리적·재량적 기대를 모두 포함"한다고 정의하였다.[119] 캐롤은 기업의 책임에 관한 피라미드 모형을 제시하여 기업의 경제적·법적·윤리적·자선적 책임을 강조하고 궁극적으로 좋은 기업시민(good corporate citizen)이 되는 자선적 책임을 기업이 추구해야 하는 최고 단계로 보았다.[120] 그러나 기업의 사회적 책임에 위계가 있는 것으로 보일 수 있는 이 모델에 대한 비판이 일자 캐롤은 3영역 접근 모델을 제안하였다. 이 모델은 경제적·법적·윤리적 책임을 가운데 두고 자선의 책임을 경제적·윤리적 책임에 포함시키고 있다.[121] 이는 기업의 사회공헌활동이 별도로 이루어지기보다는 기업의 마케팅 활동영역에서 기업이 지향하는 가치를 실현하는 현실을 반영한 모형이라고 할 수 있다.

국제기구나 단체들 역시 기업의 사회적 책임을 강조하며 개념과 가이드라인을 제시하고 있다. OECD는 기업의 사회적 책임을 "기업이 사회와 공생 관계를 강화하기 위해 취하는 행동이며 이를 통해 경제적·사회적·환경적 복지가 향상될 것"이라고 하였다.[122] ISO는 지속가능한 성장을 위한 기업의 책임이 곧 사회적 책임이며 노동, 환경, 공정, 인권, 소비자 이슈, 지역과 사회의 발전, 조직적 관리의 영역 등을 모두 포함한다고 보았다. ISO는 사회적 책임의 가이드라인으로 사회와 경제 및 환경에 영향을 주는 결정과 행동에 답할 수 있는 책임, 사회와 환경에 영향을 주는 결정과 행동에 대한 투명성, 윤리적 행동, 이해관계자의 이익에 대한 존중, 법 존중, 행위의 국제 규범 준수, 인간권리 존중을 제시

하고 있다.[123]

한편 제이데크(Zadek)는 기업의 입장에서 사회적 책임을 인식하는 4가지 논리를 제시하였다. 첫째, 기업이 사회적 압력을 피하기 위한 방어적인 접근방법, 둘째, 기업이 소요되는 비용보다 더 큰 수익을 주는 활동을 찾아 수행하는 비용－수익접근방법, 셋째, 변화하는 환경을 인식하고 의도적인 기업 전략의 한 방법으로 사회적 책임에 참여하는 전략적 접근방법, 넷째, 기업이 사회적 책임에 적극적으로 참여하는 것을 조직의 새로운 기회로 인식하는 혁신 및 학습 접근방법이 여기에 해당한다.[124] 기업에서 볼 때 CSR은 사회적 요구에 부응하는 기업의 책무이자 보다 큰 이익과 혜택을 얻기 위해 기업이 자발적으로 벌이는 전략적 행위로 정의내릴 수 있다.

갈수록 고객의 위상이 높아지고 고객을 유치하기 위한 기업 간의 경쟁이 치열해지면서 기업의 CSR활동 역시 소극적·방어적 자세에서 적극적·전략적으로 변화하고 있으며, 혁신적인 CSR활동도 속속 등장하고 있다. 더불어 기존 사업과의 연계가 활발해지고, 장기적으로 브랜드 가치와 기업의 이미지를 제고해 수익을 향상시키는 목적의 '전략적 사회공헌' 활동도 활발해지고 있다.[125]

CSR활동에 대한 연구들은 이러한 행위가 대외적으로 기업에 대한 긍정적 이미지를 제고하며 고객의 구매의도에 영향을 미친다고 주장한다. 뿐만 아니라 기업 내부적으로도 조직원들의 소속감을 강화하고 충성도를 높이기 때문에 기업의 인적 자원 관리에 있어서도 효과적인 전략이라고 강조한다.[126]

그러나 CSR활동이 소비자에 대한 긍정적인 효과를 준다는 것이 명확하지 않다는 연구도 있으며 기업이 나서서 사회적 활동을 홍보하는 것이 적절하지 못하다는 비판과 함께 진정성이 결여될 경우 오히려 고객들의 부정적인 반응을 이끌어낼 수도 있다는 우려도 있다. 이윤하 등은 선행연구들을 종합하여 CSR의 효과에 부정적인 영향을 미칠 수 있는 잠재적 요인을 지속성, 적합도, 순수성의 세 가지로 요약하였다.[127] 지속성은 기업의 CSR활동이 일회성에 그치지 않고 장기간 지속되어야 하는 것을 말하며, 적합도는 CSR과 기업의 경제 활동 간의 관련성을 의미하고, 순수성은 기업이 CSR활동을 하는 데 있어 의도나 동기가 순수해야 함을 강조한다. CSR의 평가에 있어 소비자는 합리적인 기준을 내세우며 이러한 기준에 부합하지 않을 때 CSR의 효과는 부정적일 수도 있다. 결국 기업이 경제 활동의 연장선상에서 장기적으로 지역사회와 고객을 위해 책임을 다하는 모습을 보여줄 때 기업의 CSR활동은 비로소 진정성을 인정받고 긍정적인 평가를 받게 될 것이다.

CSR스토리텔링은 마케팅의 일환으로 기업이 추진하는 CSR활동을 이야기 방식으로 고객들에게 전달하고 고객들이 이 과정에 참여하여 함께 이야기를 만들거나 새로운 이야기를 만들어가는 것을 의미한다. 보즈와 칸(Boje & Khan)은 제 3세계에서 나이키에 관한 연구를 시행하였는데 그들은 나이키가 제 3세계에서 미국의 이데올로기를 전파하였으며 이는 스토리텔링을 통해 가능했다고 주장하였다. 제 3세계에서 기업들은 CSR과 관련한 일련의 사건에서 특정 인물의 역할을 담당하면서 브랜드를 강화하는 전략을 사용하였는데 이들은 이것을 스토리브랜딩(Story-branding)이라고 하였다. 기업은 이와 같은 스토리텔링에서 스스로를 모험적인 영웅 스토리의 주인공으로 만들고 있다.[128] 즉, 기업은 CSR 스토리텔링에서 주인공이 되어 고객들을 향하여 기업의 이념을 전파하고 있는 것이다.

CSR스토리텔링의 기능은 크게 세 가지로 정리해 볼 수 있다. 첫째, 기업에 대한 긍정적인 이미지를 심고 이를 확산시키며 제품에 대한 고객의 구매 의도를 향상시킨다. 둘째, 기업의 CSR활동으로 기업이 지향하는 가치에 공감한 고객의 참여를 독려한다. 셋째, 고객과의 상호작용을 통해 새로운 이야기를 발굴하고 전파한다.

이처럼 기업은 CSR활동을 통해 기업의 가치와 비전, 철학을 구현하고자 하는데 이 과정에서 기업은 스토리텔링의 주체가 되어 문제를 해결하고 위기를 극복하는 영웅적인 인물의 역할을 담당한다. 기업의 CSR스토리텔링은 가치와 비전을 구현하는 활동이며, 적극적인 이야기 과정에서 기업은 고객과 긴밀한 관계를 형성할 수 있다. 탄탄하게 구성된 기업의 이야기는 기업의 정체성을 세우고 정당성을 부여하며 이는 곧 기업의 자산이 되어 부를 창조하는 데 기여할 수 있다.[129]

5) 공유가치

정보의 확산 속도가 빨라지면서 정보의 공유는 물론 가치의 공유가 더욱
활발해지고 있다. 이에 따라 기업의 사회적 책임을 다하는 CSR(Corporate Social
Responsibility) 활동만으로는 소비자의 기대에 부응하기 어렵게 되자 기업은 책
임을 넘어 가치의 공유를 통한 사회 공헌에 눈을 돌리고 있다. 포터와 크레이머
는 CSR이 기업의 평판(reputation)을 중시하며 비즈니스와 제한적인 관련성을
지니고 있기 때문에 장기적으로 유지하기는 어렵다고 그 한계를 지적하였다. 이
들은 CSR을 넘어서는 공유가치(CSV: Creating Shared Value)의 개념을 강조하였
다.[130] 공유가치(CSV)란 사회적 가치를 창출함으로써 경제적 가치를 창출해 내
는 것으로 이는 회사가 보유한 독특한 자원과 전문성에 영향을 주게 된다. 기업
이 전개하는 CSR활동이 기업의 사업과 그다지 연관성이 없는 경우가 대부분이
며 단기적으로 진행되고 기업의 평판 관리에 목적을 두고 있는 것과 달리 공유
가치는 환경, 기아, 전쟁 등과 관련한 이슈에 대해 공동으로 문제를 해결하고
이것이 경제적 이윤과도 연결되는 것을 의미한다. 공유가치(CSV)는 기업, 지역
사회, NGO, 시민이 모두 연결되어 가치를 공유하게 되며 이를 통해 기업 역시
지속적인 이윤추구가 가능해지는 활동을 지향한다.

표 3-4 CSR과 CSV의 차이[131]

CSR	CSV
가치: 좋은 일을 하는 것	가치: 비용과 관련한 경제적·사회적 이익
기업시민정신, 자선활동, 지속가능성	기업과 지역사회의 가치를 함께 창조함
자유의지 또는 외부 압력에 의한 응답	경쟁이라는 필수불가결한 조건과의 연관성
이익 극대화와는 별개임	이익 극대화
비즈니스 목표와 관계없이 외부적 영향력 또는 개인적 선호도에 의한 아젠다	기업의 내부 목표에 기반을 둔 구체적인 아젠다
회사의 입지와 CSR예산에 의해 영향력이 제한됨	전체 기업 예산과 연계됨

공유가치의 사례로 '현대 · 코이카 드림센터'를 들 수 있다. 국제구호개발인 비정부기구(NGO) 플랜코리아와 현대자동차, 코이카(KOICA · 한국국제협력단)는 캄보디아와 베트남 등지에 자동차 정비기술학교인 '현대 · 코이카 드림센터'를 건립하고 있다. 2015년 2월 문을 연 캄보디아에서는 2017년 47명의 정비인력을 배출했다. 이 사업은 현지의 젊은이들이 전문기술을 배워 일을 할 수 있게 하며 현대차가 현지에 진출하는데 필요한 정비 인력을 양성하는 목적을 동시에 이루게 해 준다.[132] '현대 · 코이카 드림센터' 사업은 기업과 시민단체, 정부기관이 손을 잡고 제 3세계 젊은이들이 꿈을 키워 나갈 수 있도록 하며 동시에 현지에서 우수한 정비인력을 확보할 수 있으므로 경제적으로도 이익이 된다. 여기에는 힘든 시간을 이겨내며 자신의 미래를 향해 나아가는 캄보디아와 베트남 젊은이들의 꿈이 담긴 이야기가 들어있다.

유한킴벌리와 '함께 일하는 재단'이 벌이고 있는 '시니어케어매니저' 사업역시 공유가치를 실현하는 사례이다. 전문직 은퇴자와 경력단절 시니어를 중심으로 전문 경험을 활용할 수 있는 일자리 모델을 개발하는 이 사업은 시니어들이 이용하는 요양시설, 데이케어센터 등에 55세 이상의 은퇴한 간호사, 물리치료사, 요양보호사, 사회복지사 등을 파견해 시니어들의 건강을 상담하고 정서안정을 돕도록 함으로써 서비스의 품질을 높이는 것이다.[133] 시니어의 경험과연륜이 담긴 이야기가 공유가치 사업에 녹아들 때 고객의 반응과 사회적 호응도도 높아질 수 있을 것이다.

가치를 공유하고 이것이 경제적으로도 유익이 되며 기업과 고객, 사회에이익을 주는 공유가치는 이제 새로운 경제 모델로 급부상하고 있다. 공유가치를담은 사회적 기업은 고령화사회, 저출산, 장애인취업, 다문화 등 우리 사회에 산적한 많은 갈등과 문제의 해결에 도움을 주고 있다. 이러한 공유가치에 이야기가 스며들 때 사회적 파급효과는 더욱 커진다. 가치를 담은 이야기를 공유하면서 경제적 이익의 증대도 기대할 수 있을 것이다.

6) 가치 스토리텔링 마케팅

가치 스토리텔링 마케팅은 기업이 지향하는 가치와 이윤추구를 위해 지역 사회와 소비자와 함께 펼치는 공유가치 마케팅 등을 포함한 마케팅 활동으로 가치를 스토리텔링하는 모든 활동이 여기에 포함된다. 이야기는 작가가 전하고 자 하는 메시지를 담고 있으며 그 가운데 핵심가치를 주제라고 한다. 이 때 기 업이 중요하게 생각하는 가치를 담아야 한다. 기업은 이러한 가치를 담은 사회 공헌 마케팅을 펼치고 있는데, 기업의 활동이 단순히 일회성이거나 보여주기식 이 아닌 이야기로 전개될 때 고객들은 기업이 지향하는 가치를 인정하게 되고 기업의 활동에 참여하며 가치의 공유에 적극적으로 나서게 된다. 기업에 경제적 이익을 가져다주며 동시에 소비자와 지역사회의 참여를 이끌어내는 마케팅이 추구하는 가치는 전통, 창조, 도전, 환경 등 다양하다.

① 희망과 도전의 가치

한국지역난방공사의 희망 공익광고인 "청춘, 희망을 달린다 — 겨울에 피는 꽃이 되리라"는 많은 사람들에게 희망과 도전의 가치를 알려 주며 감동을 일으 켰다. 2013년 방영된 이 영상에는 비인기 스포츠 종목인 루지 국가대표선수들 이 등장하였다. 날씬해지고 싶지만, 1000분의 1초를 두고 승자를 가리는 냉정한 심판 앞에서 다이어트는커녕 하루 6끼를 꾸역꾸역 삼키는 꽃다운 나이의 여대 생 성은령 선수, 입영통지서가 나왔지만, 소속팀이 없기 때문에 입영을 연기할 수도 없어 이래저래 나라 걱정에 한숨짓는 박진용 선수. 현실은 막연하고 미래 는 불안하지만, 아직 쓰이지 않은 내일을 위해 여름을 견디는 이들의 땀과 눈물 이 감동으로 다가온다.

프랑스어로 '썰매'를 의미하는 겨울 스포츠 루지는 1964년 동계올림픽대회 에서 정식경기 종목으로 채택되었다. 우리나라에는 1990년대에 보급되기 시작 하였는데, 우리 선수들은 1998년 일본 나가노 동계올림픽대회에서 신고식을 치 렀다. 그러나 오랫동안 비인기종목으로 후원도 거의 없고, 선수들은 고된 훈련 에 시달리며 험난한 길을 걸어야 했다. 루지는 몸에 맞춘 썰매에 1명 또는 2명이 타고 얼음으로 만든 1000m의 코스를 활주해 시간을 측정해 순위를 매기는 경기이다. 1인승은 이틀에 걸쳐 4차례, 2인승은 하루에 2차례 실시하며, 기록을 합한 다음 가장 적게 걸린 사람을 1순위로 정한다. 속도가 우선시되는 경기인지라 1000분의 1초까지 계측하여 순위를 다투게 되는데 경사가 심한 코스에 커브가 많이 만들어져 있기 때문에 140km에 이르는 엄청난 속도를 낸다고 한다. 당연히 부상이 많이 따르는 위험한 경기에 속한다. 그러나 루지 국가대표선수들의 경우 그동안 변변한 운동복이나 제대로 된 운동기구도 없이 버텨왔다.

한국지역난방공사는 사회공헌 활동의 메시지를 '희망에너지·나눔에너지·행복에너지·녹색에너지'로 체계화하고 그 가운데 희망에너지를 통해 비인기 종목 선수들에게 희망을 주는 지역난방공사의 따스함을 전하고자 하였다. 그 결과 루지가 선정되었고, 지속적인 후원과 함께 선수들을 주인공으로 공익광고를 제작하여 대한민국 루지 국가대표팀과 함께 달리는 에너지 크리에이터 한국지역난방공사의 이미지를 구축하였다. 비인기 종목의 서러움을 견디며 훈련에 매진하던 루지 국가대표팀은 기업들의 후원에 힘입어 독일인 코치를 영입하고 2013년 12월 월드컵 팀 계주에서 썰매 종목 사상 처음으로 8위라는 쾌거를 올렸다. 또한 최은주 선수는 제16회 아시안컵 여자 싱글 레이스에서 1분 42초 118을 기록하며 사상 첫 금메달을 획득하기도 하였다.

화려한 스포츠 스타가 아니라 비인기 종목에서 묵묵히 도전하며 희망을 키워가는 스포츠 선수를 내세운 기업의 스토리텔링을 통해 고객은 기업의 사회적 책임과 가치에 공감하고 마음을 나눌 수 있게 된다.

② 전통의 가치

헤리티지 마케팅은 가치 스토리텔링 마케팅의 한 갈래로 기업의 역사와 전통을 담아 스토리텔링하는 마케팅 방법이다. 오랜 역사를 지닌 브랜드는 그 자체로 무수한 이야기를 담고 있으며, 브랜드가 지나온 세월을 강조하는 것은 곧 신생기업과의 차별화 전략이 될 수 있다. 이러한 전략은 지나간 시절에 대한 기억과 향수를 불러일으키는 데 그치는 것이 아니라 '전통'이라는 가치를 중요시하고 이를 고객과 공유한다는 점에서 복고마케팅과는 차별화된다.[134] 티파니나 루이비통, 샤넬 등과 같이 100년 이상 된 명품 브랜드의 경우 역사 속의 유명한 인물이나 장소, 사건과 관련한 일화들을 지니고 있다. 이러한 스토리는 고객들에게 가격을 매길 수 없는 전통에 대한 애정과 신뢰를 심어준다.

1881년 핫토리 긴타로가 수입시계를 판매하기 위해 열었던 핫토리 시계점이 전신인 일본의 시계회사 SEIKO는 135년이라는 시간 속에서 도쿄 올림픽, 삿포로 동계올림픽, 바르셀로나 올림픽 등에서 공식 타임키퍼의 역할을 하며 올림픽의 중요한 순간을 함께 했다. 뿐만 아니라 일본 최초의 라디오 CM시보와 텔레비전 CM시보라는 기록도 보유하고 있다.

세계적인 명품 루이비통은 1854년 파리의 뇌부 데 카푸친느가에서 루이비통에 의해 시작되었다. 루이비통은 둥근 모양의 여행 가방을 수납과 이동이 편하도록 납작하고 평평하며 가벼운 트렁크로 바꾸었다. 이러한 획기적인 디자인에 사람들은 열광했고 모방과 새로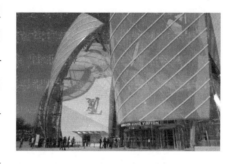운 창조에 불을 붙였다. 120년이 넘는 유구한 역사를 지닌 루이비통은 역사에 역사를 더하며 성장해 왔다. 이 브랜드를 거쳐 간 수많은 모델들과 이 제품을 사용한 셀러브리티가 남긴 이야기를 안고 생명체처럼 살아 온 루이비통은 마침내 2014년 11월 브랜드의 역사를 녹여낸 미술관을 건립했다. 무려 13년 동안 1351억원을 들여 건립한 루이비통 미술관은 12세기 배의 돛을 연상하게 하는 형상으로 유리를 주 소재로 사용했다. 건물 꼭대기 부근에는 3개의 테라스가 설치돼 파리시내의 경치를 감상할 수 있는데, 건물 자체의 예술성을 인정받아 영국 런던 디자인 뮤지엄이 선정하는 올해의 디자인 2015, 건축부분에 선정되기도 하였다. 미술관에서는 재단 미술관 소장품과 베르나르 아르노 회장의 개인 소장품을 전시하는 컬렉션 상설전이 열리며 현대미술 작품 등이 전시된다. 이를 통해 루이비통은 오랜 시간을 거쳐 쌓은 예술과 전통의 가치를 전달하고 있다.

③ 창조의 가치: 장 폴 고티에

2016년 봄, 서울 DDP에서는 상식을 깬 디자인으로 센세이션을 일으켜 온 패션계의 악동 '장 폴 고티에 전'이 열렸다. 세계적인 디자이너인 장 폴 고티에 (Jean Paul Gaultier, 1952~)는 자신의 이름을 내건 브랜드를 런칭하고 운영하고 있는데 이와 같은 전시회는 패션 브랜드로서의 장 폴 고티에를 수준 높고 창의적인 예술가의 작품으로 승화시키며 작가와 작품에 얽힌 이야기를 스토리텔링하고 있다.

장 폴 고티에는 쓰레기봉투에서부터 새의 깃털, 짐승의 가죽, 구슬, 보석, 카메라 필름 등 독특한 재료를 의상에 사용하였으며, 마돈나를 비롯한 아티스트와 영화감독, 무용가 등에게 필요한 의상을 디자인하였고 그의 독창성을 유감없이 발휘하였다.

특히 2016년 서울 DDP전시회에서는 프랑스 한 시골 마을 출신인 장 폴 고티에의 파리에 대한 동경과 어린 시절 할머니의 영향을 받아 시작된 예술에 대한 관심, 곰인형에게 브래지어를 만들어주며 키우게 된 디자인적 감각과 독창성, 3D 프로젝터를 이용한 멀티미디어 페이스 마네킹 등이 시간과 공간을 넘어 관람객의 흥미를 유발시키기도 하였다.

'여성의 은밀한 공간, 드레스룸', '오디세이', '스킨 딥 / X등급', '펑크 캉캉', '도시 정글', '메트로폴리스', '결혼'이라는 일곱 가지 주제를 중심으로 이야기가 펼쳐진 전시 공간에서 관람객들은 소비를 부추기는 패션 브랜드의 창시자가 아니라 기발한 아이디어와 예술적 감각으로 새로움을 추구하는 장 폴 고티에의 작품 세계와 패션 철학을 접할 수 있었다.

이러한 전시회는 장 폴 고티에라는 브랜드의 제품이 단순한 상품이 아니라 예술가의 혼이 담긴 디자인의 산물이며 예술적 완성도가 높은 작품이라는 것을 보여준다. 이를 통해 브랜드가 지닌 창조성의 가치를 스토리텔링하며 브랜드의 가치를 높여주고 이러한 작업에 매료된 고객들은 자발적으로 브랜드의 이미지와 창조적 가치를 알리는 마케터로 나서게 되는 것이다.

④ 자연의 가치: 에코힐링 스토리텔링

충청권을 대표하는 계족산의 맨발 축제에는 매년 맨발로 황토의 감촉을 느끼며 자연과 일체감을 느끼기 위해 세계 각자에서 사람들이 모여든다. 이 일을 처음 시작한 사람은 선양주조(맥키스컴퍼니)의 조웅래 회장이다.[135] 계족산을 즐겨 찾던 그는 2006년 어느 날 친구들과 함께 산을 오르던 중 뾰족 구두를 신은 채 걷고 있는 여성이 안쓰러워 자신의 신발을 벗어주고 맨발로 산행을 계속하게 되었다. 그날 밤 그 어느 때보다 달콤하고 편한 잠을 잘 수 있었던 그는 다른 이들에게도 맨발의 행복한 경험을 안겨 주고 싶었다. 이 좋은 것을 혼자 누리기엔 아깝다며 보다 많은 사람들과 함께 해보자 라는 생각을 하고 14.5km의 돌길에 각지에서 수집한 질 좋은 황토를 깔았다. 자연 속에서 맨발로 걸으며 지친 몸과 마음을 다스리고, 추억을 공유하는 계족산 황톳길은 선양이라는 브랜드의 자연친화적인 기업철학과 맞물리면서 기업과 CEO의 이미지를 형성하고 지역사회와 지역민에게 맨발의 가치를 스토리텔링하고 있다.

⑤ 진정한 아름다움의 가치

1957년 유니레버가 설립한 영국의 뷰티 브랜드인 도브(Dove)는 보습 세안제와 바디, 헤어 제품 등을 생산하였다. 그러던 중 1979년 펜실베이니아대학의 한 연구원이 여러 종류의 비누에 대해 피부 자극 정도에 대한 실험을 한 결과 도브가 가장 순하다는 평가를 받게 되는 일이 일어난다. 이를 계기로 도브는 피부과 의사들에게 적극적으로 홍보하게 되고, 그 결과 도브는 미국의 비누 시장에서 높은 점유율을 차지하며 인지도를 넓히게 된다.

승승장구하던 도브는 21세기에 들어서면서 고객들에게 더 이상 신선한 이미지를 주지 못한다는 판단을 내리고 새로운 마케팅 전략을 세우는데 그것이 바로 리얼뷰티 캠페인이었다. 도브는 틀에 박힌 아름다움 대신 주근깨가 많거나 주름이 있어도 그것이 바로 유일하고 독특하며 가치 있는 아름다움이라는 인식을 확산시키고자 하였다. 이를 위해 실제 고객들 가운데 모델을 선정하고 그들의 이야기를 직접 들려주는 광고와 캠페인을 전개하여 큰 호응을 얻게 되었다.

그 결과 매년 약 2%씩 판매율이 감소하고 있던 도브는 30%의 매출 증가를 기록했다고 한다. 뿐만 아니라 2003년 28만여 개 정도 판매되던 퍼밍 제품이 2004년 상반기에만 230만여 개가 팔리는 성공을 거두게 되었다. 이후 도브는 리얼뷰티 캠페인의 새로운 버전을 만들며 여성들이 자존감을 갖고, 당당하게 자신의 아름다움을 드러낼 수 있도록 격려하였다.

이러한 캠페인의 연장선상에서 2013년 도브는 '리얼뷰티 스케치'라는 동영상을 제작하여 유튜브를 통해 배포하였는데, 6천만 명 이상이 이것을 보았고 많은 이들이 눈물을 흘렸다.

이 동영상은 가운데에 커튼이 드리워진 커다란 방에 한 남자가 앉아 있는 장면에서부터 시작된다. 그는 전직 FBI 몽타주 화가. 한 명씩 한명씩 방에 들어선 여성들은 커튼 뒤로 가 얼굴이 보이지 않는 그 남자의 질문에 답을 한다.

"당신의 턱은 어떻게 생겼죠?"

"툭 튀어나왔어요. 웃을 때 특히 그래요."

"당신의 얼굴형은 어떻습니까?"

"둥글고 뚱뚱해요."

"당신의 아래턱은 어떻게 생겼나요?"

"어머니께선 항상 제 아래턱이 아주 크다고 말씀하셨어요."

남자는 이렇게 장막 뒤의 여성들과 대화를 나눈 뒤 그녀들의 초상화를 완성한다. 잠시 후 그 전날 그 여성들을 처음 만나본 사람들이 한 명씩 들어와 마찬가지로 몽타주 화가와 대화를 나눈다.

"클로이의 턱은 어떻게 생겼죠?"

"가늘어요. 웃을 때 광대뼈가 보이죠. 멋지고 가는 턱이에요."

이윽고 화가가 완성한 초상화가 공개되는데, 한 여성의 다른 모습을 담은 두 점의 초상화가 등장한다. 자신이 바라보는 자신의 이미지보다 타인이 인식하는 모습이 훨씬 부드럽고 아름답다는 사실에 사람들은 놀라고 감격한다.

도브는 이러한 캠페인을 통해 고객들과 아름다움에 대한 생각과 가치를 공유하며 고객들의 이야기를 세상에 전했다. 인형 같고 정형적인 모델이 아니라 자연스럽고 평범한 우리 이웃, 아침에 일어나 비누로 세수하는 주근깨투성이의 여성이야말로 진정한 아름다움을 지니고 있다고 말해 주었다. 고객에게 모델처럼 되라고 말하지 않고, "당신이 아름답습니다, 당신이 생각하는 것보다 훨씬 더 아름답습니다."라고 격려해준 것이다. 고객의 아름다움을 담은 이야기의 진정성이 진한 감동을 안겨 주었다.

많은 여성들이 타인과 자신을 비교하며 열등감에 시달리고 외모를 개선하는데 막대한 비용을 투자하지만 결론은 늘 한결같다. 결코 만족은 없다는 것이다. 뷰티 산업들은 포토샵과 메이크업으로 중무장한 모델을 내세우며 오히려 여성들의 이러한 열등감을 부추기기까지 한다. 더 값비싼 제품들이 쏟아져 나오고 이런 광고를 보면서 여성들은 더욱 자신감을 잃어간다. 하지만, 비누를 비롯해 뷰티제품을 생산하는 도브는 전혀 다른 이야기를 하며 여성들의 감성을 자극하였다. 바로 있는 그대로의 자신을 사랑하라는 것. 아름다움의 진정성을 담은 도브의 이야기는 고객들의 감성을 자극하며 감동을 자아내게 된 것이다.

Demonstrating Comprehension

1. 가치 마케팅은 어떻게 진화해 왔습니까?

2. 장 마리 플로슈의 4가지 브랜드 가치에 대해 설명해 보세요.

3. CSR과 CSV의 차이에 대해 논의해 보세요.

4. 기업이 지향하는 가치를 반영한 스토리텔링 사례를 찾아 발표해 보세요.

4 감각과 스토리텔링 마케팅

1) 감각 마케팅의 개념

현대의 소비자는 수도 없이 쏟아지는 제품과 서비스의 홍수 속에서 살아가고 있다. 대부분의 상품들은 성숙기에 접어들었고 이에 따라 기업은 상품의 성능이나 편익을 강조하기보다는 소비자의 미적·심리적 욕구를 충족시키는 방향으로 마케팅 전략을 선회하고 있다. 감각 마케팅은 그러한 전략의 일환으로 감각적 자극을 활용해 마케팅 활동을 벌이는 것이다. 감각은 인간의 의식에 선행하며 감각적 자극은 사고에 영향을 미치게 된다. 따라서 소비자의 감각적 체험은 곧 의사결정과 연결될 수밖에 없다. 감각적 체험은 인간의 다섯 가지 감각기관인 시각, 청각, 후각, 미각, 촉각이 외부의 자극을 받아 미학적 즐거움과 흥분, 아름다움, 만족감을 느끼는 것이다(Schmitt, 1999). Kotler(1973)는 소비자의 구매환경은 시각, 청각, 후각, 촉각의 네 가지 감각차원으로 이루어져 있다고 하였는데 소비자의 지각적·정서적 반응을 자극하기 위하여 색상, 조명, 소리 및 가구 등과 같은 매장분위기가 중요하다고 하였다. 이러한 감각적인 환경이 소비자를 자극하여 구매가능성을 높일 수 있다는 것이다. 국내 연구에서도 매장의 외부환경이나 내부환경에 대한 감각적 체험에 만족할수록 소비자가 긍정적인 감정을 갖게 되며 브랜드에 대한 호의적인 태도가 형성되고 구매의도가 증가하는 것으로 나타났다.[136] 또한 매장 내 감각적 요소인 시각, 청각, 촉각적 요소가 소비자의 긍정적 감성 체험에 영향을 미치며 긍정적 소비감정은 고객 만족과 태도에 영향을 주고 있었다. 따라서 소비자가 긍정적 감정을 느낄 수 있도록 감각적 체험을 제공하고 만족도를 높일 수 있도록 환경을 조성해야 한다.[137]

2) 감각 마케팅의 효과

판매 장소에 있어서 감각 마케팅은 중요하게 작용한다. 제품이나 서비스를 판매하는 곳에서 우리가 접하게 되는 감각 마케팅의 재료는 매우 다양하다. 가장 일반적인 감각 마케팅의 요소로 음악을 들 수 있다. 백화점이나 커피숍, 음식점, 주점과 같은 곳에서 음악은 소비자의 감정적 분위기를 조절하는 기능을 담당한다. 한 실험에 따르면 음악의 볼륨을 높이고 시끄러운 음악을 들려줄수록 그렇지 않은 주점보다 음주소비량이 많다고 한다. 감각 마케팅은 물질적인 자극뿐만 아니라 소비자의 마음을 상대로 하는 감각정보를 이용해 소비자의 감성 욕구에 부응한다.[138] 브랜드에 대한 경험 마케팅은 음악과 같은 청각적인 요소뿐만 아니라 시각, 미각, 후각, 그리고 촉각에 기초하여 소비자를 자극하는 마케팅 전략을 소구하게 된다.

시각적 측면에서 감각 마케팅은 제품의 색채, 형태, 소재를 통해 형상화될 수 있다. 특히 제품 간 경쟁이 심화될수록 기업은 이미지에 더 많은 투자를 하게 된다. 예를 들면, 처음 생수가 등장했을 때 생수 모형이나 색깔은 매우 단순했었다. 그러나 현재 생수병의 모양과 색깔은 매우 다양하고 그 재질 역시 가지각색이다. 브랜드의 이미지를 부각시키기 위해서 시각적인 요소와 만졌을 때의 경험을 중시하는 전략을 사용하고 있는 것이다. 이밖에도 여러 가지 감각적 요소를 활용한 마케팅을 통해 기업은 소비자에게 더욱 친숙하게 다가가려고 애쓰고 있다.

우리가 하루에 접하는 광고 메시지는 평균 3천 개라고 한다. 이 때 메시지가 간결하고 감각적일수록 소비자의 주목을 받게 된다. 감각을 통해 설명할 수 없는 신뢰를 구축하기도 하며 기업이 건네는 수많은 감각의 다발들을 통해 소비자는 브랜드에 대한 특정한 이미지를 형성하고 태도를 갖게 된다.

댄 힐은 감각 마케팅의 효과에 대해 다음과 같이 밝히고 있다.[139]

첫째, 감각은 언어를 넘어서는 것이기 때문에 감각에 호소하는 마케팅은 브랜드가 세계 시장에 진출하고 확산하는 데 효과적이다.

둘째, 우리는 감각을 통해 무의식적으로 정보를 수집하며 이러한 감각을 바탕으로 획득한 정보에 대해 어떤 이미지를 갖게 되고 의사 결정 과정 또한 감각의 선상에서 이루어진다.

셋째, 감각을 통해 수집된 정보에 대해 고객들은 즉각적으로 가공해 처리하는데 여기에는 이성보다는 본능적인 즉시성이 개입된다.

이처럼 감각마케팅은 국가별 언어나 문화의 차이를 넘어서 본능적이고 무의식적인 감각에 기반을 두기 때문에 잘 활용한다면 언어의 장벽을 넘어 신뢰를 쌓을 수 있고 마케팅 효과도 높일 수 있다.

3) 감각 스토리텔링 마케팅

감각 스토리텔링 마케팅은 인간의 오감을 활용한 감각마케팅에 이야기를 입히는 것이다. 놀이공원에서 신나게 놀이기구를 타며 즐거움을 느끼는 것은 단순히 기구의 재미 때문만은 아니다. 동화 속 캐릭터들이 등장하는 퍼레이드와 겁을 줬다가 다시 안도하게 만드는 안내원의 멘트 등 곳곳에 스며있는 이야기는 시각, 청각, 촉각적인 요소와 결합하여 감각적 체험을 더욱 효과적으로 만들어준다.

세계적인 화장품 브랜드 키엘의 매장에 들어서면 우선 다른 화장품 매장과 차별되는 시각적 요소들이 눈에 들어온다. 흰색 약사 가운을 입고 있는 판매원들과 약국의 캐비닛, 상담의자, 실험 도구, 약사발, 약장 등의 소품들을 사용하여 약국의 분위기를 자아낸다. 한쪽에 자리 잡은 해골 모양의 Mr. Bone은 시각적 자극을 주는 동시에 인체에 대한 전문성을 표현하고 있다. 키엘의 창업자 존 키엘은 약대를 졸업한 이후 약국의 이미지를 살린 키엘 화장품 매장을 열었다. 이를 계승한 아론 모스는 자신의 캐릭터를 부각 시켜 남성 존을 만들고 거친 남성들을 위한 화장품이라는 콘셉트로 감각적 스토리텔링을 시도하였다. 2차 세계 대전 중 전투기 조종사로 활약했던 모스는 오토바이 광이기도 했다. 그는 화장품 매장에서 지루하게 기다리던 남성 고객들을 위해 매장에 할리 데이비슨과 같은 고급 오토바이를 전시하였다. 거기에 라이딩 후 상처 나고 거칠어진 얼굴 피부를 모스 자신이 직접 약제들을 사용해 만들어 사용했는데 효과가 좋아서 제품으로 만들어 팔기 시작했다는 스토리텔링을 가미하였다. 대를 이은 감각 스토리텔링에 소비자들은 여전히 열광하며 매장을 찾아 직접 보고 바르고 만지며 이성에 앞서는 감각으로 제품을 선택하고 있다.

만지거나 보는 감각마케팅은 소비자의 일시적인 호기심을 충족시킬 수는 있으나 지속적인 신뢰를 쌓기에는 부족하다. 여기에 이야기라는 요소가 포함되어야만 지속성이라는 기제가 작동할 수 있다.

맥주공장에서 견학 프로그램을 만든다고 하자. 견학을 마친 방문객들이 마지막에 버튼을 눌러 맥주를 무제한 마실 수 있다고 한다면 기억에 남는 건 실컷 마신 맥주일 것이다. 만약 이 기계가 맥주통을 안고 있는 회사설립자의 모형을 하고 버튼을 누를 때 "아까 화내서 미안해, 잊어버려. 행복을 위하여!", "어딘가에 진정한 사랑이 있을 거야. 우리의 사랑을 위하여!", "우리 부서가 드디어 해냈어. 승리를 위하여!" 등과 같이 설립자의 목소리로 된 무작위의 건배제의를 듣게 된다면 방문객은 시각, 촉각, 청각, 후각, 미각을 모두 동원한 감각마케팅에 스토리텔링을 더한 경험을 하게 된다. 이처럼 맥주 한 잔을 마시며 회사설립자에게서 건네받은 위로의 건배사는 방문객의 기억에 오래 남게 될 것이다.

---

1. 자신이 경험한 감각마케팅에 대해 이야기해 보세요.

2. 브랜드 매장을 방문한 다음 감각마케팅이 어떻게 스토리텔링되는지 보고서를 작성하세요.

Storytelling Marketing

Chapter

04

스토리텔링 마케팅 전략

스토리텔링 마케팅 전략

1 스토리텔링 마케팅의 목적

기업이 스토리텔링 마케팅을 하는 목적은 다양하다. 기업의 이미지를 제고하거나 새로운 변신을 시도하거나 새로운 비전을 통해 기업의 정체성을 탈바꿈하기를 원할 때 스토리텔링의 도입을 고려한다. 뿐만 아니라 기업이 변화와 혁신에 직면했을 때 조직원들과 고객, 이해당사자들에게 보다 효과적으로 전달하기 위한 목적으로 이를 시도하기도 한다.

1) 기업의 이미지

기업의 이미지는 소비자가 제품을 구매하는 경우 영향을 주는 요인 가운데 하나이다. 이는 기업의 마케팅 프로모션 지출에서 제품광고보다 이미지 광고에 훨씬 더 많은 비용을 지불하고 있는 최근의 추세를 봐도 뚜렷한 현상이다. 기업의 이미지가 이토록 중요해진 이유는 상징적 소비를 하는 고객의 성향 때문이다. 제품의 품질이 표준화되면서 소비자는 제품만으로는 차별성을 인식하기 어려워졌다. 기업 역시 제품 차별화 전략에 있어 새로운 제품 개발만으로 소비자를 사로잡기에는 역부족이라는 것을 깨닫게 되었다. 바로 이러한 한계를 극복하는 방안으로 대두되고 있는 것이 바로 이미지 마케팅이다. 기업의 이미지란 조직이 소비자 혹은 공중의 마음 속에 심어 놓은 기대와 인상의 총칭이다(Topalian, 1984).[140] Selame과 Selame(1975)[141]은 기업 이미지란 계획되거나 계획되지 않은 언어적·시각적 요소이며 회사로부터 나와 소비자들에게 인상으로 남는 것이라고 하였다. Bernstein(1984)[142]은 기업 이미지는 사람들이 기업에 대해서 가지고 있는 인상, 지식, 감정, 믿음, 경험의 상호작용의 결과라고 정의하고 있다. 여러 학자들은 기업의 이미지가 어떻게 형성되는가에 대한 질문에 답하기 위해서 다양한 연구를 진행해 왔다. 기업의 이미지는 회사가 믿고자 하는 것이 아니라 소비자의 마음 속에 존재하는 기업에 대한 믿음과 감정을 말한다(Bernstein, 1984). Gray(1986)는 기업의 이미지가 심리적 현상의 산물 그 이상의 어떤 것이라고 보았다. 기업은 이해관계자들이 기업에 대해 좋은 인상을 갖기를 원한다. Harris(1958)는 기업의 이미지를 다섯 가지 유형으로 구분하였다. 기업의 이미지, 제도적 이미지, 상품 이미지, 보급된 이미지, 소비자의 이미지가 바로 그것이다. 이처럼 기업의 이미지는 기업의 다양한 활동으로 형성되며 그 가운데 가장 핵심적인 것은 기업의 커뮤니케이션 활동이다.

　　Shee와 Abratt(1989)[143]은 기업 이미지 관리프로세스를 설명하고 있다. 첫번째 과정은 기업의 개성(the corporate personality)이다. 기업의 개성은 기업 철학에서 비롯된 것으로 기업이 어떤 가치를 추구하고 어떤 비전을 갖고 있는가를 나타낸다. 두 번째 기업 이미지 관리프로세스는 커뮤니케이션 활동과 목표이다. 이는 기업의 철학과 비전을 어떻게 이해관계자들과 공유하는가에 관한 것으로 커뮤니케이션 활동을 통해 이해관계자와 상호작용을 하며 기업의 이미지가 형성되고 변화되는 것을 의미한다. 무형의 산물인 이미지는 유형의 활동을 통해 형성된다. 기업은 스스로 의도하고 추구하는 이미지가 소비자나 공중에게 그대로 적용되어 바람직한 이미지가 형성되기를 바라지만 이미지의 동일화는 쉽게 이뤄지지 않는다. 충분한 소통만이 기업이 기대하는 이미지를 제대로 전달할 수 있으므로 소비자가 형성하는 이미지의 적극적인 피드백으로 커뮤니케이션 활동의 부족한 면을 채워나가야 한다. 기업의 이미지를 형성하고 소비자와 소통하기 위해서는 무엇보다 다양한 커뮤니케이션 활동이 요구된다.

그림 4-1　기업 이미지 형성과정

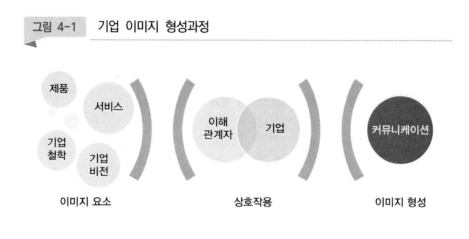

다양한 커뮤니케이션 활동 중에 기업의 스토리텔링은 이해관계자와 기업의 이미지를 동일시 하는 데 매우 효과적이다. 스토리와 비스토리의 가장 두드러진 차이점은 스토리가 단순한 사실 정보에 그치지 않는다는 점이다. 기업은 이해관계자들에게 다양한 정보를 제공하는데 이 중에 스토리 형식을 취하는 것도 있으며 그렇지 않은 것도 있다. 시시각각 변동하는 기업의 주식정보는 비스토리 정보이다. 주식정보는 기업의 현 상태를 보여주는 좋은 예이지만 여기에서 스토리를 찾기는 힘들다. 반면, 기업 제품의 소비자 체험 정보는 스토리 형식을 취한다. 제품은 동일하지만 각각의 소비자는 차별적이다. 사람들은 연령, 환경, 교육, 주거지, 가치관, 성격 등에 따라 상이한 경험을 하며 살아간다. 따라서 동일한 제품에 대한 소비자의 지각과 태도, 구매의도, 활용도 등도 여러 가지 측면에서 차이를 보일 수밖에 없다. 아이폰을 구매한 소비자의 경우 아이폰에 대한 A소비자의 체험과 태도는 B소비자와 다를 수 있다. A의 아이폰 구매의도는 디자인에 있을 수 있지만 B의 경우 기능에서 오는 혜택일 수도 있다. 또한 아이

폰 이용을 통해 겪는 소비자의 경험 역시 다양할 것이다. 소비자들은 이러한 일
상에서의 경험을 다양한 채널을 통해서 공유하게 된다. 바로 이것이 스토리가
되고 스토리에 감동, 독이성, 가치, 즐거움 중에 어느 하나를 가지면 이를 텔링
할 가능성은 높아진다. 아래 그림은 스토리텔링이 기업의 이미지 형성 및 발전
에 어떻게 기여하는지를 나타내고 있다.

> **그림 4-2** **기업 이미지의 스토리텔링 효과**

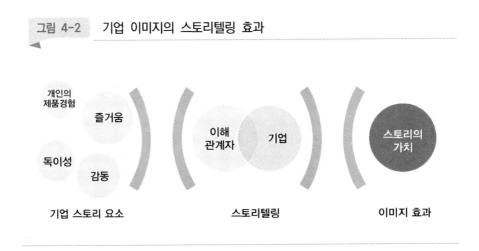

기업은 다양한 스토리텔링 요소를 가지고 있다. 그러나 스토리가 기업으로
부터 형성되는 것이 아니라 기업에 대한 소비자 혹은 이해관계자의 체험과 경
험에 의해 형성되며 이 스토리는 다른 이해관계자들과 공유된다. 결과적으로 이
러한 스토리는 기업의 가치를 향상시키고 궁극적으로 기업의 이미지 형성과 발
전에 기여하게 된다.

기업이 스토리텔링 마케팅을 하는 중요한 목적 중의 하나는 기업 이미지와
관련된다. 기업의 현재 이미지를 강화하거나 현재 이미지를 변화시키거나 기업
이미지를 혁신하는 것 등이다. 기업의 이미지에 대한 정의는 다양하지만 이를
정리해 보면 "이해관계자들이 기업의 로고나 기업의 이름을 들었을 때 갖게 되
는 기업에 대한 마음의 상"으로 정의내릴 수 있다. 기업의 이미지는 기업이 의

도한 것처럼 일방향적으로 형성되기는 어려우며 결국 고객을 비롯한 이해관계자들과의 상호작용을 통해 역동적으로 형성될 수밖에 없다. 기업과 이해관계자의 상호작용은 다양한 채널을 통해서 이뤄진다. 기업은 전통적 매체(신문, 텔레비전, 잡지, 라디오)와 뉴미디어(웹사이트 혹은 소셜미디어) 등을 활용해 메시지를 전하고 기업이 추구하고자 하는 이미지를 형성하고자 한다. 이 과정에서 이해관계자의 기존 지식이나 다양한 경험에 의해 정보가 필터링되고 이러한 과정에서 각각의 이해관계자는 기업에 대한 이미지를 형성한다.

그림 4-3   기업 이미지 형성과정

위의 그림은 기업 이미지가 형성되는 과정을 나타낸 것이다. 기업은 다양한 요소를 활용해 기업이 추구하는 이미지를 표현한다. 기업의 경영철학, 기업의 비전, 기업의 브랜드, 제품, 품질 등의 요소에 기업이 추구하는 이미지를 담아 다양한 이해관계자들에게 효과적으로 메시지를 전달하고자 한다. 그러나 이해관계자는 피동적인 존재가 아니기 때문에 메시지를 능동적으로 해석하게 된다. 이것이 바로 기업과 이해관계자의 상호작용이다. 이러한 상호작용으로 인해 기업의 이미지가 형성되며, 이러한 이미지는 정체되어 있는 것이 아니라 이해관계자와 지속적인 상호작용을 하며 다이내믹하게 변형의 과정을 겪는다.

메시지의 상호작용으로 인해 스토리텔링은 효과적으로 기업의 이미지를 전달할 수 있다. 기존의 전통적 광고나 인터넷을 통한 배너광고는 기업의 이미지 전달의 왜곡현상을 낳기 쉬운데 여기에는 커뮤니케이션 단서가 부족하기 때문이다. 그러나 스토리텔링은 이야기의 전개를 비롯해 과정과 결과가 모두 포함되어 있다. 소비자가 이러한 스토리에 노출된다면 스토리가 제시하고자 하는 바를 다른 콘텐츠의 형태보다 훨씬 더 쉽게 받아들일 수 있다. 수용성과 이해력에서 스토리텔링 방식은 기존의 전달 형식보다 월등하다고 볼 수 있다.

2) 기업의 정체성

인간의 정체성을 파악하기 위해서는 역사에 대한 이해가 선행되어야 한다. 과거로부터 누적된 퇴적물은 내가 누구인지를 표현해 주며 이로부터 나에 대한 인식이 가능해진다. 기업의 정체성 역시 기업의 역사적 산물이다. 기업의 히스토리는 기업의 현재를 알려주는 좋은 재료가 된다. 더불어 조직원, 기업문화, 제품 혹은 서비스, 경영철학, 비전 등도 기업의 정체성을 형성하는 요소가 되며 이들 역시 기업의 역사와 함께 성장해 왔고 앞으로도 성장해 갈 것임이 분명하다.

그림 4-4 The six corporate marketing soruce by Balmer(2006)[144]

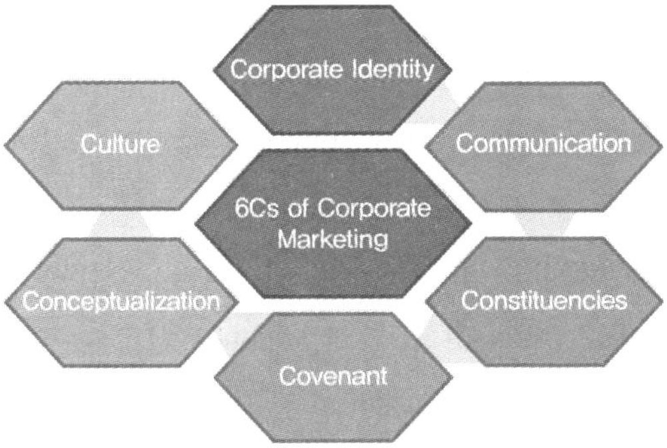

스토리텔링은 기업의 정체성을 잘 드러내도록 해 주며 공중이나 소비자와의 효율적인 상호작용을 가능하게 한다. 기업의 정체성을 담은 기업의 역사는 그 자체로 스토리텔링 될 수 있는 풍부한 이야기 요소를 지니고 있다. 오래된 역사를 가진 기업도 있고 신생기업도 있을 것이다. 오랜 역사를 가진 기업은 신생기업에 비해 많은 이야기와 안정된 정체성을 지니고 있을 것이다.

[그림 4-4]에서 보여지는 것처럼 기업의 정체성은 기업의 마케팅 믹스의 하나이다(Balmer, 2006). 발머(Balmer)는 기업의 정체성을 "유형과 무형의 조직자산과 조직의 활동, 조직구조, 조직소유권, 조직유형, 기업철학, 기업의 역사를 포함하는 개념"이라고 정의하였다. 일반적으로 기업의 정체성을 기업의 로고와 동일시하는 경우가 많다. 이에 따라 기업 정체성의 뿌리를 그래픽 디자인과 연결하는 입장도 있다.145 이러한 시각에서 본다면 그래픽 디자이너는 기업의 비주얼 정체성을 형성하는 작업을 수행함으로써 기업의 정체성 형성에 기여한다. Olins은 이러한 비주얼 정체성을 단일성(monolithic), 지지성(endorsed), 상표성(branded)의 세 가지 성격으로 분류하였다.146 이러한 세 가지 특성은 기업의 정체성 전략과 맞닿아 있다. 기업의 정체성 전략은 통합커뮤니케이션 패러다임과 다양성통합 패러다임으로 요약된다. 통합커뮤니케이션 패러다임(Integrated communication paradigm)은 기업의 정체성 확립을 위해서는 이해관계자와 지속적인 커뮤니케이션을 수행함으로써 기업의 정체성 확립을 도모하는 것이다. 다양성통합 패러다임이란 기업의 정체성을 보다 확장된 개념으로 인식하는 입장으로 기업의 정체성이 다양한 형태로 나타난다는 것을 강조한다. 조직 내부와 외부의 요소를 통해서 드러나는 상징적 활동, 커뮤니케이션, 일련의 행위 모두가 기업의 정체성을 형성하고 알리는 것이라고 본다. 최근 많은 기업들은 주로 다양성통합 패러다임 전략을 활용해 기업의 정체성을 관리하고 있다. 기업의 정체성 관리(corporate identity management)의 목적은 조직이 이해관계자들로부터 호의적인 명성을 얻는 것에 있다. 기업의 명성관리와 관련된 모델은 다음과 같다.

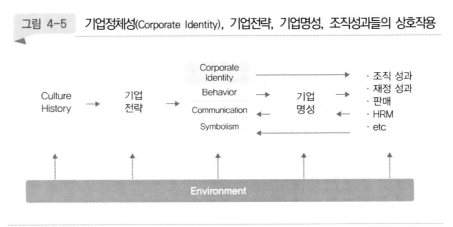

그림 4-5 기업정체성(Corporate Identity), 기업전략, 기업명성, 조직성과들의 상호작용

자료: van Reil Balmer (nd).

스토리텔링은 이러한 조직정체성 구성 요소 중에 기업의 역사와 연관성이 가장 높으며 기업의 역사를 이해관계자들과 공유하기에 가장 효과적인 전략이라고 말할 수 있다.

3) 기업의 변화와 혁신

기업의 변화와 혁신은 기업의 역사에서 가장 도전적인 일이다. 기업은 변화와 혁신을 계획하는 데 있어 다양한 요인에 의해 영향을 받는다. 이를 크게 두 개의 범주로 나눈다면 하나는 조직 외부의 영향이고 다른 하나는 조직 내부의 영향력이다. 조직 외부의 영향은 글로벌 환경과 소비자 기호를 들 수 있다. 시장의 글로벌화는 기업이 잠재력을 발휘할 수 있는 기회를 제공하기도 하지만 커다란 위협 요소가 되기도 한다. 시장이 커지고 글로벌화하면 경쟁이 심화되고 차별화에 대한 요구가 거세지기 때문이다. 이와 함께 소비자들의 제품기호와 선호의 사이클이 급속도로 짧아지는 것도 기업의 변화를 요구하는 요인이 된다. 기업은 제품수명 주기를 단축시킬 수밖에 없는 상황에 놓여 있으며 소비자의 니즈와 원츠(Needs & Wants)를 파악해 이를 충족시켜야 한다. 따라서 기업의 경영혁신, 품질혁신, 제품혁신, 서비스 혁신, 혹은 유통혁신은 소비자로 향해있다고 볼 수 있다.

　두 번째 범주인 조직내부의 요인은 리더의 혁신성, 조직문화, R&D 투자 등으로 볼 수 있다. 리더의 혁신성은 조직의 혁신과 변화에 매우 주요한 변인이다. 조직문화에 관한 견해는 다양한데 일반적으로 집단적 문화, 합리적 문화, 발전적 문화, 위계적 문화로 나눠 논의가 진행된다.[147] 집단적 문화는 조직의 결속력을 강조하며 충성과 전통을 중요시한다. 또한 조직 구성원들은 서로 많은 부분을 공유하려는 성향을 지닌다. 합리적 문화는 주로 결과 지향적이며 주어진 업무와 목표 달성이 조직의 결속기제로 작용한다. 여기서는 무엇보다 경쟁과 목표를 중요시하며 이 때 목표는 측정 가능한 것을 의미한다. 발전적 문화는 역동적이고 기업가적인 것으로 이러한 조직문화 속에서 구성원들은 위험을 선호하며 새로운 아이디어와 방법을 적극적으로 모색하는 특성을 지닌다. 마지막으로 위계적 문화에서는 관료적 절차에 따른 업무처리가 이루어지며, 형식화된 규칙과 정책이 조직의 결속기제로 작동한다. 위계문화에서는 규칙과 절차에 따른 조직 운영이 중요시된다.

　이러한 조직문화는 기업의 변화와 혁신과 연결된다. 4가지의 조직문화 유형 가운데 혁신과 변화를 적극적으로 추구하는 것은 발전적 문화이다. 조직의 혁신을 위해서는 무엇보다 공유의 리더십이 전제되어야 한다. 리더는 적절한 곳에 대한 지원과 조직원에 대한 배려, 문제해결 능력을 갖추어야 하며, 계획과 조직화에 역점을 두고 새로운 아이디어와 기업의 비전을 구성원과 나누는 능력을 지녀야 한다. 그동안 이러한 기업의 변화와 혁신에 어떻게 스토리텔링이 기여할 것인가에 대한 연구는 그다지 수행되지 않았다. 공유의 리더십이 보다 효과적으로 발휘되기 위해서는 리더의 비전과 계획이 보다 효과적으로 구성원들과 공유될 필요가 있다. 최근 TED 혹은 세바시(세상을 바꾸는 시간)와 같은 동영상 콘텐츠들은 혁신적인 리더들의 인생 이야기를 듣는 기회를 제공하고 있다. 이러한 프로그램이 많은 사람들로부터 관심을 받는 것은 단순히 기업 리더들의 성공적인 사례, 아이디어, 미래가치, 미래 산업 등과 같은 정보적인 요소만이 아니다. 사람들은 리더들이 들려주는 삶의 이야기에서 그들이 가지고 있는 기업가치가 어떻게 태동하고 현재에 이르게 되었는지 이해하게 된다. 이러한 통시적 스토리는 기업의 비전과 가치에 더해 더욱 설득력을 가지게 된다. 이는 조직문화 차원에서 시사하는 바가 크다. 조직이 혁신과 변화를 꾀하기 위해서는 새로운 가치와 아이디어를 모색하는 것과 더불어 어떠한 이야기로 말해져야 하는지를 고민해야 한다. 리더의 가치와 아이디어가 스토리텔링되는 방식에 따라 구성원이나 소비자의 참여와 공감 정도가 달라지기 때문이다.

4) 설 득

설득은 타인이 제공하는 정보에 노출되어서 태도변화를 일으키는 것이다.[148] 가스와 사이터(Gass & Seiter)는 설득이란 주어진 커뮤니케이션 상황 속에서 기존 신념이나 태도, 의도, 동기, 행동 등의 반응을 유발, 보강, 조정, 제고하는 데 참여하는 활동이자 과정이라고 보았다.[149] 퍼로프(Perloff)는 여러 학자들의 의견을 종합하여 설득이란 상징적 과정이며 영향을 미치려는 의도를 지니고 있다고 하였다. 또한 사람들은 스스로를 설득하며 설득은 메시지의 전달을 포함하고 자유 선택을 요구한다고 강조하였다.[150]

대부분의 메시지는 설득을 목적으로 한다. 광고나 다큐멘터리, 정책이나 정치 슬로건 등에서 내세우는 메시지는 타깃을 향해 의도적으로 전달되며 수신자가 태도를 강화 또는 변화시켜 행동의 변화를 일으키도록 유도한다. 이처럼 설득을 목적으로 할 때 가장 효과적인 수단 가운데 하나가 바로 스토리텔링이다.

고대 그리스에서 설득은 권력을 획득하고 법적인 다툼에서 우위를 차지하기 위해 습득해야 하는 중요한 기술이었다. 청년들은 말하는 법을 배우기 위해 스승을 찾았고 소피스트들의 인기는 날로 치솟게 되었다. 아리스토텔레스는 일찍이 설득의 기술을 가르치면서 에토스, 로고스, 파토스(청중의 감정)의 중요성을 강조하였다. 아무리 논리적인 연설(로고스)이라고 하더라도 말하는 사람의 개성(에토스)과 듣는 사람의 감정(파토스)을 반영해 이야기를 전개해야 설득의 효과를 높일 수 있다는 것이다.

James Boyd White는 "스토리텔링은 변호인의 심장이다, 왜냐하면 모든 법적 사례는 스토리와 함께 시작하고 법적 결정으로 끝난다"라고 하였다.[151] 법정에서 말하는 스토리텔링은 단순히 사실에 대한 것뿐이 아니라 설득을 위한 메시지를 포함한다. 모든 사람의 동의를 구하는 설득의 스토리텔링인 것이다.[152] 스토리가 설득적인 성격을 띠는 이유는 이야기의 구조가 본질적으로 이해의 방식을 포함하며 인간의 경험으로 구성되어 있기 때문이다. 내러티브 모델은 설득 모델보다 훨씬 포괄적인 의미를 지닌다. 스토리텔링은 설득커뮤니케이션의 하나로 다양한 분야에 활용된다. Lee & Leets는 실험을 통해서 내러티브 메시지와 일반적 메시지의 효과를 측정하였다. 측정 상황은 인터넷 상에서 일어나는 집단 혐오 혹은 미움에 대한 것이었다. 실험결과 실험대상자들은 내러티브 메시지에 대해 훨씬 집단 혐오가 낮아지는 것으로 나타났다.[153] 내러티브를 이용한 설득메시지는 PR분야에도 활용되었다. Cho & Gower는 위기관리에서 내러티브의 효과를 측정하였다. 이들은 내러티브를 포함한 프레임과 단순히 사고의 사실만을 기술한 정보에서 어느 것이 공중에게 감정적인 반응을 불러일으키는가를 검증하였다. 연구결과 내러티브 프레임을 가진 메시지가 감정적 반응에 영향을 미치는 것으로 나타났다.[154] 광고에서도 스토리텔링 메시지는 소비자의 광고기억, 광고태도, 제품구매에 영향을 미친다는 것이 여러 학자들의 연구에서 확인되고 있다.

스토리텔링 마케팅은 분명한 목적을 지니고 있으며 그 중 하나가 바로 설득이다. 재미나 흥밋거리를 제공해주는 이야기에서 그친다면 스토리텔링의 목적은 달성했으나 마케팅의 목적은 이루지 못한 것이다. 따라서 고객이 기업과 제품에 대해 긍정적인 이미지를 갖고 호의적인 태도를 지니며 장기적으로 충성고객이 되도록 스토리텔링을 통해 설득할 수 있어야 한다.

5) 소 통

스토리텔링 마케팅의 목적에 있어 설득이 전달자의 의도를 중심으로 전개된다면 소통은 스토리텔러와 수신자 간 양방향으로 메시지를 주고받는다는 데 차이가 있다. 어떤 경우에는 수신자가 스토리텔러보다 더 중요한 역할을 하기도 한다.

스토리텔링 마케팅이 지향하는 소통은 크게 조직 외부의 소통과 조직 내부의 소통으로 나눌 수 있다. 대외적으로 기업은 광고나 대외활동 등을 통해 비전이나 역사, 추구하는 가치 등에 대해 이야기하며 알리려고 한다. 이와 같은 기업의 스토리텔링 활동은 기업의 긍정적인 이미지를 심어주고 기업의 이름을 우호적으로 알리는 효과가 있다. 동시에 기업은 전화나 이메일, 방문 접수 등을 통해 고객의 의견을 들으며 고충이나 불만을 듣고 처리한다. 때로 고객이 제안한 아이디어가 제품이나 서비스에 반영되기도 하며 고객의 불만이 만족스럽게 처리될 경우 기업에 대한 고객의 태도는 우호적이 된다. 이 과정에 스토리텔링 마케팅이 작용하는 것이다.

풀무원은 김치박물관을 만들면서 '뮤지엄김치간'이라는 이름을 붙였다. 1986년 설립된 개인박물관을 인수해 28년 동안 김치박물관을 운영하던 풀무원은 2015년 4월, 강남에서 인사동으로 장소를 옮기고 '뮤지엄김치간'이라는 다소 낯선 이름으로 바꾸었다. 원래 '간'은 음식을 준비하던 곳을 이르는 말인데 여기서 착안해 김치간이라고 개명한 것이다.[155] 김치는 2013년 '유네스코 인류무형문화유산'에 등재된 우리 전통 음식이다. 식품 기업인 풀무원이 사명을 가지고 고객과 만나는 장소를 김치박물관으로 선택한 것이다. 기존의 박물관과 달리 관련 자료를 전시하는 데서 그치지 않고 김치만들기 체험 프로그램까지 할 수 있도록 구성하였다. 일회성 방문으로 끝나지 않고 지속적인 방문과 관심을 유도하기 위한 전략이라고 볼 수 있다. 관람객들은 '뮤지엄김치간'의 체험이 풀무원이라는 회사의 홍보라기보다는 우리 전통음식인 김치를 알리고 배우기 위한 장소로 인식한다.

박물관에 다녀온 사람들은 아이에게 특별한 추억을 만들어 준 것 같다거나 아이만 배운 것이 아니라 부모도 많이 배웠다며 체험을 통해 얻게 된 생각과 기억을 나누기 위해 SNS에 올린다. 물론 가족과 지인, 이웃에게도 이러한 이야기를 하며 추천을 할 것이다.

"체험 시 도구가 날카롭지 않아 안전하고, 부모가 도와주기도 하고, 아이에게
특별한 추억이 생긴 것 같습니다. 체험 외에도 관람할 수 있게 마련되어 있어서
정말 좋았습니다."
"부모의 입장에서도 직접 만드는걸 보면서 어떻게 만드는지 많이 배웠습니다."
— 방문자의 체험단 중에서

　　스토리텔링은 소비자와의 커뮤니케이션을 활발하게 하여 지속적인 관계를
형성하도록 해 준다. 기업의 내부 스토리텔링은 조직의 의사소통을 원활하게 해
주며 직무의 효능을 높이는 기능을 담당한다.
　　조직에서 스토리텔링은 내외적 이해관계자들 간의 이해를 돕는 데 용이하
다. 스토리텔링은 수많은 정보 프로세스 네트워크의 한 부분으로 기능을 수행한
다. 조직을 하나의 집단적 스토리텔링 시스템이라고 보는 이론(Organization as
a collective storytelling system)에서는 집단적 스토리텔링 시스템에서 이야기의
수행이 조직원 상호 간의 이해를 돕는 중요한 열쇠이며 제도적 기억과 함께 개
인적 기억들을 보충하는 것을 가능하게 하는 수단으로 보고 있다. 조직에서 이
야기의 시나리오가 패턴화되면 구성원들은 이를 더욱 간결하게 작성할 수 있다.
반면 새로운 조직에서는 이야기가 일정 양식을 지니게 될 시간이 부족한 대신
보다 풍부한 이야기를 구성할 수 있다. 숙련된 스토리텔러와 스토리 해석가는
조직에서 스토리텔링의 중요성과 기능을 인식하고 있으므로 효과적인 커뮤니케
이터의 역할을 수행할 수 있다.[156]

1. 기업의 홈페이지를 조사해 기업 이미지와 기업의 정체성에 대해 알아보세요.

2. 스토리텔링은 기업 이미지에 어떠한 형태로 기여하고 있습니까?

2 무엇을 스토리텔링 할 것인가?

1) 비 전

기업의 비전이란 기업의 발전방향, 기업의 경영철학, 그리고 기업의 정체성이 녹아 있는 것이다. 따라서 기업에 있어 비전은 조직 내부와 외부 모두에게 아주 중요한 요소이다. 만일 조직 내부의 구성원들이 기업에 대한 비전을 공유하지 못한다면 기업은 방향성을 상실할 수 있으며 궁극적으로 기업경영에 차질이 생길 우려가 있다. 더불어 조직 외부와 커뮤니케이션 부족이나 부재로 인한 기업비전 공유의 실패는 기업이 추구하고자 하는 이미지나 기업 정체성 인식에 심각한 피해를 줄 수도 있다. 따라서 기업은 다양한 방법으로 기업의 비전을 조직 내부와 외부에 전파하고 이를 공유해야 한다. 그 중 하나가 바로 스토리텔링이다. 스토리텔링은 커뮤니케이션 전략으로 효과적인 메시지 공유를 가능하게 한다.

기업에서 가장 빈번하게 이뤄지는 스토리텔링은 광고 스토리텔링이다. 기존에 기업은 제품과 서비스의 직접적인 광고에 집중해 왔고 많은 비용을 지불해 왔다. 그러나 최근 광고형태의 가장 큰 변화는 이미지 광고이다. 특정제품이나 서비스를 노출시키는 대신 기업이 추구하는 비전과 철학을 광고의 소재로 삼는다. "사람이 미래다"라는 슬로건을 내세운 두산이나 한화의 "나는 불꽃이다"와 같은 광고는 회사가 추구하는 비전을 그대로 담고 있다. 이러한 광고는 단순히 메시지만을 전달하지 않는다. 특히 '사람이 미래다'라는 두산그룹 캠페인 광고는 한국 경영학계에서 성공사례로 평가받고 있다. 두산은 2009년부터 청년들에게 미래를 향한 희망적인 메시지를 전하고 있다. 지난 6년간 17편을 제작했고, 매년 광고상을 받았다. 2012년에는 박용만 전 두산 회장이 '올해의 카피라이터상'을 받기도 했다. 메시지에는 청년이 가져야 할 삶의 태도나 바른 가치관을 제시한다. 두산은 청년이 미래 가치이며 이를 기업의 가치와 철학에 녹여 광고캠페인이라는 형식으로 전달하였다. 이러한 메시지가 시청자들에게 와닿는 이유는 콘텐츠의 중요성과 함께 형식에 있다. 이 광고 캠페인은 청년들의 이야기를 담고 있다. 예를 들면 '사람이 미래다' 여덟 번째 이야기는 1등만을 바라는 경쟁 사회, 그래서 최선 혹은 최고의 선택만을 추구하는 젊은이들의 마음에 "현명한 차선의 선택들이 이어진다면 한 번의 최선보다 더 좋은 결과를 얻을 수 있습니다"라는 메시지를 전하고 있다. 청년의 눈높이에서 청년의 감성으로 스토리텔링한 기업의 메시지가 많은 청년들과 공중의 호응을 얻게 된 것이다.

2) 브랜드

과거 미국마케팅학회의 정의에 따르면 브랜드란 특정 제품과 서비스를 식별하는 데 사용되는 명칭(Name), 용어(Term), 기호(Symbol), 디자인(Design)의 총칭이다.[157] 소비자는 브랜드로 인해 하나의 제품이나 서비스를 다른 제품이나 서비스로부터 구분하는 것이 가능하다.

데이빗 아커(Daivd A. Aaker)의 브랜드에 관한 정의는 보다 폭넓다. 그는 브랜드를 다양한 요소의 총체라고 보았다. 브랜드의 본질은 제품, 가치, 기능, 특성, 범위, 사용 등이고 이것이 다양한 외부 요인과 결합되면서 총제적인 브랜드로 탄생하게 된다고 하였다.[158] 따라서 기업은 다양한 요소들의 독특한 조합 혹은 합성을 통해서 브랜드의 정체성을 확립해야 하고 이는 브랜드 관리에서 매우 중요한 부분이라고 할 수 있다. 브랜드 관리는 결국 소비자의 구매를 유도하는 전략이 되어야 한다.[159] 기업은 다양한 브랜드 전략으로 소비자에게 브랜드 인지도, 브랜드 이미지, 브랜드 포지셔닝을 실시한다. 소비자의 입장에서 보면 소비자는 브랜드를 통해 다양한 정보를 제공받는다. 브랜드의 역할을 임채숙과 임양택(2007)[160]은 소비자의 측면과 제조업체 측면에서 정리하였다. 소비자에게 브랜드는 제품 공급원 파악, 제품 제조자의 책임성 인식, 리스크 감소요인, 탐색비용 감소요인, 제품 제조자와의 약속 계약 또는 협정, 상징적 장치, 품질의 표시 등의 역할을 한다. 제조업체에게 브랜드의 기능은 취급 또는 추적의 단순화를 위한 확인수단, 고유의 특성을 법적으로 보호하는 수단, 만족한 고객에게 품질 수준표시, 제품에 고유의 연상을 부여하는 수단, 경쟁우위의 근원, 이익의 근원으로서 역할을 한다. 이처럼 브랜드의 역할은 매우 다양하다.

그림 4-6   브랜드 요소

브랜드의 기능을 보다 효과적으로 알리기 위해서는 브랜드 전략이 매우 중요하다. 브랜드 전략은 소비자 관점에서 보자면 브랜드 인지, 브랜드 태도, 브랜드 포지셔닝, 브랜드 충성도로 나누어 생각할 수 있다.

> **표 4-1** 소비자와 브랜드

브랜드 인지   ➡   브랜드 태도   ➡   브랜드 충성

위의 과정이 인지적인 활동이기는 하나 항상 순차적으로 이뤄지는 것은 아니다. 기업은 다양한 브랜드 전략을 활용해 소비자에게 브랜드를 알리며 소비자가 브랜드에 대한 선호, 긍정적 태도, 긍정적인 감정 등을 갖기를 희망한다. 궁극적으로 브랜드에 대한 충성을 통해 지속적으로 자사의 제품을 구매해 주길 원하는 것이다. 브랜드 전략은 각각의 단계에서 차별적으로 혹은 통합적으로 이뤄질 수 있다. 브랜드 전략의 핵심은 소비자가 동일한 제품군에서 자사의 제품을 차별적으로 인식하게 하는 것에서 출발한다. 이때 브랜드 전략은 주로 브랜드 요소(이름, 로고, 심벌, 포장 디자인 또는 기타 속성)의 차별을 통해 이뤄진다. 물론 제품과 서비스, 마케팅 활동을 통해서도 이뤄지며, 심지어 사람, 장소, 물건 등과 연결시킴으로써 브랜드를 연상하게 할 수 있다. 즉, 제품의 성능에 기초하여 기능적, 이성적, 유형적으로 차별화시킬 수도 있으나, 브랜드 요소를 이용하여 상징적, 감정적, 무형적으로 차별화 할 수도 있다.[161]

브랜드 전략을 위해서 브랜드 요소를 선택할 때 Kotler 등은 세 가지 기준을 제시하고 있다. 첫째, 기억이 용이해야 한다는 것으로 구매와 소비에 있어서 브랜드 요소들이 쉽게 회상되고 인지될 수 있어야 한다는 점이다. 둘째는 의미가 있어야 한다는 점이다. 브랜드 네임이 브랜드의 탄생과 연관이 있거나 로고가 기업의 철학을 상징하는 것처럼 의미있는 브랜드 요소는 다른 브랜드와 차별성을 지니게 된다. 셋째는 브랜드 요소가 호소력을 지녀야 한다는 점이다. 이는 미적, 시각적, 언어적으로 호소력을 가져야 한다는 것을 의미한다. 브랜드의 세 가지 요소선택 기준에 가장 적합한 것이 스토리텔링이라고 할 수 있다. 브랜드 요소를 스토리(story)의 요소로 변환하여 이를 다양한 커뮤니케이션 채널을 이용해 텔링(telling)하는 것이다. 스토리의 정서적 공감과 카타르시스라는 심미적 기능, 우리의 마음에 즐거움을 채워 주는 오락적 기능, 우리 삶의 이야기라

는 본질적 기능[162]은 브랜드 요소 선택 기준인 기억, 의미, 호소력에 강력한 효과를 발휘할 수 있다.

| 표 4-2 | 브랜드 기능을 스토리 요소로 변환 |

스토리텔링 요소	브랜드	내용
심미적 기능	샤넬향수 CHANEL	샤넬 향수에 붙여진 각 번호는 사람의 다양한 미적 욕구를 반영한다.
오락적 기능	코카콜라 Coca-Cola	코카콜라 패키지에 다양한 메시지를 적어 사람들이 마음을 전할 수 있는 즐거움을 제공한다.
본질적 기능	유플러스 LG U+	LG 유플러스는 통신기술을 활용해 사람과 사람을 잇는 이야기를 들려준다.

| 표 4-3 | 브랜드 요소를 통한 스토리텔링 |

브랜드 요소	브랜드	내용
이름	백세주 백세주	장수를 뜻하는 백세주란 이름으로 사람들에게 큰 호응을 얻었던 제품이다.
로고	스타벅스	스타벅스 로고는 그리스 신화에 나오는 세이렌(Siren)이라는 매혹적인 여신으로 스타벅스도 사람들에게 매혹적인 커피라는 점을 인식시킨다.
포장 디자인	코카콜라 Coca-Cola	코카콜라는 감각적인 병 모양만으로 전 세계 소비자의 주목을 받았다.

3) 제 품

제품은 일반적으로 두 가지 유형으로 나뉘는데 유형의 재화를 제품이라 하고 무형의 재화를 서비스라 일컫는다.[163] 제품은 용도에 따라 소비용품과 산업용품으로 분류할 수 있으며, 내구성의 정도에 따라 내구재와 비내구재로 분류할 수 있다. 소비용품은 소비자에 의해 구매되는 제품이고, 산업용품은 생산자나 재판매업자 등 조직구매자에 의해 구매되는 제품이다. 소비용품은 구매습관에 따라 편의품(convenience), 선매품(shopping goods), 전문품(specialty goods)으로 나눌 수 있다. 제품전략은 제품의 유형, 제품분류, 내구성, 그리고 소비자의 구매 습관에 따라 다양하게 수립할 수 있다. 일반적으로 고객은 제품의 특징과 품질, 서비스 믹스와 품질, 가격의 적절성 등의 세 가지 요소를 가지고 제품을 평가한다.[164] 따라서 마케터는 이러한 요소에 근거해서 소비자를 유인할 마케팅 전략을 구사해야 한다.

스토리텔링은 제품의 특징과 품질, 서비스 믹스와 품질, 가격과 연결되어야 한다. 인간은 경험과 지식을 전하려는 역사적 충동과 꿈과 진실을 담아 즐기고 감동시키려는 낭만적·교훈적 충동을 가진다.[165] 우리는 일상에서 일어나는 일들을 이야기하고 알린다. 제품의 체험은 소비자에게 아주 훌륭한 이야깃거리가 된다. 그러나 모든 제품의 경험을 주위 사람들과 나누지는 않는다. 제품의 경험이 정보적, 감동적, 혹은 오락적이어야 이야기의 욕망이 일어난다. 소비자들은 이야기할 가치가 있는 제품의 정보를 기대한다. 우리는 편의점에서 초콜릿을 구매했다는 것을 친구에게 전화걸어 얘기하지는 않는다. 그러나 그 편의점에서 초콜릿이 1+1일 경우 우린 친구에게 그 얘기를 할 수 있다. 애플이어폰을 가지고 있는 소비자가 친구들에게 자랑삼아 애플이어폰 이야기를 하지는 않는다. 그러나 실수로 이어폰을 주머니에 넣었고 그 옷이 한 시간 동안 세탁기통 안에서 돌려진 후 발견한 이어폰이 전혀 손상이 없을 때 우리는 친구들에게 그 이야기를 한다. 우리는 매일 보는 제품광고를 친구에게 얘기하지는 않는다. 그러나 감동적인 광고를 보면 그 광고에 대해 이야기한다.

소비자들은 가끔 광고에 나오는 재미있는 말들을 따라할 때가 있다. 연예인의 유행어가 일반인이 따라하게 되는 경우와 유사하다. 이것은 오락적 기능이 강하기 때문이다.

제품과 관련해서 스토리의 주체는 소비자와 기업이다. 스토리는 소비자를 통해서 생성되기도 하고 제품을 생산하는 기업에 의해서 생성되기도 한다. 그러

나 보다 효과적인 스토리는 소비자의
제품체험에 의해서이다. 기업이 의도
적으로 만든 스토리는 진정성 측면에
서 부정적으로 인지될 수도 있다. 따
라서 기업이 가장 효과적으로 스토리
텔링을 하려면 소비자로부터 생성되는

스토리인데, 이를 위해서는 소비자들의 제품경험이 정보적, 감동적, 혹은 오락
적이어야 한다.

　제품체험은 다양하게 논의해 볼 수 있다. 먼저 소비자들은 제품의 수준에
따라 제품을 평가한다. 제품의 수준은 다섯 가지로 구분될 수 있다. Kotler와
Keller(2009)는 이를 고객가치의 위계로 설명한다. 소비자가 가장 기본적으로
제품에 대해 체험하는 것을 핵심혜택(core benefit)이라고 한다. 이는 고객이 그
제품을 실제로 구매하는 근본적인 혜택을 의미한다. 핵심혜택으로 스토리가 만
들어지기 위해서는 제품의 품질이 핵심이다. 레스토랑을 찾는 소비자에게 핵심
혜택은 맛있는 음식이다. 소비자들이 맛집을 찾는 이유는 거기에 있다. 많은 비
슷한 식당이 있지만 본점을 찾아가는 이유도 소비자들이 핵심혜택을 누리기 위
함이다. 오랜 시간을 줄을 서서 기다려 맛집의 음식을 먹어본 사람은 대부분이
그 맛집의 맛을 친구들에게 얘기할 것이다. 왜냐하면 그 경험은 본인에게 소중
한 것이기 때문이다. 더불어 그 맛집의 맛을 주위 사람들에게 소개하고자 한다.
생수로 유명한 에비앙 역시 핵심혜택의 스토리가 텔링되면서 그 제품브랜드의
효과가 확산된 경우이다. 에비앙의 아래와 같은 일화가 소문나면서 에비앙은 소
비자들에게 호감을 받기 시작한다.

> "1789년 신장 결석을 앓던 레세르라는 후작이 프랑스 동남쪽 알프스 자락의 작
> 은 마을 에비앙에서 요양하면서 병을 고치게 되었다. 그는 '좋은 물을 먹었기
> 때문'이라고 생각했다. 알프스 산맥의 만년설이 녹아 만들어진 그 물의 성분을
> 분석해 보았더니, 그 속에는 미네랄 등 인체에 유익한 성분이 다량 함유되어 있
> 었다."[166]

두 번째 수준은 기본적 제품(basic product) 수준이다. 이는 핵심혜택을 제공하는데 필요한 기본적인 제품을 말한다. 호텔은 숙박이 핵심혜택이고, 침대나 욕실 및 타월 등은 기본적 제품에 속한다. 호텔을 이용하는 투숙객들의 후기를 보면 기본적 제품에 대한 평이 적지 않다. 욕실사이즈나 청결상태, 침대가 얼마나 편안했는지 등에 어떤 소비자들은 민감하게 반응하기도 한다. 따라서 기본적 제품의 질은 핵심혜택을 더 빛나게 한다. 식당의 주 메뉴가 지닌 맛도 중요하지만 밑반찬의 맛은 주 메뉴의 풍미를 더 해준다.

세 번째는 기대된 제품(expected product), 네 번째는 확장된 제품(augmented product), 다섯 번째 수준은 잠재적 제품(potential product)이다. 이들은 실제로 핵심혜택이나 기본제품과는 다르게 소비자의 유인 전략으로 활용된다. 프로모션을 통해 저렴한 가격의 호텔을 제공하는 것은 기대된 제품에 속하고, 호텔 안에 명품샵이나 기타 편의 시설을 두는 것은 확장된 제품으로 인식될 수 있다. 잠재적 제품은 제품이 미래에 겪게 될 가능한 모든 확장이나 변형들을 포함한다.

제품의 차별화 요소로 자주 언급되는 것이 패키징, 라벨링, 보증, 보장 등이다. 이러한 차별적 요소는 스토리텔링에 주요한 요소로 활용될 수 있다. 패키징은 제품의 용기를 설계하고 생산하는 모든 활동이다. 패키징은 제품의 특징을 설명하고, 신뢰감을 주기도 하며, 호의적인 인상을 주기도 한다. 이는 기업의 브랜드를 알리는 데 도움이 되며 특히 혁신적인 패키징은 소비자에게 확장된 혜택을 줄 수 있다. 처음 맥주의 용기는 유리재질로 만들어졌었다. 그러나 유리병

은 여러 면에서 제한적인 패키지였다. 이동이 불편하고 깨지기 쉬우며 화려한 브랜드 로고나 디자인을 나타내기 어려웠다. 캔맥주가 등장하면서 이 같은 제약을 벗어날 수 있었다. 캔맥주는 소비자에게 혁신과 같은 패키징이었다.

현대자동차는 미국 알라바마주 몽고메리에 공장을 세우고 자동차를 생산하기 시작하였다. 당시 미국에서 시장 점유율이 높은 브랜드는 토요타였다. 현대는 현지에서 시장 점유율을 올리는데 차별적인 방법을 강구하였다. 고심 끝에 제시한 것이 10만 마일 보증(Warranty)을 차량 구매자에게 제공하는 것이었다.

이는 실로 파격적인 프로모션이었다. 차량의 내구성에 대한 자신감이 없이는 결코 불가능했을 것이다. 소비자들은 현대의 10만 마일 보증이 단순히 차별적인 서비스 제공이라기보다는 현대차의 질적인 성장을 보여주는 것이라고 인식했다. 10만 마일 보증으로 2010년 현대차의 시장 점유율은 7.7%에서 2011년 8.9%로 성장하게 된다. 브랜드 전략마케팅 분야의 대가인 데이비드 아커 U.C. 버클리 하스 경영대학원 명예교수는 "기업이 지속적으로 이익을 낼 수 있는 유일한 전략은 새로운 카테고리를 만들어 고객의 머릿 속에서 경쟁 브랜드의 이름을 지워버리는 것"이라고 했다.

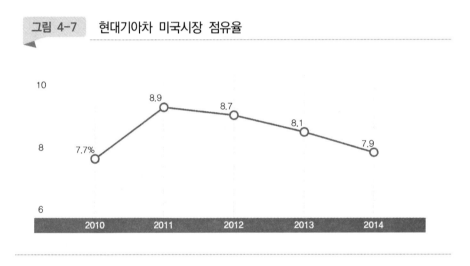

그림 4-7   현대기아차 미국시장 점유율

브랜드 스토리가 텔링되는데 필요한 요소는 세 가지로 말할 수 있다. "감동적 요소, 재미 요소, 그리고 새로운 카테고리를 만들어 고객의 머릿속에서 경쟁 브랜드의 이름을 지워버리는 것"이 바로 그것이다.

1. 본인이 직접 경험했거나 간접적으로 경험했던 제품의 심미적 기능에 관한 사례
를 이야기해 보세요.

2. 제품 체험과 관련하여 제품의 다섯 가지 수준에 맞춰 설명해 보세요.

3 스토리의 소재

1) 조직 내적인 요소

기업의 스토리를 구성하기 위해 필요한 소재 중 내적인 요소는 창업주, 전·현직 CEO, 직원, 제품, 서비스 등과 관련된 것들을 포함한다. 기업의 내부에는 이야기를 만들어낼 수 있는 여러 요인들이 숨어 있다. 그러나 실제 이러한 요소들을 소재로 개발해 흥미 있는 스토리텔링을 하는 작업은 잘 이루어지지 않고 있다. 그 이유는 무엇보다 스토리의 발굴, 개발, 구성, 제작에 이르는 단계를 이해하고 실행할 수 있는 전문 인력이 부족하기 때문일 것이다. 이야기는 누구나 만들 수 있지만 공감대를 형성하고 많은 사람들의 관심과 주의를 끌 수 있는 이야기를 만드는 일은 쉽지 않다.

① 기업주와 관련한 것(창업자, 전·현직 CEO)

마케터는 점점 정당성과 진정성의 원천인 브랜드의 역사와 역사적 조합에 눈을 돌리고 있다. 기업의 설립과 제품의 탄생, 기업주의 성공과 실패에 관한 이야기는 고객이 진실에 다가갈 수 있는 기회를 제공하며 진정성의 가치를 일깨워 준다.

오코너는 심층적인 필드 리서치를 통해 기업주의 내러티브를 다음과 같이 세 가지 유형으로 분류하였다.[167]

* 개인적인 이야기(Personal Stories)

이는 기업주에 의한 기업주의 이야기를 의미하며 기업의 설립과 관련한 이야기를 포함한다. 기업주의 라이프 스토리를 담고 있으며 설립자의 삶과 관련한 특별한 사건이 소재가 된다. 그 밖에 비전에 관한 것이나 기술적 혁신, 어려운 문제에 봉착했을 때 어떻게 돌파구를 찾았는지 등에 초점을 맞추게 된다.

* 일반적인 이야기(Generic Stories)

－마케팅 스토리

경쟁사와 관련한 플롯, 우월성을 보여주는 것

– 전략 스토리

기업의 창립에서부터 성공에 이르기까지 여정에 관한 구체적인 플롯

● **상황적 이야기**(Situational Stories)

설립자가 어떻게 할 수 없는 상황에 관한 스토리라인 구축

– 역사적 이야기

산업 분야에 있어서 오래되거나 최근의 역사적 사건에 관한 것으로 회사 역시 그 산업 분야의 많은 기업 가운데 하나로서 겪어야 하는 이야기

– 관례적 혹은 인습적 이야기

상식적으로 혹은 그 산업 분야에서 많은 사람들이 믿고 있는 것으로 그 산업 분야에서 설립자가 어떻게 하는지, 어떻게 해야 하는지, 어떻게 보이는지 등에 관한 이야기

일반적으로 기업주와 관련한 스토리에서 기업주는 영웅적인 주인공이나 존중할 만한 조력자의 역할을 담당한다. 기네스 맥주 스토리에서 설립자인 아서 기네스는 전설의 주인공으로 등장한다. 세계 150여 개의 나라에서 하루에 1천만 잔 이상 팔리는 기네스는 사랑과 강인함을 상징하는 흑맥주로 널리 알려져 있다. 마케팅의 랜드마크이자 아이콘 광고의 실례로 꼽히는 기네스 맥주의 성공은 우연이 아니라 오랜 기간의 분석과 리서치, 전략적 계획에 의해 탄생된 것이라고 한다.[168] 이 회사의 설립자인 아서 기네스는 아일랜드 킬데어 주 셀브릿지에서 태어나 양조업에 종사하였다. 그는 34살이 되던 해인 1759년 더 큰 도전

을 위해 더블린으로 향했다. 그리고 그 해 12월 31일, 세인트 제임스 게이트의 한 양조공장을 45파운드에 9,000년 동안 임차하기로 한 계약서에 서명했다.[169] '아서즈 데이'로 명명된 매년 9월 넷째 주 목요일 17시 59분이면 전 세계 곳곳에서 설립자인 아서 기네스를 위해 'To Arthur'라 외치며 축배의 잔을 부딪치는 소리가 울려 퍼진다. 1759라는 숫자는 기네스 맥주가 탄생한 해를 의미하는데

이는 곧 일이 끝나고 주말이 시작되는 시간인 17시 59분을 지칭하는 것이기도 하다.[170] 설립자인 아서 기네스와 불타는 금요일의 시작을 알리는 17시 59분을 연결시킨 것은 탁월한 아이디어였고 아서의 이야기는 기네스의 글로벌 전략과 함께 전 세계로 퍼져 나갔다.

② 직원과 관련한 것

직원은 기업의 구성원으로 기업을 위해 일하며 기업이 지향하는 가치를 향해 함께 나아간다. 클라우스 포그 등은 직원의 이야기를 발굴하기 위해서는 기업의 가치를 가장 잘 표현하는 직원을 찾아 경험과 개별적인 성과에 대해 질문하라고 하였다. 이 때 이야기를 채집하면서 전체적인 그림을 그릴 수 있도록 스토리의 원천을 찾는 것이 중요하다.[171]

파트타이머로 시작해 기업의 임원이 된 사례, 병마와 싸우면서도 회사에서 보람을 찾는 직원, 3대가 함께 근무한 생활의 터전, 고객을 감동시킨 직원을 찾아내 알리는 것은 기업의 마케팅 활동에 진정성을 부여해 준다. 기업의 입장에서 CEO를 중심으로 한 영웅 스토리를 구성하는 경우가 많은데 기업주의 영웅 심리를 부추기려는 직원의 과잉충성이나 회사를 자신의 사적인 소유물로 여기는 기업주의 사고에서 비롯되었다면 경계해야 한다. 소영웅에 해당하는 직원들의 경험에서 찾아낸 이야기의 소재는 고객에게 진정한 감동을 주며 직원 스스로 자부심을 갖게 한다.

대전에 소재한 향토기업 성심당은 정기적으로 사내요리경진대회를 연다. 이 대회에서 직원들 가운데 누가 최고의 실력을 갖췄는지를 가리게 되는데 조리 분야에 근무하지 않아도 참가할 수 있다고 한다. 회사는 대회 3개월 전부터 출전자에게 다른 업체 견학과 시식을 위해 필요한 비용을 대주며 대회 준비를 하는 과정에 필요한 연습에 따르는 구입비까지 모두 지원한다. 대상에게는 해외 연수비용이 상으로 주어진다. 성심당은 회사의 모든 수익과 지출을 낱낱이 직원에게 공개하는 등 투명한 경영을 하고 있으며 이러한 조직에서 일하는 직원들의 자발적인 회사에 대한 고마움의 표시는 언론과 SNS에서 직원을 중심으로 한 이야기로 회자되고 있다.[172]

③ 위기와 영웅이야기

위기 상황에서 겪게 되는 총체적인 무력함과 패배감은 피해자들과 위기의 목격자들로 하여금 '영웅'을 갈망하게 만든다. 위기가 발생하였을 때 혹은 위기의 수습과정에서 어떤 인물들의 정의롭고 용감한 행동은 사람들이 슬픔과 고통을 넘어설 수 있도록 도와주기 때문이다. 영웅에 대한 기다림과 갈망은 인간의 보편적인 정서이며 초창기 초월적 존재로부터 현대적 영웅에 이르기까지 영웅은 다양한 모습으로 변모하며 인간의 기대에 부응해왔다.

이야기에 담긴 보편성은 그 이야기를 듣는 사람들로 하여금 공감을 이끌어낸다. 캠벨은 영웅신화가 분리(출발), 입문, 회귀의 핵단위(nuclear unit)로 구성된다고 하였다. 분리는 영웅이 일상적인 삶에서 경이로운 세계로 떠나는 단계이며 입문은 엄청난 세력과 만나 모험을 겪게 되지만 결국 시련을 극복하는 단계이다. 회귀는 초자연적인 모험을 끝내고 일상으로 돌아오는 것으로 행위의 결과에 초연하며 모든 것을 내려놓는 것을 의미한다.

이언 와트는 파우스트, 돈키호테, 돈 후안, 로빈슨 크루소 등 네 인물을 분석하면서 이들은 실존했던 역사적인 인물이 아닌 듯 보이지만 동시에 완전히 허구적인 인물도 아닌, 일종의 중간 영역에 존재하는 신화적 인물이라고 하였다. 그는 이들을 근대 개인주의적 영웅이라고 하였는데, 근대의 영웅은 고전적인 영웅과는 달리 적극적이고 개인주의적인 욕구를 지니고 있으며, 공동체의 집단적 삶과는 무관하게 개인의 성취를 중요시하는 특징을 갖는다. 이언 와트는 신화란 '한 사회의 문화 전반을 통해 유난히 널리 알려져 있고, 역사적 또는 준(準)역사적인 이야기로 믿어지면서 그 사회의 가장 기본적인 가치들을 구현하거나 상징하는 전통적인 이야기'라고 하였다.

융은 영웅이란 태양과 비슷하며 항상 위험 속에 있기 때문에 자연의 치유적인 힘, 존재의 깊은 원천, 많은 형상들의 삶과의 유대를 그리워한다고 하였다. 그는 영웅적인 희생은 오직 삶에 대한 전적인 헌신에서 나타나는 것이며, 희생으로 인해 충만한 힘을 얻게 되고 신들의 힘에 이른다고 하였다. 이 때 희생은 어린 시절에 대한 개인적 유대를 버리는 것 또는 자신과 결별하는 것으로 이를 통해 새로운 상태에 도달하는 것을 의미한다.

이처럼 영웅은 희생적인 행위를 하고 초자연적인 힘을 지니고 있으며, 현대에 와서 공동체적인 속성보다는 개인적인 속성을 지니고 있음을 알 수 있다. 이러한 영웅에 관련된 신화는 영웅에게 거는 염원과 기대를 반영하며, 여기에는 사회의 기본적인 가치가 깔려 있다. 오늘날 우리는 미디어를 통해 위기 상황에서 희생적이고 헌신적이며 적극적인 행동으로 영웅이 된 현대 영웅의 이야기들을 종종 접하게 된다. 현대의 영웅은 위기에 맞서 싸우는 평범한 사람들로 그들의 진가는 위험이나 고난에서 발휘되며 누가 알아주든 말든 묵묵히 자신이 해야 할 일을 한다. 기업의 스토리텔링에서 영웅은 CEO나 창업자보다는 조직을 구성하는 평범한 조직원들이지만 위험이 닥쳤을 때 고객을 구하기 위해 최선을 다하며 자신의 직업을 소명으로 여기는 이들이다.

항공기 사고와 관련하여 셀런버거 기장은 최고의 영웅으로 꼽히고 있다. 2009년 1월 15일 USA에어웨이 소속 1549편이 뉴욕에서 승객 150명을 태우고 이륙하였으나 새떼와 충돌하여 엔진 2개가 모두 고장이 나는 비상사태가 발생하였다. 관제센터에서는 인근 공항에 착륙하라고 했으나 기장은 도심에 불시착할 것을 우려해 여객기를 허드슨 강쪽으로 운항하였고, 수면 위에 착륙하였다. 착륙한 지 3분 만에 구조선과 헬기가 급파되어 탑승객 전원이 구출되었으며, 언론은 셀런버거 기장의 리더십과 상황판단능력에 대한 기사를 연일 내보냈다. 허드슨강의 기적적인 착륙으로 셀런버거 기장은 항공사상 최고의 영웅으로 떠올랐다. 이러한 이야기는 '허드슨강의 기적'이라는 영화를 통해 재조명되기도 하였다.

홍숙영 · 조승호는 2013년 7월 6일(한국시각 오전 3시 27분) 인천을 출발하여 미국 샌프란시스코로 착륙하던 중 활주로와 충돌한 아시아나 항공기 사고와 관련한 위기스토리텔링 연구를 진행하였다. 당시 이 여객기에는 승객 292명과 기장 등 승무원 16명이 탑승하였는데, 이 사고로 승객 3명이 사망하였고, 약 180여 명이 부상을 입었다. 사고 이후 승무원들과 관련한 이야기의 언론 노출과 위기스토리텔링의 구조를 분석한 결과 긍정적인 기사는 전체 기사의 약 10%를 차지하고 있었다. 이는 승무원들의 자기희생적 활동이 사람들의 관심을 끌었기 때문이다. 아시아나는 사고의 책임을 회피하거나 부인하기보다는 임원진이 머리를 숙여 사과하고, 승무원들의 유감과 안타까운 마음을 표현하며, 승무원들의 영웅적이고 자기희생적인 활약상이 보도됨으로써 높은 단계의 책임감을 보여주었다. 승무원들의 이러한 영웅적 활동은 위기대처에 대한 평가와 기업 이미지에 긍정적인 영향을 미치는 것으로 나타났다.[173]

영웅이란 타인의 이익을 위해 자신의 위험을 감수하며, 이타적으로 행동하고 위험에 맞서는 용기를 지닌 사람들이다. 이러한 영웅은 사회의 도덕적 · 감성적 상태와 갈등을 나타내는 척도가 된다. 위기 상황에서 평범한 직원이 영웅이 되는 스토리는 사람들에게 진정성 있게 다가간다.

④ 로고 스토리

로고는 기업을 상징하고 대표하기 위해 사용된다. 그러나 로고는 단순히 하나의 기호로서만 존재하는 것이 아니라 기업의 이미지를 담은 풍성한 이야기를 담고 있기도 하다. 스타벅스의 로고에 등장하는 세이런은 그리스 신화에 등장하는 요정이다. 아름다운 노랫소리로 선원들을 유혹했던 세이런처럼 고객들을 유혹하겠다는 의미를 담고 있다. 애플의 로고는 누군가 한 입 베어 먹은(bite) 사과 모양을 하고 있다. 사과가 떨어지는 것을 보고 만유인력의 법칙을 발견한 뉴튼을 기리는 사과에 빨간 색을 입혀 강렬하고 혁신적인 이미지를 입혔다. 스포츠 브랜드인 나이키의 상표 이름은 신화의 주인공 니케에서 따 온 것으로 니케는 승리의 여신을 상징한다. 브랜드를 대변하는 로고인 스우시(Swoosh, 나이키 제품 로고의 이름)는 당시 디자인을 전공하던 학생이 35달러를 받고 만들었다. 나이키의 로고에 대해서는 여러 가지 이야기가 있는데 당시 로고를 디자인했던 디자이너가 승리의 여신 니케의 날개를 본 딴 것이라는 것과 선수들이 가속도를 얻는 지점인 육상 트랙의 코너에서 아이디어를 얻었다는 두 가지 설이 유력하다고 한다.

Pham을 비롯한 연구진은 기업의 로고가 기업 이미지를 커뮤니케이션하는 도구이며 이것이 기업에 대한 고객의 인식과 충성도를 높여준다고 보았다. 연구진은 고객들이 로고를 통해 다양한 이야기를 끄집어내며 이것이 기업 이미지에 대한 감정에 영향을 준다는 것을 연구를 통해 증명하였다.[174] Pham 등은 미국대학에 다니는 외국인 학생들을 대상으로 Wells Fargo 은행의 로고와 관련한 인터뷰를 진행하였다. 외국인 학생들은 황금시대의 미국 서부를 상징하는 Wells Fargo 은행의 로고에 깊이 감명을 받았으며 은행이 안정성을 보장해 줄 것으로 생각하는 것으로 나타났다. 로고에 등장하는 총을 든 남자가 역마차에 실린 재물을 보호해 주듯이 자신들의 자산을 지켜줄 것이라는 믿음에 기인한 것이었다.

스타벅스와 애플, 나이키 등의 로고에서 살펴보았듯 기업의 로고 하나에도 무수히 많은 이야기가 숨어 있으며 고객들은 로고에서 다양한 이야기를 읽어낸다. 기업의 로고는 상징이 되는 과정에 있어서도 이야기를 품고 있지만 로고 그 자체가 이야기의 원천이 되고 고객과의 연결 고리를 형성하는 요소가 되기도 한다.

2) 조직 외적인 요소

조직 외적인 요소는 고객, 시민, 정부, 관련기관, 경쟁사, 협력사, 모델, 입소문 등과 연루되어 발굴할 수 있는 소재를 말한다.

① 고　객

요즘 사람들은 짧고 간단한 것을 좋아하는 경향이 있다. 디자인이나 음식, 주고받는 문자에 이르기까지 복잡하거나 중언부언하는 것보다는 한 가지라도, 한 마디라도 짧으면서 영향력 있는 내용을 담은 것을 선호한다. 이러한 경향을 반영하는 표현 가운데 하나가 바로 '스낵 컬쳐(Snack Culture)'이다. 스낵종류를 먹어 치우듯 짧은 시간 안에 소비할 수 있는 문화콘텐츠가 각광받고 있는 현실을 반영한 신조어이다. 버스나 지하철 안에서 혹은 누군가를 기다리는 카페에서 사람들은 스마트폰을 이용해 정보를 검색하고 즐거움을 주는 짤막한 콘텐츠를 즐겨 찾는다. 최근 들어 3분~20분 정도 분량으로 제작한 웹드라마 역시 인기를 끌고 있다. '뱀파이어의 꽃'이라고 하는 웹드라마는 발표한 지 나흘 만에 백만 이상의 조회 수를 기록하기도 하였다. 아예 동영상의 상영 시간을 10초 이내로 제한하거나 '움짤'이라고 하여 몇 장의 사진을 모아 움직이게 만들거나 짧은 동영상 등을 감상하는 앱이나 사이트도 인기를 끌고 있다.

이러한 현상의 중심에 '스토리(Story)'가 자리잡고 있다. 잠깐이지만 감동을 주고, 감성을 건드리는 콘텐츠의 여운은 생각보다 길다. 이러한 이야기는 사람들을 영화관이나 공연장으로 달려가게 하고, 어딘가에 기부를 하게 하며, 무언가를 사게 만든다. 이런 이들을 일컬어 '스토리슈머'라고 한다. 스토리(Story)와 소비자(Consumer)가 합쳐져 '이야기를 찾는 소비자'를 뜻하는 스토리슈머는 이야기가 담긴 상품을 좋아할 뿐 아니라 스스로 이야기를 만드는 것도 좋아한다.

제품이나 서비스를 소비하는 주체인 고객은 자신의 소비행위를 자신이 주인공으로 등장하는 이야기로 이해하는 경향이 있다. Thompson과 Arnould는 고객이 서비스를 어떻게 인식하는지 알아보기 위해 서비스에 대한 내러티브를 분석하였는데 그 결과 고객은 자신을 주인공으로 설정해 이야기를 진행하고 있었다. 에어로빅 슈즈를 사러 간 '폴'이라는 고객의 서비스 경험을 살펴 본 이 연구에서 '폴'은 종업원의 불친절을 경험한 이야기를 펼쳐 놓는다. 먼저 배경에 관한 정보가 제시되고 상황이 설정되며 이어 갈등이 등장한 다음 주인공인 고객이 승리를 거두는 해피엔딩으로 결말을 짓고 있었다. 이 때 이항대립의 구조를 중심으로 스토리가 전개되는데 이는 과거/현재, 인간/물건, 실제 상품/광고의 약속이라는 대립쌍이 나타났다. 여기서 고객이 물건을 산다는 것은 일상적인 것이 아니라 특별한 경험이며 이는 곧 성공과 행복, 만족에 관한 이야기로 인식되고 있었다.

연구에서 주인공인 폴은 고객을 제대로 돌보지 않은 적대적인 판매원에 대해 영웅적인 행동을 하게 되며 모든 어려움을 극복하고 마침내 자신의 목적에 부합하는 소비를 하게 된다는 결말을 맺는다. 서로를 이해하고 서비스와 만나는 순간을 고객은 성공에 관한 상징으로 프레임하며, 고객에게 있어 소비는 대가를 지불하고 얻는 교환이라기보다 '개인적 성취'로 인식하고 있다는 것을 알 수 있다. 고객은 자신의 소비에 관한 경험담을 내러티브 방식으로 풀어내고 있는 것이다.[175] 따라서 기업과 종사자는 고객을 한 번 왔다 떠나는 나그네로 인식해서는 곤란하며 주인으로 대하는 자세가 필요하다. 상점의 경우 매니저나 판매원에게 있어 물건이나 서비스를 제공하는 것은 일상적인 일이지만 고객에게는 특별한 경험이자 하나의 사건이다. 고객이 주인공이 되어 문제를 해결하고 조직원들이 기꺼이 조력자가 되려고 할 때 고객의 만족도는 높아질 것이다. 만족을 경험한 고객은 자신의 사례를 공유하며 소셜 미디어에 의해 바이럴마케팅이 쉽게 이루어지는 이 시대에 이는 기업의 긍정적 이미지를 확산시키는 원천이 된다.

● **지포라이터**

지포라이터의 이야기는 고객에 의한 브랜드 가치의 확산이 얼마나 대단한 위력을 지녔는지 일깨워 준다. 총알이 날아다니고 포탄이 쏟아지던 1960년대 베트남 전쟁 당시 한 병사가 총을 맞고 쓰러졌다. 이제 끝났구나 생각했는데 그의 의식은 멀쩡했고 어디에도 통증은 없었다. 그가 지니고 있던 지포라이터에 총알이 박힌 덕분에 살게 된 것이었다. 이 병사의 이야기가 한 신문에 실리게 되었고 이후 지포라이터는 전쟁터에서 생명을 지켜주는 부적처럼 여겨져 사지로 나가는 병사에게 최고의 선물이 되었다.

● **빼빼로 데이**

11월 11일은 빼빼로 데이로 불린다. 상업적인 발상이라며 거부해야 한다는 목소리도 있지만 기업의 상술에 의해 만들어진 것이 아니라 소비자에 의해 자연적으로 탄생했기 때문에 사람들은 이 날의 순수한 면을 더 높이 사는 것 같다. 경남의 한 여학교에서 날씬해지자는 의미에서 서로의 우정을 확인하고 전하는 선물로 작대기가 네 개인 11월 11일, 빼빼로라는 과자를 주는 행사가 벌어졌다. 학생들이 해 오던 이러한 우정 어린 이벤트가 지역의 한 신문에 소개되었고, 이것이 전국적으로 알려지면서 빼빼로 데이는 누구나 참여하는 행사가 되었다. 해를 거듭하면서 기업의 영업활동이 적극적으로 전개되어 본래의 의미가 퇴색되기도 하였지만, 사춘기 소녀들의 사랑과 우정의 메시지를 담은 선물에서 시작되었고, 고객들이 정한 기념일이기에 고객들로부터 외면 받지 않고 이어지는 것이다.

3) 입소문

최근 마케팅 관련 업계나 학계 모두에서 가장 효과적인 마케팅 전략을 묻
는다면 입소문이라고 할 것이다. Word-of-Mouth(입소문)은 소비자들 스스로
제품의 경험을 공유하는 것을 말한다. 당연히 과거에도 이러한 마케팅 커뮤니케
이션의 방법인 입소문은 존재했었다. 그런데 최근 들어 입소문이 마케팅 커뮤니
케이션 전략으로 각광을 받게 된 이유는 무엇보다 Social Network Service 덕
분이다. 전통적인 매체에서 소비자는 메시지 이용자 혹은 송신자라기보다는 수
용자 혹은 수신자로 간주되었다. 또한 대량생산된 제품이나 콘텐츠를 구매하는
소비자를 Mass라는 개념으로 해석하기도 하였는데, 여기에는 소비자들이 서로 연
결되지 않고 고립되어 있다는 의미가 포함되어 있다. 따라서 소비자는 Mass
Media를 통해 전해지는 메시지를 외부의 영향 없이 제공받기 때문에 이 경우 메시
지의 영향력은 크다고 볼 수 있다. 기업들이 과거 전통적인 매체에 많은 비용을
지불하고 마케팅 커뮤니케이션을 수행했던 이유도 바로 이 점에 주목했기 때문
이다. 아래 그림은 전통적 매체를 통해 제품정보가 소비자에게 전달되는 것을 묘
사한 것이다. 여기서 주목해야 할 점은 소비자들 간에 연결이 되어있지 않다는 것
이다.

그림 4-8	전통적 매체의 제품 정보전달

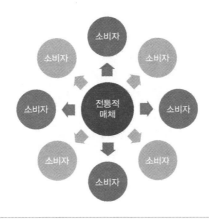

물론 지금도 많은 기업들은 전통적인 매체에 의존해 제품광고를 하고 있다. 그러나 이를 통한 광고의 효과는 과거에 비해 상대적으로 약화되고 있다. 그 이유는 소비자들이 다양한 채널을 통해 제품에 관한 정보를 수집하기 때문이다. 뿐만 아니라 소비자들은 이제 수집한 정보에 대한 신뢰성도 상당히 중요하게 여기고 있다. 따라서 소비자들은 기업에 의해서 제작된 제품광고 혹은 제품 홍보에 대한 신뢰보다는 직접 제품을 경험한 소비자의 체험 혹은 정보에 더욱 신뢰를 보낸다. 예전에는 다른 소비자의 경험이나 정보를 획득하는 데 어려움이 있었으나 SNS 덕분에 소비자들은 쉽게 다른 소비자들의 제품 체험담을 공유하고 이를 다른 소비자들에게 전달하기도 한다. 특히 SNS로 전파되는 바이럴 마케팅은 때로는 그 효과가 상상을 초월할 정도로 놀랍기도 하다.

몇 년 전 가수 싸이의 '강남스타일'이라는 노래가 유튜브를 통해 세계적인 인기를 끈 적이 있다. 2012년 7월 15일 유튜브에 올린 이후 51일 만에 조회수 1억 건을 넘기며 연일 기록을 갱신했다. 지금까지 25억 건이 넘는 기록을 올리고 있는데 이는 과거의 음반사업 시스템으로는 상상할 수도 없는 현상이다. 만약 싸이의 음악이 전통적인 매체를 이용해 소비자들에게 전달되었다면 비용도 비용이겠지만 그렇게 많은 사람들에게 빠른 시간에 전파되기는 어려웠을 것이

다. 오늘날 소비자들은 소셜 네트워크 상에서 그물처럼 연결되어 있고 이러한
그물을 통해 서로 정보를 공유하고 있다.

그림 4-9 SNS를 통한 정보전달

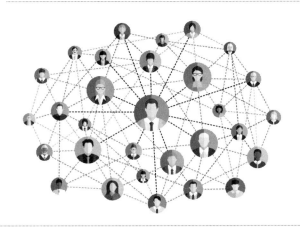

그렇다면 이제 중요한 문제는 소비자들이 어떠한 정보를 공유하는가이다.
소비자들은 체험하는 모든 정보를 지인이나 타인과 공유하지는 않는다. 더불어
자신이 타인에게 정보를 제공하였다 하더라도 그 정보가 제 3자에게 공유되지
않을 가능성도 높다. 소비자가 SNS를 통해서 어떠한 메시지를 공유하는가라는
질문에 대한 해답의 힌트는 스토리텔링에 있다.

Holt는 스토리텔링이 소비자의 심리의 심연을 이해하는 데 핵심적 요소라
고 말한다.[176] 그는 이에 대한 근거를 다섯 가지로 제시한다.

첫째, 우리의 사고는 논쟁적이거나 패러다임 형태를 갖기보다는 내러티브
방식을 취한다. SNS에서 우리의 일상을 제공하는 방식은 대부분이 이야기 구조
를 갖고 있다. 페이스북, 블로그, 트위터를 보더라도 대부분이 이야기 구조로 우
리의 삶이 표현된다는 점을 쉽게 인식할 수 있을 것이다. 둘째, 우리의 기억에
저장되고 재생되는 정보의 방식은 삽화적 스토리 특성을 갖는다. 셋째, 스토리
를 관찰하고 재생하며 이야기를 전하는 것은 개인적 측면에서 전형적인 신화이

다. 넷째, 구체적인 브랜드나 제품 경험은 소비자에게 특별한 즐거움을 성취하게 하는데 소비자는 이를 정신적·육체적 활동을 통한 스토리 형태로 경험한다. 다섯 번째, 개인은 타인에게 이야기를 전달함으로써 자신이 경험한 사건 혹은 결과에 의미를 부여하려는 욕구를 갖는다. 이러한 다섯 가지의 특성은 소비자의 스토리텔링 심리를 이해하는 데 도움이 될 것이다. 제품이나 브랜드에 대한 경험과 입소문 혹은 SNS를 통한 바이럴마케팅은 스토리텔링하고자 하는 소비자의 심리적 욕구에서 발현되며 네트워크 환경에서 더욱 확대되고 있다고 볼 수 있다.

바이럴마케팅이나 입소문의 효과는 기본적으로 소비자들이 제품을 구매할 때 얻게 되는 정보의 신뢰성과 연관된다. 소비자들이 가장 신뢰하는 채널이 바로 소비에 의한 추천이기 때문이다. 최근 바이럴마케팅의 붐이 불면서 다양한 성공사례가 생겨나고 있다. 소비자들의 감성을 자극하고 스토리텔링하는 마케팅이 인기를 끌고 있는데 특히 젊은 층을 겨냥한 저가 항공사들의 바이럴마케팅 스토리텔링은 재미있는 내용들이 담겨 있다.

제주항공은 온라인 바이럴마케팅을 지원하는 대학생 홍보서포터즈 '조이버(Joyber)'를 운영하면서 젊은 층을 제주항공의 이야기 속으로 유입하고 있다. 조이버는 제주항공의 이야기를 전파하며 비행기 티켓도 선물로 받게 된다. 제주항공과 관계를 맺고 소속감과 자부심을 느끼며 활동하는 서포터즈는 바이럴마케팅이 시작되는 중요한 지점에 있다고 볼 수 있다. 제주항공이 벌인 '이민호 SNS 무비캠페인'의 경우 약 1개월간 시행된 프로모션에 무려 110만 5000여 명이 참가했다고 한다. 한국 인터랙티브 무비 사상 최단 기간·최다 참여자 기록을 세은 이 캠페인은 '대한민국 온라인 광고대상' 최우수상을 수상하기도 했다.[177] 인기 배우 송중기가 파일럿이 되어 함께 여행을 하는 듯한 경험을 하게 되는 제주항공 가상여행 2편 역시 한달 만에 누적 조회수 11만 건을 넘어서면서 바이럴마케팅 효과를 보았다.

한 사람의 즐거운 체험은 누군가에게 들려주고 싶은 이야기가 된다. 입소문 마케팅에 있어 중요한 것이 바로 고객의 경험에 의한 고객의 이야기이다. 그러나 현재 이루어지고 있는 바이럴마케팅의 상당 부분은 페이크 경험에 의한 것이다. 실제 고객의 경험이 아니라 사진작가나 영상 전문가에 의해 제작된 이

미지와 상상을 통해 그려낸 그럴싸한 이야기의 포스팅이 인터넷 공간에 떠돌아다니기도 한다. 이러한 거짓 콘텐츠는 일시적인 성공을 거둘 수는 있으나 지속적인 공감을 이루어내기는 어렵다. 그렇다면 기업은 어떻게 진정성을 창조하고 유지하는 것일까? 그 해답은 거칠고 투박해도 고객이 직접 경험하고 고백하는 진정성이 담긴 이야기에 있다. 완벽한 제품이나 서비스가 없다는 것을 기업이 인정하고 고객의 만족과 불만이 담긴 솔직한 이야기의 가치를 인정해야 한다. 지어낸 이야기를 짜임새 있게 작성하는 전문가에게 스토리텔링을 위임하는 것보다 빈틈을 지적하는 고객에게 그 자리를 내어주는 것이 보다 현명한 선택이 될 것이다.

1. 오코너가 말한 기업주 내러티브의 3가지 유형을 설명하고 각각의 사례를 제시해 보세요.

2. 조직 외적인 요소를 소재로 한 브랜드 스토리텔링의 사례를 찾아 보세요.

Storytelling Marketing

Chapter
05

마케팅을 위한 스토리텔링 구성

마케팅을 위한 스토리텔링 구성

1 브랜드 스토리 구성 전략

1) OSOM(One Story, One Message)

하나의 스토리에 하나의 메시지를 담아야 한다. 기업과 관련한 스토리를 구성할 때 기업의 입장에서는 기업의 가치, 제품의 성능과 디자인, 기업이나 제품의 유래, 서비스 정신, 이벤트 등 다양한 내용을 모두 담고 싶기 마련이다. 그러나 메시지를 전달받는 일반인이나 고객의 입장에서는 이런 것이 복잡하게 느껴져 귀담아 듣지 않게 되고 핵심이 무엇인지 파악하거나 기억하기 어려워질 수 있다. 따라서 하나의 스토리에는 하나의 메시지만 담겨야 한다.[178]

브랜드가 전달하는 메시지는 계획된 메시지, 계획되지 않은 메시지, 상품 메시지, 서비스 메시지 등으로 구분된다.[179] 계획된 메시지는 광고나 판촉활동, 영업, PR, 이벤트, 스폰서십 등을 포함하는 것으로 사전에 계획되며 정통적인 마케팅커뮤니케이션 영역에 속한다. 반면 비계획된 메시지는 상품이나 회사와 관련된 소문이라든지 직원들 사이에 퍼진 루머 등 비공식 조직에 의해 발생되는 예기치 못했던 메시지를 포함하며 업계나 경쟁사의 평가, 정부나 산하기관의

통계자료 등도 이 영역에 속한다. 상품 메시지는 고객이나 이해 집단이 상품 그 자체의 기능과 디자인, 가격, 판매처 등에 대해 받아들이는 메시지를 말한다. 서비스 메시지는 고객이 서비스 담당자나 배송업체 직원 등 서비스를 받게 되는 접점에서 발생하는 메시지를 말한다. 이러한 여러 가지 메시지의 유형 가운데 어떤 것을 선택할지는 중요한 문제이므로 전략적으로 가장 핵심적인 사안을 뽑아야 한다. 애플의 슬로건은 'Think different'로 이것은 상품의 영역에 해당한다. 애플의 스토리는 차별적인 제품에 있다. 애플의 직원들은 남과 다르게 생각하며, 이 제품을 쓰는 고객들은 타회사 제품을 사용하는 고객과는 다르다는 믿음을 갖고 있다. 애플이 전달하려는 메시지는 창업주나 서비스에 관한 것이 아니기에 회사를 설립한 스티브 잡스마저도 그가 애플의 정신에서 벗어난 순간 회사는 그를 내쫓기까지 했다. 창의적인 제품을 중심으로 브랜드 스토리를 만들며 메시지를 전달하는 애플 스토리의 일관성을 볼 수 있다.

2) 사건과 클라이맥스

사건은 클라이맥스를 알아야 한다. 이야기는 드라마틱할수록 흥미진진해지는 법이다. 물론 당하는 사람의 입장에서는 괴로운 일이지만, 그럴수록 사건이 해결되었을 때의 성취감은 커지고 주인공의 능력도 돋보이게 된다. '타이레놀'이라는 브랜드가 신뢰의 대명사로 여겨지는 것은 극적인 순간에 특단의 조치를 취했기 때문이다. 1982년 당시 제약회사인 존슨앤드존슨은 타이레놀을 필두로 미국에서 37%라는 높은 시장 점유율을 차지하고 있었다. 그런데 그 해 청산가리가 든 타이레놀을 복용한 고객 7명이 사망하는 사건이 일어났고 모방 범죄까지 발생했다. 걷잡을 수 없는 상황에서 회사가 내린 결정은 전량 리콜이었다. 존슨앤드존슨이 리콜한 물량은 무려 3100만 병으로 2억 4000만 달러에 이르렀다. 회사가 휘청거릴 규모라며 과한 조치라는 주장도 일었지만 당시 최고경영자였던 제임스 버크는 소비자의 안전이 최우선이라며 실행에 옮겼다. 타이레놀의 불행한 사태에 대해 소비자의 불안과 불신이 극에 달했을 때 용기 있는 결단은 기업의 새로운 신화를 쓰게 하였다. 이후 타이레놀은 독극물을 첨가할 수 없는 용기에 알약형태의 제품을 선보였다. 반면 토요타의 경우 가속페달에 결함이 있다는 고객의 주장이 잇따랐지만 은닉하기에 급급했고 주인공이 되어 문제를 해결하지 못했다. 결국 뒤늦게 리콜을 결정했지만 토요타의 명성은 추락하게 되었다. 위기상황에서 신뢰와 용기로 고객에게 다가갈 경우 정점을 찍고 이야기를 매듭지을 수 있지만 그렇지 못하면 이야기는 영원히 끝나지 않는다.

3) 카타르시스

사람들이 드라마가 허구라는 사실을 알면서도 빠져드는 이유는 그것이 안겨주는 만족감 때문이다. 그다지 예쁘지 않은, 자녀를 셋이나 두고, 계약직으로 일하는 가난한 싱글맘이 잘생긴 재벌2세 총각의 사랑을 받는다는 비현실적인 스토리는 드라마에서 얼마든지 찾아볼 수 있지만 현실에서 찾아볼 확률은 1%도 되지 않을 것이다. 사람들은 드라마를 보며 주인공에게 연민을 느끼고 주인공을 핍박하는 적대자에게 분노하며 주인공의 성공에 기뻐한다. 이런 과정에서 대리만족을 느끼고 해피엔딩에서 카타르시스를 경험하게 된다. 기업의 스토리텔링도 마찬가지다. 순탄하고 승승장구하는 것보다는 문제가 생겨 허우적거리다가 극적으로 문제를 해결해 속이 뻥 뚫리는 것 같은 청량감을 안겨주는 장치가 필요하다.

카타르시스란 그리스어로 정화 혹은 배설의 의미를 지닌다. 아리스토텔레스는 비극이 공포와 연민을 불러 일으켜 감정의 카타르시스를 가져 온다고 하였다. 인간이 극도의 비극에 몰입하여 감정적 일체감에 도달하면 인간 내면에 쌓여 있던 분노나 슬픔이 동시에 요동쳐 한꺼번에 쓸려 나가는 것처럼 느끼게 된다. 사업에 실패해 빚까지 떠안고 바닥으로 내려갔을 때, 절망과 무력감에 빠져 있을 때, 모든 사람이 비난하고 떠나갈 때, 이를 바라보는 사람들은 연민을 느끼게 된다. 함께 울어주고 걱정하며 연민을 느끼는 순간 카타르시스를 경험할 수 있다.

간혹 진실을 전달한다는 사명감으로 청중의 기대를 저버리거나 실망감을 안겨주는 사례를 보게 되는데 실패한 스토리텔링의 대부분은 지나치게 팩트를 찾으려고 애쓰거나 과도한 실험정신에서 기인한 것들이다. 브랜드 스토리텔링은 독립영화나 실험영화가 아니다.

푸르덴셜의 '10억' 광고는 역대 최악의 광고 가운데 하나로 꼽힌다. 일반적으로 광고에서 금기시하는 '죽음'을 키워드로 하면서 실험정신을 발휘했다는 것도 논란이 됐다. 그러나 실제 고객의 사례를 다루면서 사실의 전달에 충실한 나머지 광고 속 주인공에게 연민을 느낄 수 있는 여지를 남겨두지 못했다는 점이 더 문제였다. 광고는 멋진 차와 고급스러운 전원주택에서 아이와 살고 있는 한 여성의 '10억을 받았습니다.'라는 내레이션으로 시작한다. 남편이 사망한 후 보험설계사의 도움으로 10억의 보험금을 탄 아내가 행복하게 사는 모습은 많은 사람들로부터 비난을 받았다. 이 광고는 실제 한 의사가 1회 보험료만 내고 사망해 유족들에게 보험금으로 10억 원을 지급한 사례를 모델로 했다고 한다. 가장이 세상을 떠나고 아이와 남겨졌을 때의 슬픔과 막막함을 표현하지 못한 이야기였기에 사람들은 아무런 연민도 느끼지 못했다. 고객의 스토리를 소재로 한다고 해서 항상 많은 고객들로부터 공감을 얻는 것은 아니다. 고개를 끄덕이고 눈물을 흘리다가 웃어줄 수 있는 이야기는 보편적 정서에 부합하는 소재여야 한다. 고객은 이런 이야기를 들으면서 자신의 상황과 비추어보게 되고 몰입함으로써 카타르시스를 경험하게 되는 것이다.

4) 개성이 강한 등장인물

슈퍼맨의 주인공 클라크의 직업은 기자이지만 초능력을 지닌 신비한 인물이다. 조선시대 수십 명의 왕 중에서 드라마와 영화에 빈번하게 등장하는 인물은 태조, 태종, 세조, 세종, 광해군, 숙종, 영조, 사도세자, 정조, 고종 등이다. 광기가 서리거나 우유부단하거나 여색을 밝히거나 암살의 위협에 놓인 군주에 관한 이야기는 수백 년이 지난 오늘날까지도 흥미로운 이야기의 소재가 된다. 그러나 크게 잘한 일도, 크게 못한 일도 없는 왕에 관한 이야기는 그다지 후손들의 관심을 끌지 못하는 법이다. 브랜드 스토리도 마찬가지다. 회복하기 어려운 실패를 경험했던 창업주나 자칫 묻힐 뻔 했던 제품 탄생의 비하인드 스토리는 사람들의 호기심을 자극한다.

버진애틀랜틱, 버진블루, 버진레코드, 버진모바일, 버진콜라 등을 거느린 버진그룹의 창업자인 리처드 브랜슨은 자신이 만든 회사보다 본인이 더 알려져 있다. 그는 여승무원으로 분장해 직접 고객에게 서비스를 제공하거나 비행기와 함께 영화에 카메오로 출연하기도 한다. 뿐만 아니라 '버진애틀랜틱 챌린저 2호'라는 요트를 타고 대서양을 횡단하고, '버진애틀랜틱 플라이어'라는 이름의 대형 열기구를 타고 태평양도 건넜다. 음료회사인 버진콜라를 설립했을 때는 탱크를 몰고 맨해튼 타임스퀘어의 대형 코카콜라 광고판에 가짜 대포를 쏘는 퍼포먼스를 연출했다. 이처럼 리처드 브랜슨의 기이하고 도전적인 행동은 언제나 언론을 몰고 다니지만 이는 단순히 기이함에 그치는 것이 아니라 '버진'이라는 브랜드 이름과 회사의 독특한 면을 각인시키기 위한 행동이다.

어렸을 때부터 난독증으로 고생했던 그는 결국 고등학교를 중퇴하고 16세 때 '스튜던트'라는 잡지를 창간한다. 21세인 1971년, 브랜슨은 그 때까지 모은 돈으로 런던의 옥스퍼드 거리에 음반 판매회사인 버진레코드를 차린다. 한 직원이 사장이나 직원이나 모두 초보자이므로 버진이라는 이름을 쓰면 어떻겠냐는 제안에 따라 회사 이름을 버진이라고 붙인 것이다. 음악성은 있으나 음반을 낼 형편이 안 되는 실험적인 음악가들을 중심으로 발매한 앨범이 히트를 치면서 버진레코드는 대대적인 성공을 거둔다. 브랜슨은 버진레코드를 주식시장에 상장했고 1992년 10억 달러(약 1조 1500억 원)를 받고 대형 음반사 EMI에 넘기게 된다. 이후 그는 저비용 항공사의 시초라고 할 수 있는 버진애틀랜틱을 세워 본격적으로 저가항공사업에 뛰어들었다. 가격은 저렴하지만 서비스가 좋고 유머 감각이 넘치는 버진애틀랜틱은 승승장구하면서 세계적인 항공사로 성장했고 자신감을 얻은 브랜슨은 자신의 꿈이었던 우주여행을 실현하기 위해 우주산업에도 뛰어들었다.[180]

이처럼 개성이 강한 CEO의 캐릭터는 대내외적으로 중요한 자산이 된다.

내부적으로 직원들은 자유롭고 창의적인 분위기 속에서 아이디어를 내며 자신과 기업의 가치를 깨닫게 된다. 대외적으로는 괴짜 CEO의 경영방침에 따라 창의적으로 운영되는 기업의 이미지를 심을 수 있으며, 특별한 서비스와 독특한 재미를 선사하는 브랜드로 각인시킬 수 있다.

세계적인 브랜드 평가 전문기업인 영국 '브랜드 파이낸스(Brand Finance)'의 창업자인 데이비드 헤이(David Haigh, 58)는 가치 있는 글로벌 브랜드는 단순히 좋은 제품뿐만 아니라 개성 있고 강력한 CEO에 의해 키워졌다며 CEO의 역할을 강조한다. 대중 앞에 자신의 독특한 개성을 발산하여 사랑을 얻을 수 있어야 한다는 것이다.[181]

특히 요즘처럼 CEO의 말 한 마디, 의상, 행동 하나하나까지 SNS를 통해 확산되는 시대에 CEO의 개성과 브랜드를 연결시켜 기업의 가치로 발전시킨다면 이는 경제적으로도 큰 이익이 된다. 이제 기업들은 기업의 최고 경영자인 CEO에 초점을 맞추는 PI(President-Identity)를 중심으로 활발하게 마케팅 전략을 세우고 실행한다. 기업을 알리기 위해서는 CEO 스스로가 대외적으로 중요한 홍보 창구로 커뮤니케이터 역할을 수행해야 하며 자신이 지닌 개성을 충분히 발휘해 기업의 개성 창출에 기여해야 한다. CEO가 획득한 명성은 곧 브랜드의 지명도에 영향을 주며 매체의 주목을 받는 과정에서 소비자들에게 기업의 이미지를 각인시키고 기업의 고유한 문화와 가치를 알릴 수 있게 된다.

5) 고객과의 연결고리

브랜드와 관련된 이야기는 사람들이 브랜드에 흥미를 갖도록 유도하며 브랜드가 들려주는 이야기의 매력에 빠진 고객들은 자발적으로 브랜드의 홍보 대사가 된다. 이 때 주의할 것은 브랜드의 스토리와 고객 간에 반드시 연결고리가 있어야 한다는 점이다. 아무리 흥미가 있더라도 고객을 고려하지 않거나 브랜드 혼자 떠든다면 고객은 잠시 귀를 빌려 주었다 하더라도 곧 다시 떠나버리게 된다. 그러려면 무엇보다 고객의 입장에서 이야기가 진정성 있는 것으로 인식되도록 해야 한다. 브랜드스토리가 고객을 조종하는 마케팅의 일환으로 치부되지 않도록 각별히 주의를 기울여야 한다. 사용자 그룹이 기업의 행사에 초청을 받거나 기업의 임직원과 고객이 함께 봉사활동을 하는 것도 고객이 이야기의 주요 등장인물이 되게 하는 좋은 방법이다.

화장품 브랜드인 이니스프리는 기존 봉사활동의 영역을 넓혀 고객까지 포함한 '그린원정대'를 운영하고 있다. 제주도의 환경을 개선하기 위해 '클린 제주 캠페인'을 벌이면서 이니스프리 직원과 대학생으로 구성

된 70여 명이 그린원정대를 꾸린 것이다. 이들은 최근 제주특별자치도 서귀포시 남송이 오름 탐방로에 설치된 고무매트를 친환경 야자매트로 교체하는 작업을 벌였다.[182] 이 이야기에서 고객과 직원은 무거운 짐을 들고 힘들게 산을 오르며 땀을 흘리는 공동주인공으로 등장한다. 자연주의라는 브랜드의 콘셉트와 자연을 보호하기 위한 활동에 고객과 직원이 참여해 만들어가는 이야기는 우리에게 진정성을 전해 준다.

775만여 명의 관객을 동원했던 영화 '히말라야'의 실제 주인공이기도 했던 산악인 엄홍길씨는 아웃도어 브랜드인 밀레의 고문을 맡고 있다. 밀레는 2012년 5월 계룡산 등정을 시작으로 엄홍길 대장과 함께 '한국 명산 16좌 원정대'를 운영해 오고 있다. 우리 산하의 아름다움을 체험하기 위해 엄 대장의 인솔 하에 매달 산에 오르는 이 원정대는 지난해 시즌 3을 마쳤는데 지금까지 수만 명의 고객이 참여했다. 엄홍길 대장은 8천미터의 히말라야를 비롯해 8천 500미터가 넘는 로체와 캉첸중가 위성봉에 오른 세계 최초의 산악인으로 22년간 38번을 도전했다고 한다. 밀레는 아웃도어 제품을 구매하는 고객과의 연결고리를 만들기 위해 산악인 엄홍길 대장과의 등반을 기획했고 일회성에 그치는 것이 아니라 지속적으로 대한민국의 명산을 다니며 이야기를 만들어 나갔다. 수많은 난관을 헤쳐 온 도전의 아이콘인 엄 대장과 산을 오르며 사진을 찍고 이야기를 나누는 고객들은 밀레의 브랜드 스토리에 중요한 부분을 차지하게 된다.

브랜드 스토리를 설계하기 위해서는 우선 시간적·공간적 배경과 플롯, 인

물, 고객과의 연결고리에 대해 생각해야 한다. 브랜드 스토리텔링이 다른 스토리텔링과 차별되는 가장 중요한 부분이 바로 고객을 고려한 것이다. 문학 장르에서는 관객을 고려하기도 하고 그렇지 않을 수도 있지만, 브랜드 스토리텔링에서 고객을 제외하고 이야기를 구성할 경우 고객에게 외면 받는 이야기가 될 수도 있다. 이는 브랜드 스토리텔링의 목적에 어긋나는 것이다. 고객이 브랜드에 대해 좋은 이미지를 지니도록 고객을 향해 이야기하고 이것이 구매와 연결되고 나아가 다른 고객들에게 확산되도록 하는 것이 브랜드 스토리텔링의 목적이기 때문이다.

6) 자연스러움

스토리에서 전달하려는 메시지는 자연스럽게 보여야 한다. 메시지는 기업이 추구하는 가치를 담고 있어야 하는데 직접적이고 거칠게 표현하는 것이 아니라 물이 흐르듯 자연스럽게 느낄 수 있도록 해야 한다. 이 때 기업의 비전과 미션을 마케팅하는 것은 사회적 책임 의식에 기반을 두기 때문에 단발적인 마케팅에 비해 훨씬 깊이가 있고 오래 지속될 수 있다. 미션마케팅은 집약성, 확산성, 장기성, 적절성을 지녀야 하며 커뮤니케이션 할 수 있어야 한다.[183] 집약성은 이것저것 산발적으로 진행하지 말고 한 군데에서 한 가지에 집중해 실행해야 한다는 것을 의미하며 확산성은 회사의 모든 활동에서 일관성 있게 드러나야 한다는 것을 강조한다. 장기성은 기업의 핵심가치의 연장선상에서 장기적 안목으로 설계해야 한다는 뜻이다. 미션에는 회사의 사업 영역과 관련한 분야의 성공을 통해 사회에 기여하는 내용이 담겨야 한다. 이 모든 것은 알려지지 않으면 아무런 소용이 없으므로 대내외적인 소통이 중요하다. 이러한 기업의 미션은 브랜드 스토리에 전반적으로 깔려서 전달되어야 한다.

스토리가 인위적이거나 끼워 맞추는 것 같이 느껴진다면 그 스토리는 실패한 것이며 고객들의 외면을 받게 된다. 즉석밥인 햇반의 CF '여러분들은 얼마나 마음을 전하고 있나요?' 편은 엄마의 마음을 햇반에 담아 표현하는 내용이다. 그러나 직장에 다니는 딸의 집을 방문한 엄마가 햇반을 잔뜩 사 놓는다는 설정 자체가 억지스럽다. 자식을 위해 엄마가 하는 첫 번째 일은 직접 밥을 지어주는 것이다. 햇반은 그 다음 순서일 텐데 엄마가 햇반에 딸을 사랑하는 마음을 담았다는 스토리의 구성은 그다지 자연스럽지 못하다는 느낌이 든다. 상황의 설정이나 등장인물의 연기가 자연스러우며 기업의 가치가 스토리에 녹아들어 있을 때 소비자들은 저절로 귀를 기울인다는 사실을 명심해야 한다.

7) 진정성

일반적으로 진정성이라고 할 때, 사람들은 진실한 것, 신뢰할 수 있는 것, 참된 것 등을 떠올리게 된다. Goffee & Gareth은 진정성이란 진지함, 정직성, 통합성(sincerity, honesty, and integrity) 등과 연결된 어떤 것으로, 언행의 일치와 관련된다고 하였다.[184] 진정성의 개념과 역할, 측정 등에 대한 논의는 자아의 진정성, 관계의 진정성, 경험의 진정성, 업무의 진정성, 서비스의 진정성 등 다양한 분야에서 전개되어 왔다. 진정성(authenticity)은 그리스어 'authenteo'에서 나온 것으로 '충만한 힘을 갖는다(to have full power)'는 의미를 지닌다.[185] 그리스 철학에서는 이것을 '너 자신 그대로(To thine own self to be true)'라는 뜻으로 사용하였다. 자신의 진정한 자아를 찾기 위한 철학적 고찰은 고대 그리스에서부터 시작하여 실존주의 철학자들에게 이어져 내려왔으며, 이러한 개념은 심리학, 사회학, 마케팅, 교육학 등 여러 학문 분야에서 계승·발전되고 있다.

진정성의 철학적 개념에 대한 고찰이나 진정성의 개념 및 측정방법 등에 관한 고찰은 또 다른 분야의 성찰과 연구를 요구하는 작업이므로 여기서는 고객과 기업의 관계에 있어서 진정성에 국한하여 개념을 정리하고자 한다. 마케팅 측면에서 진정성의 개념은 기업과 고객 간의 관계에서 다루어져야 한다. 이는 기업이 고객에 대해 얼마나 신뢰를 주고, 정직하며, 일관되고 특별하게 대하는가에 따라 고객의 기업에 대한 평가는 달라진다는 것을 의미한다.

Dickinson은 관계 마케팅에 관한 연구에서 진정성이 신뢰(trust), 지속성

(longevity), 지식(knowing)과 연관된 개념이며 따라서 진정성을 반사적인 과정 (reflexive process)으로 보아야 한다고 주장하였다.[186] 고객이 지각하는 기업이나 브랜드의 진정성은 서비스, 커뮤니케이션, 상품, 브랜드 이미지 등 고객들이 경험한 일들을 반영하며, 일시적이고 한정적인 개념이 아니라 지속적인 상호작용을 통해 형성된다. 따라서 자아의 진정성에 관한 여러 연구들이 관계의 맥락에서 진행되어왔듯이 마케팅 측면에서 진정성은 고객이 기업과 기업의 구성원, 서비스, 상품 등과 어떠한 관계적 맥락을 지니는지 고찰해야 할 필요가 있다.

고객이 느끼는 진정성은 상황이나 서비스의 품질에 다르게 나타나기 마련이다. 고객들을 향한 직원들의 미소는 고객들이 원하는 업무를 제대로 했을 경우에 한해 진정성이 있다고 느껴질 것이다. 호텔 체크인 카운터와 레스토랑 종업원들의 서비스에 대해 고객들이 지각하는 진정성을 조사한 한 연구를 보면 바쁜 상황(busyness)에서 고객들이 원하는 임무를 충실히 수행(task perform-ance) 했을 경우 진정성(authenticity)이 친근감(friendliness)과 상관관계가 있는 것으로 나타났다(Grandey, et. al., 2005).[187] 그러므로 상황에 따라 그리고 제공되는 서비스에 따라 고객들이 지각하는 진정성은 달라지며, 진정성의 여부에 따라 고객들의 신뢰와 호감도 및 재구매 의사는 다르게 나타나고 있다는 것을 알수 있다.

진정성과 고객만족에 관한 국내 연구는 최근 들어 활발하게 진행되고 있다. 김상희(2010)는 실패한 서비스의 회복과정을 공정성이 아닌 진정성을 중심으로 고찰하였다. 그 결과 서비스회복노력에 대한 진정성이 서비스실패에 대한 고객들의 공감에 영향을 미치고 이러한 공감이 용서에 영향을 주는 것으로 나타났다. 그리고 이러한 고객들의 용서는 보복과 회피행동을 감소시켜 주고 재방문의도를 증가시키며 부정적 구전의도를 감소시킨다고 하였다. 김미정과 박성일(2013)은 공정성과 진정성의 상호작용을 중심으로 서비스 실패 시 회복 노력에 관해 연구하였는데, 회복노력에 대한 진정성을 높게 지각한 고객들은 공정성의 지각 수준이 클수록 회복만족이 크게 영향을 받는 반면 이를 낮게 지각한 고객들은 공정성의 지각수준에 따라 회복만족이 크게 영향을 받지 않는다고 하였다. 박종무 · 오상현(2013)은 의료서비스 산업을 중심으로 의료서비스의 실패 상황을 경험한 고객에 대해 실증 분석하였는데, 진정성이 회복만족과 고객신뢰에 긍정적 영향을 미치는 것으로 나타났다. 따라서 의료서비스 제공의 경쟁력을 확보하기 위해서는 서비스가 실패하여 이를 회복할 경우 고객들에게 공정하고 진정성 있는 서비스가 제공된다면 서비스의 접점에서 회복만족과 신뢰를 달성할 수 있고, 이것이 지속적인 재이용과 같은 회복성과에 긍정적으로 작용한다고 하였다. 이경렬·정선호(2013)는 페이스북 팬페이지를 중심으로 진정성과 브랜드 간의 상관관계에 대해 연구하였는데, 그 결과 이용자의 진정성 지각이 브랜드 동일시와 소비자−브랜드관계를 매개하여 브랜드 자산에 간접적인 영향을 주는 것으로 조사되었다. 이에 따라 페이스북 팬페이지를 이용하여 브랜드 자산을 구축하고 가치를 높이기 위해서는 기업의 고객 커뮤니케이션활동에 진정성을 느끼게 하는 전략과 페이스북 팬페이지 브랜드에 대해 동일시를 강화하는 전략이 필요하다고 제언하였다. 전외술·박성규(2013)는 중국의 레스토랑에 대해 종업원의 진정성에 대한 고객지각이 서비스품질에 미치는 영향을 조사하였다. 연구결과 종업원의 진정성에 대한 고객의 지각은 지각된 서비스품질에 영향을 주고, 서비스품질은 고객만족과 고객신뢰에 영향을 주며, 고객만족과 고객신뢰는 고객충성도에 영향을 주는 것으로 나타났다.

　　일련의 최근 연구들에서 보듯 기업과 종업원의 진정성은 기업이나 브랜드에 대한 고객의 만족과 신뢰에 영향을 주며 이러한 지각은 고객들의 재방문(재구매) 의사나 충성도에 영향을 미치고 있음을 알 수 있다. 진정성에 관한 연구에서 공통적으로 발견되는 것은 진정성이 기업의 신뢰에 영향을 미친다는 것이다. 신뢰는 다양한 측면에서 논의되어져 왔다. 먼저 가장 보편적으로 논의되는 것이 대 인간 신뢰이다. Rotter는 대인신뢰를 "다른 개인 또는 집단의 말과 약속, 입으로 말하여지거나 쓰여진 표현들이 믿을 만하다고 생각하는 어떤 개인 또는 집단에 대한 기대"로 정의한다.[188] 즉, 타인의 언행불일치는 신뢰에 부정적인 영향을 미친다는 것이다. 위기와 갈등 상황에서 기업은 다양한 커뮤니케이션 활동을 통해서 위기를 극복하고 이미지를 회복하고자 한다. 그런데 기업의 위기커뮤니케이션에 대해서 공중이 믿을 만하다고 생각되지 않는다면 결국 신뢰의 하락으로 이어질 것이다. 더불어 기업이 있는 사실을 진실되게 보여주기보다는 연

극적인 효과를 통해서 위기를 모면하려 한다면 이 또한 기업에 치명적인 신뢰
상실에 요인이 될 것이다. 두 번째 신뢰의 개념은 사회경제학적 관점이다. 신뢰
는 사회 경제학적 관점에서 사회적 자본으로 간주된다. 즉, 신뢰가 높은 사회는
사회적 거래비용을 절감할 수 있으며 이는 경제적 이익을 가져올 수 있다는 개
념이다. 일례를 보면 비즈니스 거래가 이뤄질 때 신뢰는 거래의 활성화에 영향
을 미친다. 최근 e-business를 통해서 세계 기업들은 기업과 기업 간 혹은 기
업과 소비자 간의 거래를 하고 있다. 이때 신뢰는 비즈니스의 승패를 좌우하기
도 한다.[189]

Demonstrating Comprehension

1. OSOM의 원칙을 벗어나면 어떤 문제가 생길지 예상해 보세요.

2. 광고를 보고 카타르시스를 느낀 경험에 대해 이야기해 보세요.

3. 기업이 고객과의 연결고리를 만들기 위해 어떤 노력을 하고 있는지 사례를
   찾아보세요.

4. 서비스나 광고에서 진정성을 느끼지 못했던 적이 있습니까?

2 스토리의 대입과 응용

1) 이야기의 유전자

대부분의 사람들은 새로운 것을 추구하며 좋아할 것이라고 믿지만 사실은 낯선 것을 두려워하고 거부한다. 태블릿 PC나 3D 영화관, 로봇 청소기 같은 것을 이용하기 위해서는 비용의 문제를 떠나더라도 '낯섦'을 떨쳐버릴 수 있는 용기가 있어야 한다. 이야기도 마찬가지이다. 들어봤던 이야기, 결말이 예상되는 이야기에 빠져들고 열광한다. 인기드라마의 대부분이 해피엔딩이 될 수밖에 없는 것 역시 이야기의 보편적 구조에서 기인한다. 예로부터 대부분의 이야기는 주인공이 갈등과 혼란의 상황에서 온갖 역경을 헤치고 문제를 해결해 평화를 찾는 구조를 지니고 있었다. 이러한 이야기에 익숙해진 관객들에게 불행한 결말은 기대를 깨는 것이고 여기에서 신선함을 느끼기보다는 오히려 실망감을 느낄 가능성이 더 높다.

진화생물학자 리처드 도킨시는 이것을 '밈(meme)'이라는 개념으로 설명한다.[190] 밈이란 문화적 정보를 구성하는 단위를 뜻하는데 마치 유전자처럼 작용해 변화하고 적응해 간다고 한다. 이 과정에서 어떤 밈은 사라지기도 하고 돌연변이를 일으키기도 하다가 결국 가장 흥미롭고 적응력이 높은 밈만이 남게 된다. 이야기의 유전자인 밈은 각 민족의 신화나 전설 속에 스며들어 계승되며 사람들은 이러한 밈에 익숙해진다. 오랜 세월이 흐르는 동안 살아남은 가장 강력한 이야기의 밈은 오늘날 수많은 콘텐츠 속에 자리 잡으며 그 위력을 발휘하고 있다.

캠벨은 이것은 '이야기의 원형'으로 설명하고 있는데 내면으로의 여행, 희생과 축복, 영웅의 모험, 신의 선물, 사랑과 결혼에 관한 것들이 여기에 해당한다.[191] 스타워즈나 아바타, 히말라야 등의 영화를 비롯해 스타크래프트과 같은 게임, 김연아와 아다사 마오를 다룬 스포츠 영웅의 다큐멘터리에 이르기까지 등장인물과 스토리의 전개는 달라도 이러한 이야기들은 이야기의 유전자로 구성되어 있으며 이야기의 원형을 토대로 한 것이다. 따라서 성공적인 브랜드 스토리텔링을 구성하기 위해서는 인간의 역사와 신화에 대한 폭넓은 지식이 바탕이 되어야 한다.

이처럼 이야기의 유전자를 담은 이야기는 비트라고 하는 작은 단위로 구성된다. 비트는 모든 이야기의 가장 원자적 토대라고 할 수 있다. 이야기 자체의 근본을 유지하고 있는 가장 작은 부분인 비트는 사건, 구절, 에피소드, 장면, 일화, 진술, 장 등 여러 가지 명칭으로 불린다. 빈센트는 이야기의 작은 단위가 상황, 갈등, 결말로 구성된다고 하였다. 상황은 외부의 힘이 작용해 이동할 때까지 정지해 있는 상태이다. 인물에게 극적인 질문이 가해지고 긴장이 도입되는 단계에 해당한다. 갈등단계에서는 긴장이 고조되며 극적인 질문이 복합적으로 등장한다. 결말은 등장인물이 새롭게 변화된 상태에서 정지해 있고, 모든 극적인 질문에 대한 답변이 제시되며 모든 긴장이 해소된다.[192] 브랜드 스토리 역시 이야기 속에 이야기의 최소 단위인 비트를 구축해야 한다. 전체적으로 이야기를 시작, 중간, 끝으로 본다면 각각의 단계별로 이야기를 다시 상황, 갈등, 결말로 쪼갤 수 있다. 이를 다시 각 에피소드별로 상황, 갈등, 결말의 세 부분으로 끊임없이 나눈다면 이야기는 촘촘하고 세밀한 구조를 갖게 될 것이다.

2) 신 화

팬택은 스마트폰 광고에서 그리스 신화의 주인공 제우스와 메두사를 등장시켰다. 동상으로 서 있다가 깨어난 신이 베가를 뺏는 내용으로 구성된 이 광고에서 제우스는 그리스 신화 속 질투의 여신 헤라만큼 질투가 많은 신으로 표현되었다. 신화는 고대 사회에서 아이가 성인이 되는 의식, 삶을 지나 죽음으로 가는 의례, 새로운 탄생, 지도자가 되거나 가정을 이루는 것 등 많은 사건에 관여하며 사람들을 이끌었다. 신화나 전설, 민담 등은 스토리의 초기 형태로 사람들에게 정보와 지식, 지혜를 전승하는 역할을 하였다. 캠벨은 소년과 소녀가 어른으로 인정을 받기 위해서는 가혹한 시련을 요구하는 성인식을 거쳐야 하며 여기에 신화가 중요하게 작용했다는 점을 발견했다. 그는 신화란 문명 이전 사회에서 공통적으로 나타나는 요소이며 오늘날까지도 신화적 상징주의 의식은 계속되고 있다고 하였다. 따라서 신화는 시간과 공간을 넘어 언제나 우리 곁에 존재하는 이야기라고 할 수 있다.

필 쿠지노(Phil Cousineau)는 전설적인 브랜드로 알려진 유명 브랜드들이 창조적 투쟁의 신화, 시간의 신화, 조언자의 전설적인 힘에 대한 신화, 여행의 신화, 도시의 신화, 스포츠의 신화라는 6가지 신화적 기초에 근거한다고 하였다.[193] 새로운 기술을 만들기 위해 끊임없이 도전과 실패를 반복한 끝에 창조를 이루어낸 기업의 이야기, 문제가 생겼을 때 현명한 어른의 조언으로 풀어낸 이야기, 고객과 함께 떠나는 힐링 여행에 관한 이야기 등을 우리는 많이 접해 왔다. 고객은 이러한 기업의 이야기에 감동을 받으며 정서적으로 유대감을 느끼게 된다.

브랜드는 이러한 신화에 바탕을 두고 물적인 가치를 넘어 새로운 세계에 관해 이야기한다. 사실 브랜드의 이야기는 전혀 새로운 것이 아니다. 신화와 종교를 통해 이미 사람들에게 강력하게 박혀 있는 요소들을 건드리며 말을 거는 것이다. 이처럼 이야기는 소비자와 브랜드를 연결해 주며 신화가 지닌 설득의 힘을 이용해 사람들을 설득하는 힘을 발휘하게 된다.

신화는 집단 무의식의 총아이며 인간은 신화를 통해 세상을 배우고 이해하며 성장해 간다. 불가사의한 자연이나 과학의 이치도 신화의 영역에서는 자연스레 설명이 되기에 과거 인간이 해결하기 어려운 문제는 모두 신화의 영역으로 보내졌다. 이는 오늘날도 크게 다르지 않는 듯 보인다. 신화의 영역에서는 모든 것이 가능하며 신화에 대한 경험은 사고의 폭을 확장시킨다.

예전에 인간은 육체의 고통이나 마음의 아픔을 치유하기 위해 신성한 물질을 찾았다면 오늘날 인간은 마법적인 능력을 발휘할 것 같은 소비재에서 찾고 있다. 또한 현대인들은 과거 영웅의 이미지를 오늘날 연예인이나 스포츠 스타와 같은 셀러브리티에게서 발견하고자 한다. 우리가 즐겨 찾는 놀이공원이나 테마파크, 쇼핑 몰은 과거 신성한 성지를 현대화한 것이라고 볼 수 있다. 이처럼 현대의 소비문화는 과거 신화에 기대했던 내용을 고스란히 반영하고 있음을 알 수 있다. 오늘날 고객들에게 사랑받는 브랜드는 그들이 제시하는 상품과 서비스에 의미를 부여하고 공통의 기반을 설정하기 위해 신화를 도입하고 있다.[194]

신화의 모티프는 인류 공통의 보편적 정서와 가치를 담고 있기에 사람들은 쉽게 이야기 속으로 빠져들게 된다. 머리카락을 예로 들어보면 이와 관련된 신화 속 인물들을 쉽게 찾아볼 수 있다. 메두사는 원래 바다의 신 포르키스와 케토의 딸로 지혜의 여신 아테네와 그 미모를 겨루었다고 한다. 특히 그녀의 아름다운 머리칼은 수많은 남자들의 마음을 빼앗았다. 메두사는 바다의 신 포세이돈과 아테나의 신전에서 사랑을 나누다 아테네에게 발각되고 이에 아테나는 메두사의 자랑이었던 머리카락을 실뱀으로 만들어버리고 그녀를 흉측스러운 괴물로 변하게 한다. 예로부터 동서양을 막론하고 여성의 머리카락은 성적 매력의 상징이었다. 여성들은 머리를 틀어 올리거나 묶었으며 외출 시에는 머리를 가려 겉으로 드러나지 않도록 하였다. 이슬람 여성들은 지금도 히잡으로 머리를 감추고 다닌다. 아테나가 메두사에게 내린 벌은 성적 매력을 함부로 발산하여 남성들을 미혹한 데 따른 것이라고 할 수 있다. 아테나의 저주로 메두사를 본 남성들은 누구나 돌로 변하게 되지만 여전히 치명적인 메두사의 매력에 많은 남성들은 치명적인 유혹에 빠져 든 것이다.

반면 남성의 머리카락은 힘과 신의를 상징하는 것이었다. 구약에 등장하는 삼손은 여성의 유혹에 빠져 이러한 믿음을 저버리게 된다. 삼손의 부모는 오랫동안 자식을 보지 못하다가 삼손을 갖게 되었다. 천사는 부부에게 삼손을 신에게 바치라고 명했다. 삼손은 머리카락을 자를 수도 술을 마실 수도 없었으며 죽은 것에 손을 대서도 안 되었다. 그런데 신에게 바쳐진 삼손은 이스라엘 여성이 아니라 블레셋 여성을 아내로 택함으로써 스스로 자신의 운명을 고난의 길로 끌고 갔다. 블레셋 여성인 들릴라는 삼손의 괴력이 머리카락에서 나온다는 사실을 알게 되었고 이를 블레셋인들에게 고해 삼손의 힘을 꺾어 버렸다. 머리카락이 잘린 삼손은 이빨 빠진 호랑이처럼 무기력해졌고 블레셋인들은 그를 조롱했다. 다시 머리카락이 자란 삼손이 힘을 되찾아 마지막 힘을 다해 괴력을 발휘하자 블레셋인들은 그를 두려워하지만 그 길로 삼손은 스스로 죽음을 선택해 세상과 이별한다.

브랜드가 창조하는 이야기는 고대로부터 내려온 신화에 바탕을 두고 고객의 욕구를 충족시켜주어야 한다. 브랜드 스토리란 결국 브랜드의 신화를 쓰는 것에 다름 아니다. 신화는 인간의 이성과 감성을 반영한다. 인류가 탄생한 이후로 인간은 줄곧 이성과 감성의 갈등이 조장한 사건에 휩쓸리며 살아왔다. 전쟁에 이겨야 하는 것은 인간의 이성에 해당하지만 사랑 앞에 흔들리는 것은 인간의 감성에 해당한다. 이렇게 인간의 이성은 사랑이라는 감성 앞에 무너지고 사랑의 유혹에 빠져 함정의 덫에 빠지게 된다. 사랑의 배신을 알게 된 순간 치밀한 복수를 계획하고 실행하지만 이 또한 감정에 이끌려 흔들리게 된다. 이는 신화에서 쉽게 찾아볼 수 있는 익숙한 플롯이다. 이처럼 인류의 역사는 곧 로고스와 뮈토스의 역사라고 할 수 있다.[195] 브랜드 스토리 역시 이러한 이성과 감성의 갈등과 조화를 담아낼 수 있어야 하며 인류 문화의 원형인 신화에서 아이디어를 얻어야 한다.

고대의 시인들이 "풍부한 지식을 토대로 과거, 현재, 미래의 인간들과 신들의 행위에 관해 노래"한 데서 우리는 이야기의 원천을 발견할 수 있다. 브랜드 스토리는 이러한 고대 시인들의 노래에서 이야기의 근원을 찾아야 한다. 조지프 캠벨은 신화가 우리의 의식을 생명의 본성과 화해시키며 우주관을 제시한다고 하였다. 또한 신화가 공동의 가치관에 정당성을 부여하며 정신적인 기능을 지닌다고 강조하였다.[196] 신화는 자연계에 존재하는 강자와 약자의 논리에 대해 공포감을 지니기보다는 삶을 긍정하고 포용함으로써 우리 존재에 의미를 부여해주는 역할을 담당한다. 더불어 신화는 믿고 의지할 수 있는 힘이 되며 사회의 기반이 되는 공동의 가치관에 정당성을 부여하여 그 사회가 유지될 수 있도록 돕는다. 뿐만 아니라 성장이나 노쇠해지는 것과 같은 상태에 대해 인간이 의연함을 잃지 않도록 해주는 기능을 담당한다.[197] 자연이 일으키는 재해나 죽음에 대한 공포를 이기고 인간이 삶을 수용하며 지혜롭게 살아가도록 북돋아 주는 것이 바로 신화의 힘이다.

결국 신화는 인간이 부딪히는 문제를 해결할 수 있는 정신적 기반이 되며 삶을 긍정하고 존재의 의미를 찾도록 도와주는 기능을 담당한다. 이러한 신화에 등장하는 영웅의 이야기를 보면 대부분 평범한 사람이 부름을 받고 영웅이 되어 문제를 해결한 다음 다시 원래의 자리로 돌아가는 구조로 되어 있다. 주인공이 힘들어서 자발적으로 떠나거나 유혹적인 부름에 응답해 현재 속해 있는 장소나 환경에서 벗어나 모험에 뛰어들게 되는 것을 조지프 캠벨은 '문턱을 넘어 간다'고 하였다. 다음 단계는 더 무시무시한 시련과 장애물을 만나면서 모험을 벌이는 과정이다. 이 때 조력자가 나타나기도 하지만 문제의 해결은 영웅에게 주어진 과제이기에 어떤 고난이 있더라도 헤치고 나갈 수밖에 없다. 주인공은 모든 장애물을 물리치고 원하는 것을 손에 넣게 되는데 이것을 '마법의 탈출' 모티프라고 한다.[198]

이처럼 신화가 공동체에 가져다는 주는 결집력과 개인이 공동체 안에서 긍정적으로 세상을 바라볼 수 있도록 하는 힘을 이해하고 브랜드 역시 이기적인 스토리가 아닌 공동체 안에서 공동의 이익을 도모하는 착한 신화를 쓰려고 할 때 고객의 호응을 이끌어낼 수 있을 것이다.

3) 전설, 민담

전설이나 민담은 동서고금을 막론하고 누구에게나 흥미를 주며 매력적인 이야기를 풀어낸다. 특별한 창작자 없이 입에서 입으로 전해 온 이러한 이야기들은 기이함과 자연스러움, 이승과 저승, 삶과 죽음, 아름다움과 추함이 어우러지며 생명력을 이어왔다. 민담 연구의 대가인 막스 뤼티는 민담이 신비로운 것은 민담이 사용하는 모티프 때문이 아니라 그 모티프를 쓰는 방식 때문이라고 하였다. 그는 민담의 다섯 가지 법칙을 다음과 같이 제시하였다.[199]

① 일차원성

민담에는 피안의 존재라 할 수 있는 많은 형상들이 등장한다. 마녀, 요정, 산파, 죽은 자, 요괴, 마법사, 상상의 동물 등이 초자연적인 능력을 발휘하며 사건을 일으키거나 수습하는데 조력자의 역할을 담당한다. 민담에 등장하는 주인공이나 조연들은 이러한 초월적인 존재를 자연스레 받아들이며 조화를 이룬다. 민담에서는 이처럼 현세와 피안의 세계, 현재의 존재와 피안의 존재가 서로 어우러지는 일차원성을 볼 수 있다.

② 평면성

민담은 공간적, 시간적, 정신적, 심리적인 깊이를 드러내지 않으며 서로 상반된 영역에 존재하는 요소들이 동일한 평면에서 상호작용한다. 민담에 등장하는 등장인물은 표현이 입체적이지 않으며 내면세계나 주변세계도 없고 시간 개념도 갖지 않는다.

③ 추상적 양식

민담은 구체적인 세계를 변형하고 그 세계를 구성하는 요소들을 변화시켜 현실과 동떨어진 완전히 독자적인 세계를 만들어 낸다. 사람이 새나 늑대가 되기도 하고, 강가의 풀이 마차나 화려한 의복이 되기도 하며 커다란 성이 순식간에 알로 변하기도 한다. 라푼젤이 성에 갇히는 것은 성인식 과정에서 오두막집에 갇히는 의식 중 일부이지만 이야기에서는 모든 요소가 생략된다. 이처럼 민담의 세계에서는 구상적인 현실세계를 추상적으로 보여주며 유연성과 탄력성을 드러낸다.

④ 고립과 광범위한 결합

민담 속에 등장하는 인물과 줄거리, 에피소드 등은 모두 제각각으로 고립되어 있다. 이는 곧 그 어떤 것과도 결합할 수 있다는 광범위한 결합 가능성을 열어둔 것을 의미한다. 민담은 필연성보다는 우연이나 기적이라는 장치로 이야기를 이끌어가며 이러한 요소는 전혀 낯설지 않게 느껴진다.

⑤ 승화와 세계 함유성

민담은 신성 모티프, 세속 모티프 등 모든 모티프가 갖는 본래의 성격에서 벗어나 이를 민담의 형식으로 승화시켰다. 마법을 부리는 능력은 민담에서 더이상 놀랍지 않다. 이처럼 모티프가 지닌 본디의 속성을 제거하고 이를 민담적으로 형상화하는 민담의 특성을 승화라고 한다. 민담은 이러한 승화를 통해 원하는 모든 세계를 나름대로의 과정을 거쳐 수용할 수 있도록 하는 기능을 하는데 이를 민담의 세계 함유성이라고 한다.

서양의 이야기 속에 등장하는 라푼젤은 아름답고 긴 머리카락을 가졌지만 저주로 인해 마녀에게 잡혀 계단이 없는 높은 탑 속에 갇혀 살고 있다. 마녀는 라푼젤에게 탑 밑으로 머리카락을 내려 달라고 해 그것을 타고 올라가 그녀를 만나고 온다. 한 왕자가 이를 보고 라푼젤을 만나러 탑에 올라가게 된다. 마침내 왕자와 라푼젤은 만나게 되고 마녀를 물리친 후 두 사람은 행복한 사랑을 이룬다는 내용이다. 서양의 전설에서 여성의 머리카락은 유혹과 질투를 불러 일으키는 의미를 지니고 있다. 여성은 자신의 모발이 다른 사람을 곤경에 빠트리게 될 거라고 믿는다.[200] 라푼젤의 스토리는 샴푸 광고에 종종 등장하는데 얼마 전에는 은행 광고에 등장하기도 하였다. 모바일 뱅킹의 편리함을 광고하기 위해 캐나다 로얄 은행(Royal Bank Canada)이 이 스토리를 재구성한 것이다. 라푼젤은 성에 갇히자 나갈 방법을 고민하다가 모바일 뱅킹을 사용해 문을 열어달라며 열쇠 수리공에게 계좌이체를 한다는 내용이다.[201]

우리나라에도 오래된 시나 전설에 보면 머리카락에 관한 이야기가 나온다. 머리카락은 절개나 자존심을 상징하여 절대 누구도 건드릴 수 없는 영역이며 손대지 말아야 하는 신체의 중요한 부분으로 여겨졌다. 효경(孝經)의 첫 장에는 "신체와 터럭과 살갗은 부모에게서 받은 것이니, 이것을 손상시키지 않는 것이 효의 시작이다[身體髮膚受之父母, 不敢毀傷, 孝之始也]"라는 내용이 등장하는데 조상들은 이를 지키기 위해 머리카락을 길렀다. 일제시대 단발령에 대한 저항은 신체를 지키고 효를 지키며 나라를 지키는 것과 같은 선상에서 이해되었다. 그러나 역으로 부모나 연인을 위해 기꺼이 머리카락을 바칠 수 있으며 이는 고귀한 행동으로 간주되었다. 서정주는 그의 시 〈 귀촉도〉에서 "신이나 삼아줄 걸 슬픈 사연의 / 올올이 아로새긴 육날 메투리 / 은장도 푸른 날로 이냥 베어서 / 부질없는 이 머리털 엮어 드릴 걸"이라고 노래하기도 했다.

실제로 몇 년 전 안동에서 16세기에 살았던 '원이 엄마'라는 여인의 편지와 미투리가 발견돼 많은 사람들의 가슴을 찡하게 한 적도 있었다. 편지는 세상을 먼저 떠난 남편에 대한 애절한 마음을 담고 있었으며 무덤에서 출토된 미투리는 삼 줄기와 머리카락을 한데 섞어 만든 것이었다. 이처럼 머리카락과 관련한 이야기에 등장하는 주인공들은 대부분 여성들이며 그들의 드라마틱한 사연은 오늘날까지도 많은 사람들의 공감을 이끌어내고 있다. 신화와 전설에 등장하는 이러한 머리카락의 모티프는 현대에 이르러 다양한 마케팅 스토리텔링에서 활용되고 있다. 머리카락과 삼을 엮어 남편에 대한 절절한 사랑을 고백한 원이 엄마의 이야기는 안동에 다리를 놓았으며 부부애의 상징적인 콘텐츠로 자리 잡게 되었다. 도시 브랜드의 스토리 가운데 하나로 재탄생한 것이다.

브랜드 스토리텔링을 설계할 때 전설이나 민담의 요소들을 차용하면 상상과 현실이 조화를 이루며 기이한 능력을 자연스럽게 수용하게 만드는 장점을 살릴 수 있다. 우리나라의 민담 가운데도 브랜드 스토리텔링에 도입할 수 있는 소재는 무궁무진하다. '선녀와 나무꾼'에서는 말을 하는 노루가 나무꾼에게 선녀와 결혼할 방법을 일러주어 천상의 선녀와 지상의 나무꾼이 만나 부부를 이룬다. 러시아 민담인 개구리 공주나 프랑스의 민담 엄지 동자 등 세계 각국의 민담에서 우리는 다양하고 흥미로운 이야기의 원형을 찾아낼 수 있다.

고객은 제품이나 서비스 그 자체보다는 자신이 추구하는 가치에 부합하는 브랜드를 찾는다. 따라서 브랜드 스토리에 등장하는 인물들은 고객의 세계관을 반영해야 하고 이를 통해 브랜드 이미지를 높일 수 있는 방안을 모색해야 한다.

기업이 개발한 기술과 감성적인 부분, 디지털과 아날로그의 결합, 현실과 미래에 관한 내용을 전설과 민담의 형식을 빌려 스토리텔링을 구성한다면 고객은 어린 시절 들었던 이야기의 향수를 떠올리며 기업이 들려주는 이야기 속으로 빨려 들어가게 될 것이다.

고객들이 지향하는 가치와 기대하는 이야기는 전혀 낯설거나 새로운 것이 아니다. 인류가 보편적으로 믿고 바라는 가치를 담아내고 인간의 유전자에 들어 있는 이야기 본성을 자극하며 인간이 꿈꾸는 것에 동조하는 내용이면 충분하다. 인류의 이러한 보편적 믿음과 기대에 부응하는 이야기를 우리는 신화와 전설, 설화, 민담, 우화 등에서 찾아볼 수 있다.

4) 고전문학 모티프

문학의 연원을 따져보면 신화와 전설, 고대의 시와 극에서 시작되었다는 것을 알 수 있다. 따라서 문학, 특히 고전문학의 모티프는 인류의 보편적인 정서를 담고 있으며 동시에 대중성을 지니고 있다. 모티프란 가장 짧은 이야기 단위인데 길이는 짤막하지만 풍부한 이야기를 만들어 낼 수 있는 것으로 다양한 콘텐츠에서 반복되어 사용되거나 응용되고 있다. 악한 계모와 착한 소녀를 다룬 이야기의 모티프는 신데렐라, 백설공주, 콩쥐팥쥐와 같은 고전을 필두로 현대에까지 이어져 내려오고 있다. 미녀와 야수나 삼손과 데릴라는 미녀와 괴물을 모티프로 하고 있으며, 홍길동전, 임꺽정전, 로빈훗은 의적을 모티프로 한다. 형제 간의 질투를 모티프로 한 카인과 아벨, 에덴의 동쪽, 카인의 후예, 흥부와 놀부 같은 이야기도 우리에게 익숙하다.

인류가 지향하는 고귀한 가치를 반영하는 고전문학은 일찍부터 브랜드 스토리의 주요 모티프로 차용되어 왔다. 실제로 새로운 브랜드가 소개되는 과정에서 고전문학이 주입될 경우 소비자들이 해당 브랜드의 스토리텔링에 대해 호의적으로 평가했다는 연구결과도 있다.[202] 고전문학은 삶의 문제와 인간의 경험을 통해 진리와 가치를 공유하는 보편성을 지니고 있기에 과거부터 현재까지 다양한 형태로 재생산되고 있다. 또한 고전문학이 지니는 문학적 상상력은 다양한

산업에 강력한 파급 효과를 미치고 있다.[203]

세계적인 패션 브랜드인 마크 제이콥스에서 출시한 향수 'Daisy'는 미국의 고전 가운데 하나로 꼽히는 스콧 피츠제럴드가 1920년에 쓴 소설 '위대한 개츠비(The Great Gatsby)'에 등장하는 여주인공 데이지 부캐넌(Daisy Buchanan)에서 이름을 따 온 것이다. 데이지에게 매료된 디자이너 마크 제이콥스가 향수의 병부터 향에 이르기까지 고전문학 속 주인공인 데이지의 캐릭터를 입혔다고 한다. 애플은 1984년 개인용 컴퓨터인 Macintosh를 선보이면서 1949년 조지 오웰이 발표한 소설 '1984'를 모티프로 하였다. 소설은 빅브라더를 내세워 권력이 독점화된 세상에서 지배당하는 인간의 모습을 여실히 보여주는데 애플은 빅브라더를 파괴하고 인간을 지키겠다는 굳은 의지를 나타나기 위해 이러한 광고를 제작하였다. 애플의 이 광고는 애플을 혁신의 아이콘으로 자리매김하는 데 크게 기여하였다. 영어 교사, 역사 교사, 작가로 이루어진 세 명의 창업자는 커피 가게를 창업하면서 사명을 스타벅스로 지었다. 허먼 멜빌의 소설 모비딕(1851)에 등장하는 항해사인 스타벅의 이름에서 따 온 것이다. 소설 속에서 일등 항해사 스타벅은 커피를 좋아해 항상 커피를 들고 다니는 인물이다. 롯데의 브랜드네임은 괴테의 젊은 베르테르의 슬픔에 등장하는 여주인공 샤롯데에서 비롯된 것이다. LG는 헤밍웨이의 노인과 바다를 차용한 광고를 만들어 화제를 모으기도 했다.

실제 고전문학을 모티프로 한 브랜드 스토리의 효과성을 검증한 연구에서 보면 신규 브랜드가 소개될 때 고전문학이 주입된 브랜드 스토리텔링을 사용하면 소비자들은 해당 브랜드를 보다 세련된 브랜드(브랜드 스타일과 모티프)로 인식하게 된다고 한다. 뿐만 아니라 브랜드에 대해서도 호의적으로 평가하고 있었다. 또한 고전문학이 주입된 브랜드 스토리텔링을 소개하면서 동시에 이를 시각화해 주는 삽화나 이미지가 제공될 경우 소비자들은 해당 브랜드를 보다 우호적으로 평가하는 것으로 나타났다. 고전문학을 모티프로 한 스토리에 시각화 작업이 더해질 경우 고객이 머릿속으로 시뮬레이션을 해 보는 것이 용이해진다. 이로 인해 이야기의 효과성은 더욱 높아진다.[204]

수백 년 동안 이어져 온 고전문학의 모티프를 브랜드에 차용할 경우 고전문학이 지닌 보편적 감성과 정서로 인해 고객과 손쉽게 공감대를 형성하게 된다. 무엇보다 고객이 브랜드에 대해 호의적인 태도를 지니고 오랫동안 브랜드를 각인하게 되는 효과를 기대할 수 있다. 이처럼 익숙한 이야기의 모티프는 고객에게 친근감을 안겨 주며 고객은 이를 자신의 경험과 연결시켜 특별한 사건으로 발전시키게 된다. 고전문학의 익숙하면서도 독특한 이야기는 차별화된 브랜드 아이덴티티를 구축하는 데 중요한 역할을 담당한다.

5) 전기, 자서전

창업주나 최고 경영자의 전기나 자서전은 대중에게 롤모델로서의 개인을 부각시킬 뿐 아니라 잠재적 고객으로까지 흡입할 수 있다는 장점이 있다. 그러나 지나치게 업적을 미화하거나 찬양일색일 경우 오히려 대중으로부터 외면 받을 수 있으므로 주의해야 한다.

사업 실패 후 호떡 장사를 하다가 2002년 죽전문점인 본죽을 창업한 김철호, 최복이 부부의 이야기는 '꿈꾸는 죽장수 본죽 이야기', '정성', '7전8기 무릎경영'과 같은 책에 고스란히 들어 있다. 연매출 천억 원대를 넘어서는 이 회사는 최근 비빔밥&카페 200호점을 돌파하며 성공 신화를 이어가고 있다. 장사의 신으로 알려진 총각네 야채가게의 이영석 대표에 관한 이야기는 2008년 뮤지컬로 제작된 이후 지금까지 관객들의 사랑을 받고 있다. 그의 저서 '총각네 이영석의 장사수업'에는 오징어 행상을 따라다녔던 장사 초보에서 연매출 500억 원 규모의 회사 대표가 된 스토리가 담겨 있다.

스타벅스의 회장 하워드 슐츠는 '스타벅스: 커피 한 잔에 담긴 성공신화'와 '온워드'라는 책을 통해 자신의 경영철학과 스타벅스의 핵심 가치를 전파한다. 강철왕이라는 별칭을 지닌 앤드류 카네기의 자서전 역시 많은 사람들이 비전을 세울 때 놓치지 않고 읽는 책 가운데 하나이다. 카네기는 스코틀랜드에서 태어나 미국으로 건너온 뒤 철강 산업을 이루고 전 재산의 90퍼센트를 사회에 환원한 인물이다.

기업의 창업주나 최고 경영자에 관한 전기나 자서전은 그 자체만으로 내용이 풍부하고 다양한 문화콘텐츠라고 할 수 있다. 샤넬이나 디올, 이브 생 로랑 등에 관한 이야기는 영화나 드라마에 자주 등장하는 소재이기도 한데 이처럼 CEO의 전기나 자서전은 출판물로 제한되지 않고 다양한 매체에 멀티 유즈되고 있다. 2011년 출간된 스티브 잡스(1955–2011)의 전기는 그가 사망하면서 전 세계적으로 큰 관심을 불러 일으켰고 2013년에는 '잡스'라는 영화가 상영되기도 하였다.

전기나 자서전은 기업의 탄생과 경영 전략, 경쟁자 등에 관한 내용을 담고 있으며 무엇보다 비하인드 스토리를 담고 있기 때문에 흥미를 불러일으킨다. 또한 책으로 구성되어 있어 구조가 탄탄하고 에피소드도 다양하다. 고객들은 이러한 책을 접하면서 브랜드에 대한 지식을 갖게 되고 브랜드에 대한 긍정적인 태도, 나아가 브랜드를 경험하고 싶은 욕구를 갖게 된다. 근래 들어 많은 기업가들이 자서전을 내고 있으나 대부분 일회성 이벤트에 그칠 뿐 기업의 스토리텔링을 위한 콘텐츠로 활용되는 경우는 드문 편이다. 스토리의 일부나 제품과 연결 지을 수 있는 부분을 찾아낸다면 진정성을 담을 수 있고 극적인 재미도 얻게 될 것이다.

6) 미디어 콘텐츠

기업의 문화나 새로운 기술을 개발하기까지의 힘겨운 과정은 방송콘텐츠로서의 가치를 지니고 있다. 영화 '인턴십'은 구글의 자유롭고 창의적인 기업 문화를 선보인다. 두 명의 중년 세일즈맨이 일자리를 잃고 구글에 인턴으로 들어가 젊은 공학도들과 좌충우돌하며 벌이는 에피소드를 담고 있다. 영화 '소셜 네트워크'는 페이스북의 창업 과정에 관한 이야기이며 '실리콘 밸리의 신화'는 빌 게이츠와 스티브 잡스의 우정과 경쟁을 그리고 있다.

EBS 스페셜 다큐에서 방영한 '기적의 가위바위보, 한판 합시다'는 창업 70주년을 맞은 기업 샘표의 이야기가 소개되었다. 신입사원 공채 면접에서 젓가락 사용법을 심사하고 직원 간 간격을 없애기 위해 사무실에 칸막이와 지정석을 없애는가 하면 정년이 지나도 근무하는 가족 같은 기업문화가 신선하게 다가온다.

기업들은 이제 기존 매체뿐 아니라 새로운 미디어에도 스스로를 주인공으로 내세우고 있다. 특히 젊은 층에게 인기가 높은 웹툰이나 웹드라마를 직접 제작하면서 광고가 아닌 스토리콘텐츠로 접근하고 있는 것이다.

대중교통을 이용하거나 기다리는 시간에 짬짬이 즐길 수 있는 웹툰과 웹드라마는 콘텐츠로 자리 잡고 있다. 한화케미칼은 1966년 국내 최초로 플라스틱을 생산한 석유화학기업으로 주로 기업 간 거래를 하기 때문에 소비자에게 인지도를 높일 기회를 얻기가 쉽지 않았고 따라서 우수한 인재를 선발하는 것도 쉽지 않았다. 소비자에게 기업을 알리고 젊은 층을 공략할 방법을 모색하던 중 웹툰으로 눈을 돌리게 되었다. 한화케미칼은 변변한 스펙도 없이 운 좋게 입사한 신입사원 '연봉신'이 갖은 어려움을 극복하며 직장인으로 성장해가는 과정을 그린 웹툰 '연봉신'을 2013년 7월 네이버에 연재했다. 회당 평균 조회 수 130만 건 이상으로 매회 인기가 높았으며 누적 조회수는 5천만을 넘겼다. 뿐만 아니라 연재 기간 동안 신입사원 공채 지원자가 1.5배 이상 늘어났으며 연재 후 실시한 실문 조사에서는 기업에 대한 선호도가 두 배 이상 상승할 정도로 효과가 좋았다고 한다. 이처럼 티 나지 않고 자연스러운 웹툰을 도구로 젊은이들에게 다가간 결과 한화케미칼은 브랜드의 인지도와 호감도를 높일 수 있었다.[205]

위스키 브랜드인 임페리얼이 제작해 다음에 연재한 웹툰 '4버디스'는 페이지뷰 500만 건을 돌파하는가 하면 매회 100여 건이 넘는 댓글이 달릴 정도로 인기를 끌었다. 직장인이 공감할 수 있는 직장생활에서의 문제를 12년 지기 친구 네 명이 우정을 다지며 해결해 간다는 내용의 이 웹툰에는 임페리얼 제품이 자연스레 녹아들어 있다.[206]

기획과 제작, 홍보에 이르기까지 기업에서 담당하는 브랜드 웹툰이 인기를 끌면서 기업은 이제 기존 광고에서 새로운 형식의 콘텐츠로 눈을 돌리고 있다. 기업과 직원, 고객에 관한 스토리를 담은 웹툰은 자사 브랜드를 자연스레 노출시키면서 마케팅 효과를 극대화시킨다는 장점이 있다. 특히 한화케미칼의 웹툰 연봉신이 성공을 거두면서 해태제과가 '퍼스트 스위트', KT는 '체육왕'을 제작했으며 정부부처인 보건복지부도 브랜드 웹툰인 '미스터 나이팅게일'을 연재했다.

브랜드 웹툰의 인기와 함께 젊은 층의 취향을 저격한 웹드라마도 속속 제작되고 있다. 웹드라마는 보통 회당 분량이 10~15분 정도로 짧기 때문에 제작

비용과 기간에 있어서 별 부담이 없다는 것이 강점이다. 삼성의 경우 2013년 웹드라마 '무한동력'을 제작한 이후 '최고의 미래'와 '도전에 반하다' 등을 제작하면서 인기를 끌었다. 뮤지컬과 시트콤의 혼합 장르 형식으로 구성된 '최고의 미래'는 2014년 12월 누적 조회 수 1000만을 기록했고 '도전에 반하다'는 17일 만에 조회수 2000만을 넘기며 인기몰이를 했다.[207] 2016년 이병헌 감독이 제작한 '긍정이 체질'은 청년들의 도전 정신을 보여주는 것으로 누적 조회 수 2800만 건을 넘겼다. 이 드라마에는 삼성이 전하고자 하는 메시지가 담겨 있으며 삼성의 사회공헌활동과 브랜드가 노출되지만 모든 것이 억지스럽지 않다.

기업이 전하는 메시지와 기업에서 생산하는 제품, 기업이 행하는 활동들을 스토리텔링하고 이것이 성공하기 위해서는 타깃과 트렌드를 파악하는 작업이 선행되어야 한다. 인기를 끌고 유행한다고 해서 따라 하기보다 기업의 이미지를 알릴 것인지 제품을 홍보할 것인지 등을 고려한 다음 전체적인 콘셉트에 어울리는 스토리를 작성하여야 한다. 전문 작가에게 제작을 의뢰할 경우 스토리의 목적이 이야기의 재미에 밀려서는 곤란하다. 고객과 교감을 나누며 소통할 수 있는 재미있는 이야기이면서 동시에 목적에 부합하는 내용을 담도록 하는 것이 중요하다.

1. 이야기의 최소 단위는 비트이며 이는 상황, 갈등, 결말로 구성됩니다. 다음 내용을 토대로 이야기의 유전자를 담은 비트를 구성해 보세요.

> 게임회사인 S사의 기대를 한 몸에 받았던 최정예 개발부서 '막강팀'. 그러나 최근에 개발한 게임이 고전을 면치 못하면서 팀 자체가 해체되고 구조조정을 당할 위기에 처했다. 이제 기회는 단 한 번. 이들은 어떻게 해야 할까?

2. 전쟁으로 폐허가 된 마을에 밤나무를 심었고 이제는 밤나무가 마을 사람들의 주 수입원이 된 한 마을이 있습니다. 어떠한 신화를 도입하면 좋을지 이 마을의 브랜드 스토리텔링을 구상해 보세요.

3. 고전문학의 모티프에는 어떤 것들이 있는지 찾아보세요. 이러한 모티프를 차용한 광고는 어떤 것들이 있습니까?

4. 창업자나 CEO의 자서전이나 전기를 찾아서 읽어보세요. 어떤 사건들이 일어났습니까? 그들은 어떻게 문제를 해결했습니까?

5. 최근 인기 있는 브랜드 웹툰이나 웹 드라마는 어떤 것들이 있습니까? 제품과 서비스는 콘텐츠에 어떻게 녹아들고 있는지 이야기해 보세요.

6. 다음 민담을 토대로 기업의 브랜드 스토리를 구상해 보세요.

바리공주 이야기

옛날 불라국이라고 불리는 나라에 오구대왕과 길대부인이 살고 있었습니다. 이들 부부에게는 딸이 여섯 명 있었는데, 아들을 기대했던 기대가 무너지고 일곱 번째 낳은 자식 역시 딸이었습니다. 화가 난 나머지 오구대왕은 막내딸을 내다 버리라고 명했습니다. 길대부인은 통곡을 하며 바리를 버렸는데 이 때 비리공적 내외가 몰래 바리를 데려가 키웁니다. 바리가 열다섯 살이 되던 해 아버지인 오구대왕은 원인 모를 심각한 병에 걸리게 됩니다. 서천서역에서 나는 생명수만이 오구대왕의 병을 낫게 할 수 있었는데 여섯 딸은 모두 갖가지 핑계를 대며 거절하지만 버림받은 딸 바리가 그 말을 듣고 자진해서 나섭니다. 길도 모르지만 오직 아버지를 살려야 한다는 생각에 바리는 고된 여행을 합니다. 그 과정에서 여러 가지 시험에 직면하고 도움도 받으며 겨우 서천에 도착하지만 생명수지기는 아들 형제를 낳아달라고 요구합니다. 바리는 그의 청을 들어주고 나서도 물 3년, 불 3년, 나무 3년이라는 세월을 보내다가 자신이 매일 긷던 물이 생명수라는 사실을 깨닫게 됩니다. 15세 소녀였던 바리는 남편과 자식을 둔 여인이 되어 생명수를 갖고 돌아오지만 이미 아버지는 돌아가신 뒤였습니다. 바리는 오구대왕의 뼈와 살에 숨을 불어 살려낸 다음 자신은 저승신이 되어 죽은 자들의 세계를 관장합니다.

3 패턴화

스토리텔링 전문가인 스티브 데닝은 기업이 이야기를 전달하는 데 있어 최적의 유일한 방법은 존재하지 않는다고 강조하였다. 스토리텔링은 각기 다른 목적에 부합하는 적절한 도구의 다발로 이루어져 있다. 따라서 이야기를 구성하는 다양한 패턴의 특징을 이해하고 차이점을 파악하는 것이 중요하다. 스티브 데닝은 마케팅에서 전략적으로 이야기를 활용하기 위한 8가지 이야기 패턴을 다음과 같이 제시하고 있다.208

1) 액션과 도약

- 과거에 성공적인 변화가 어떻게 이루어졌는지 묘사하되 고객이 자신의 상황에서 어떻게 그것을 작동할지 상상할 수 있도록 여지를 남기는 이야기

스토리텔링을 효과적으로 사용하기 위해서는 이야기를 장황하게 하기보다는 오히려 미니멀하게 만드는 전략이 필요하다. 상세하게 설명해주거나 지나치게 다양한 요소를 사용할 경우 고객이 상상할 여지를 없앨 수도 있다. 이야기의

빈자리를 발견하게 될 경우 고객은 자신의 상황에 따라 상상력을 발휘하게 되며 변화에 필요한 액션 플랜을 만들게 된다.

2) 자신이 누구인지 알리기

• 고객이 연루된 드라마를 제공하고 기업이 과거로부터 강점과 약점을 드러내는 이야기

데닝은 이 기법이 기업의 임원진을 불편하게 만들 수도 있기에 주의가 필요하다고 말한다. 임원들이 실패한 경험담에 대해 고백해야 하는 상황이 발생할 수도 있기 때문이다. 기업은 실패나 약점을 드러내는 이야기를 꺼리는 경향이 있으나 고객은 오히려 이러한 이야기에서 자신을 되돌아보게 된다. 성공뿐 아니라 좌절 역시 고객과의 끈을 만들어준다는 점을 기억해야 한다. '거절당하기 연습'의 저자 지아 장은 중국 출신으로 내성적인 성격 탓에 말도 제대로 꺼내지 못한 채 거절만 당하는 아픔을 겪었다. 마침내 그는 거절당하는 연습이라는 프로젝트를 시작한다. 그 결과 많은 사람들의 호응을 얻게 되었으며 언론의 주목을 받게 되었다. 낯선 이에게 백 달러를 빌리고, 햄버거를 공짜로 얻어먹거나 모르는 사람의 뒷마당에서 축구를 하는 것 외에도 애견샵에서 머리 자르기나 오륜기 모양의 도넛 주문하기와 같은 황당한 것도 있다. 저자는 이 책에서 창피하고 어처구니없는 자신의 치부를 드러내며 결과적으로 누구나 지닌 거절에 대한 두려움을 이야기 공간으로 끄집어낸다. 이것이 바로 지아 장이 성공을 거둔 이유였다. 스토리텔링 마케팅에서 CEO나 임원진의 약점에 관한 이야기는 고객의 경험과 연계되어 공감대를 형성할 수 있는 패턴이다.

3) 가치의 전달

• 고객에게 친숙한 느낌을 주고, 고취되는 가치에 의해 상승되는 이슈에 대한 이야기

기업이 지향하는 가치는 고객에게 믿음을 주고 편안함을 안겨 준다. 코스트코의 스토리는 어떻게 기업이 다양한 가치가 충돌하는 문제를 해결하고 고객

의 믿음을 지켜내는지를 보여주는 사례로 꼽힌다. 1983년 설립된 코스트코는 미국 기업의 역사상 최단기간인 6년 만에 매출 30억 달러를 이루어냈다. 미국의 최상위 매출을 달성하는 기업군에 속하는 이 회사는 매년 새로운 기록을 쓰고 있으며 주가와 매출이 승승장구하고 있다. 코스트코는 고객을 위해 낮은 가격에 좋은 품질의 물건을 제공한다는 것을 기업의 가치로 지향하고 있으며 이는 창립 이후 지금까지 흔들리지 않는 원칙이다. 백화점이 50%, 다른 대형마트가 20~25%의 마진율을 내세울 때 코스트코는 15%를 고수했다. 이를 위해 물건의 종류를 다양하게 하기보다는 저렴한 가격으로 대량의 상품을 확보하는 전략을 활용했고, 그 결과 고객은 저렴한 가격으로 물건을 구입할 수 있었다. 코스트코의 CEO인 시네갈은 이러한 경영철학을 이야기에 담아 직원들에게 전달했다고 한다. 그는 어떻게 상품의 가격을 낮출 수 있었는지 그 과정에 있었던 이야기를 들려주었고, 직원들은 이를 통해 회사가 지향하는 가치를 어떻게 실행해야 할지 이해하게 되었다. 뿐만 아니라 시네갈은 스스로 연봉을 35만 달러로 제한해 직원들과 이익을 함께 나누고자 하였다. 이는 코카콜라 CEO의 연봉 1447만 달러에 비하면 턱없이 적은 액수였다.[209]

4) 회사나 브랜드에 대해 알리기

- 상품이나 서비스, 고객의 입, 고객이 신뢰할 수 있는 제 3자의 입으로 전하는 이야기

고객이 직접 제품이나 서비스에 대해 이야기하는 것은 기업의 입장에서 보면 비용 면에서 큰 효율성을 지닌다. 그러나 그보다 더 큰 효과는 진정성을 얻게 된다는 점이다. 고객이 직접 추천하는 맛집이나 써보니까 좋더라는 고객의 구매후기, 고객이 직접 등장하는 광고 등은 신뢰감을 높이고 진정성을 확보할 수 있다. 사람들은 특히 온라인에서 물건을 구매할 때 다른 고객의 후기에 크게 의존한다. 배달이나 서비스, 제품의 디자인, 성능에 대한 사용 후기는 물건의 구매에 영향을 주며 이러한 후기가 입소문을 타며 대박 신화를 터뜨리는 경우도 종종 보게 된다. LG유플러스는 고객의 스토리를 반영해 제작한 광고로 많은 사

람들에게 감동을 주었다. 특히 청각장애인 바리스타 윤혜령씨의 '아주 특별한 하루'는 광고를 본 사람들의 입에서 입으로 소문이 전해지며 오픈 2개월 만에 조회 수 1000만을 돌파했다. 연예인이나 스포츠 스타, 전문가의 추천 역시 고객의 선택에 영향을 미친다. 행복한 가정생활을 하거나 기부에 열심인 배우, 다둥이 엄마인 개그우먼, 모범 납세자인 스포츠 스타, 뇌가 섹시한 가수 등 셀러브리티나 전문가들이 추천하는 제품이나 서비스에 관한 이야기는 듣는 사람들에게 신뢰를 주며 그들의 선택을 따라하고 싶은 욕망마저 불러일으킨다.

5) 공동작업 분위기의 조성

● 고객이 경험한 것을 이야기하고 주제에 대해 이야기를 공유하도록 유도하는 상황에서 감동을 느낄 수 있는 이야기

천편일률적으로 지어 놓은 아파트 안에 들어가서 살기만 하던 수동적인 소비자에서 직접 설계에 참여하는 프로슈머로 탈바꿈하면서 혁신적인 방식을 적용한 아파트들이 늘어나고 있다. 아이들이 마음껏 낙서할 수 있도록 화이트보드로 만든 벽, 분장실 조명이 비치는 화장대, 편리하게 신발을 신을 수 있는 현관 벤치, 맞벌이 부부가 함께 출근 준비를 할 수 있도록 만든 두 개의 세면대, 남성용 소변기 설치, 가변형 벽 등은 고객들의 토론과 의견의 공유에 의해 탄생하였다.[210] 이러한 아파트들이 인기를 끌면서 건설사들은 주민들의 집단토론을 통해 아이디어를 모으고 이를 설계와 건축에 반영하고 있다. 고객은 더 이상 수동적인 수용자가 아니며 자신의 지식과 경험, 정보를 토대로 기업의 모든 활동에 적극적으로 참여하고 있다. 이러한 과정을 담은 이야기의 패턴은 진한 감동을 안겨 준다.

6) 정보의 경로 다스리기

● 사실이 아니거나 비이성적인 루머에 대해 유머러스하게 대처하는 이야기

사실이 아니지만 그럴싸한 내용으로 회사나 개인의 명성을 손상시킬 수 있는 루머나 유언비어에 대해 이야기로 대처할 수 있다는 것은 그다지 알려져 있

지 않다. 이 때 방법적인 면에서 유머 코드를 이용해 주제의 무거움을 덜 수 있다면 루머의 확산을 막는 데도 도움이 될 것이다. 미국의 16대 대통령 링컨은 유머와 재치가 뛰어난 리더였다. 링컨이 상원의원에 입후보했을 때 반대파의 더글러스는 링컨을 비방하며 공격을 퍼부었다. 그는 링컨이 말만 그럴듯하게 하는 두 얼굴을 가진 이중인격자라고 했다. 그러나 링컨은 화를 내지 않고 내가 얼굴이 두 개라면 오늘 같이 중요한 날 왜 이 못생긴 얼굴을 갖고 나왔겠냐며 유머로 화답했다. 유머는 악성비방이나 유언비어를 꼼짝하지 못하게 만드는 마력을 지니고 있다.

유머를 무기로 내세운 기업들의 편경영은 중요한 마케팅 전략 가운데 하나이다. 사우스웨스트 항공의 허브 켈러허는 권위를 벗어던지고 직원들에게 기쁨과 감동을 주었는데 이러한 그의 경영방식은 직원들을 통해 고객에게까지 전달되었다. 특히 켈러허 회장이 스티븐스 항공사 회장인 커트 허월드 회장과 치른 팔씨름 경기는 웃음과 이야기가 담긴 경영의 사례로 손꼽힌다. 1992년 당시 사우스웨스트 항공사와 스티븐스 항공사는 광고 문구사용과 관련해 심한 갈등을 빚고 있었다. 사우스웨스트 항공사가 '저스트 플레인 스마트(Just Plane Smart)'라는 광고 문구를 사용했는데 이는 스티븐스 항공사가 사용하고 있는 '플레인 스마트(Plane Smart)'와 비슷했기 때문이었다. 스티븐스 항공사측이 상표권을 주장하며 소송을 제기하겠다고 하자 허브 켈러허는 팔씨름을 제안했다. 커트 허월드가 이에 응하면서 두 사람은 텍사스주 댈러스의 한 경기장에서 경기를 치르기로 하였다. 켈러허는 팔씨름 대회에 우승하기 위해 훈련에 임하는 모습까지 공개하며 사람들의 관심을 끌었다. 경기 당일, 두 사람의 대결을 보기 위해 수많은 사람들이 모여 들었고 결과는 허월드의 승리였다. 켈러허는 결과에 승복하며 광고문구 사용권한을 허월드에게 넘겼는데 이에 감명 받은 허월드는 다시 그 권한을 사우스웨스트 항공사가 사용할 수 있도록 허용하였다.[211] 갈등을 유머로 해결한 켈러허 회장의 재치로 두 항공사는 소송비용을 절감했을 뿐 아니라 두 사람의 대결에 언론의 관심이 집중되면서 엄청난 홍보 효과를 보기까지 했다.

유머가 담긴 이야기는 갈등과 문제를 웃으면서 해결하고 사람들에게 재미와 감동을 안겨 준다. 그러나 유머가 몸에 배어 있지 않다면 부자연스럽고 어색해서 역효과가 날 수도 있으며 상황에 맞지 않는 유머를 사용할 경우 더 큰 비난이 돌아올 수도 있다. 적절하고 자연스러운 유머로 위기와 유언비어를 이겨낼 수 있도록 지혜롭게 스토리를 설계해야 한다.

7) 지식의 공유

• 실수에 초점을 맞추어 어떻게 해결했는지 설명해 주는 이야기

성공한 사람들이 들려주는 실패에 관한 이야기는 불행한 경험에 관한 것이 아니라 어떻게 그 문제를 해결하고 극복했는지에 관한 노하우가 들어 있기에 흥미롭다. 이야기의 중요한 요소인 위기와 갈등이 들어있으며 결국 행복한 결말을 맺는 스토리이기 때문이다. 스카이프의 대표인 젠스트룀은 "실패를 받아들이는 자세는 기업가들이 갖춰야 할 가장 중요한 덕목"이라고 강조한다. 그는 원래 '카자(Kazaa)'라는 파일 공유 서비스로 사업을 시작했고, 5억 건의 다운로드를 기록하며 큰 성공을 거두었다. 그러나 재정 문제를 극복하지 못했고 결국 폐업하게 되었다. 그는 사업은 망했지만 자체 개발한 공유 기술을 활용하면 성공할 수 있겠다고 확신했고 여러 분야와 융합하며 다양한 시도와 실험을 반복했다. 그 과정에서 실시간 영상통화 서비스인 '스카이프'를 만들게 됐다고 한다. 젠스트룀은 재정 문제로 실패했던 경험 덕에 늘 재정의 중요성을 상기했고 이는 회사를 키워나가는 데 큰 도움이 되었다.[212]

8) 사람들을 미래로 이끌기

• 어떤 미래를 창조하고 싶은지에 관한 이야기

기업이 들려주는 이야기는 비전을 담고 있어야 한다. 여기에는 기업이 지향하는 가치와 미래에 대한 예측이 포함되어 있다. 과거 자동차 기업들은 성능과 안정성, 디자인 등에 대한 이야기를 들려주었다. 그러나 지금은 인공지능과 무공해를 키워드로 내세워 스스로 오류를 수정하는 프로세스에 의해 움직이는 자율주행이 가능하며 친환경적인 스마트하고 똑똑한 차에 대한 비전을 보여준다. 의류제품은 심미적 기능과 보온이나 통풍 기능이 중요했지만 근래에는 IT기술에 기반을 둔 서비스 기능을 강화한 비전을 제시하고 있다. 의류 제품이 스스로 고객의 호흡과 심박 수를 측정하며 온도를 조절할 뿐 아니라 고객과 커뮤니케이션하는 기능까지 갖춰 건강관리 서비스까지 제공한다는 것이다. 이러한 비전을 담은 이야기는 고객을 기분 좋은 상상의 세계로 이끌며 기업과 함께 하는 미래를 꿈꾸게 한다.

스토리텔링이 경영에 활용될 경우 사람들은 가치와 감동, 재미를 기대한다. 이 때 명심해야 할 것은 비즈니스에서 스토리텔링은 스토리텔러 본인의 만족을 위한 이야기에 그치거나 고도의 예술성을 지향하는 실험예술이어서는 곤란하다는 점이다. 많은 사람들이 이해하고 좋아하며 재미를 느껴 소유하고 싶게 만드는 것이 기업 스토리텔링의 목적이다. 기업의 위기를 극복하고 도전을 자극하는 서사를 생산하기 위해서는 다양한 패턴 가운데 적절한 것을 선택할 수 있어야 한다. 이를 위해 기업의 문화를 이해하고 기업의 역사에 자부심을 갖되 기업의 약점까지도 파악할 수 있는 기업 내부 스토리텔러를 양산해야 한다. 더불어 기업 외부에서 보다 객관적으로 기업을 분석하고 전략적으로 스토리를 설계할 수 있도록 조언하는 전문가가 필요하다. 기업 내부와 외부의 스토리텔러들이 스토리텔링 작업에 공동으로 참여하여 부딪히는 가치들 사이의 갈등을 해결하고 기업의 비전을 제시하기 위해 다양한 패턴의 서사를 효율적으로 사용할 수 있어야 한다.

1. A사의 경쟁사인 B사에서 A사가 B사의 디자인을 흉내 냈다는 루머가 돌고 있습니다. 여기에 대해 유머로 대응하는 스토리텔링은 어떻게 구성되면 좋을까요?

2. 지식을 공유하기 위한 기업의 이야기는 어떤 것이 있을까요?

3. 사람들을 미래로 이끌기 위한 기업의 이야기 패턴을 찾아보세요.

4 브랜드 스토리 규칙

1) 댄 힐의 5가지 규칙

원래 '브랜드'라는 단어는 고대 영어 동사 baeman(burn, 불사르다)에서 유래된 것이라고 한다. 엘리자베스 시대 영국의 양조업자들은 다른 양조업자의 상품과 구별하기 위해 자신의 술통에 불로 지져 표식을 했다고 한다. 브랜드 스토리가 성공하기 위해서는 다른 브랜드와 차별성을 가진 이야기를 창조해야 한다.

댄 힐은 마크 트웨인의 훌륭한 픽션을 완성하기 위한 규칙을 브랜드 스토리에 적용하였다. 관련성, 명료성, 개연성, 일관성, 흥미성이 바로 그것이다.213 관련성이란 기업의 브랜드 스토리를 이루는 구성 요소들이 나름대로의 존재 이유를 지녀야 한다는 것을 의미한다. 각 요소들은 스토리가 궁극적으로 지향하는 목표지점에 안착할 수 있도록 서로 유기적으로 연결되어야 한다. 그다지 상관없어 보이는 에피소드가 나열만 되고 서로 간에 유대를 맺지 못하면 스토리는 막연해진다. 명료성이란 스토리가 혼란스럽거나 늘어지지 않으며 적절한 어휘를 선택해 명쾌하게 이야기하는 것을 의미한다. 개연성은 기업의 개성이 외적으로 드러나되 기업 스스로의 목소리를 통해 표현하는 것을 의미한다. 이때의 목소리는 사람이 말하는 것처럼 들려야 한다. 즉, 기업이 스스로 스토리텔러가 되어 자신의 개성 있는 이야기를 전해야 한다는 것이다. 일관성이란 스토리가 하나의 줄기를 토대로 나아가야 한다는 것을 말한다. 선과 악, 물질, 권력, 가치 등에 대한 개념이 같은 방향으로 나아가지 못하고 우왕좌왕한다면 스토리의 신뢰성 은 떨어지게 된다. 흥미성은 스토리가 호기심과 재미를 자아내는 요소를 지녀야 한다는 것을 말한다. 너무 지겹거나 혹은 현실과 괴리된 유머를 남발하는 이야 기에 사람들이 귀를 기울일 이유는 없다. 고객이 몰입할 수 있는 이야기를 창조 해야 한다. 우수한 브랜드 스토리를 창조하기 위해서는 이처럼 관련성, 명료성, 개연성, 일관성, 흥미성이라는 이야기의 규칙을 따르는 것이 좋다.

2) 신생 브랜드와 오래된 브랜드

브랜드에 스토리를 입히는 초기 단계 혹은 탄생한 지 얼마 안 되는 신생 브랜드의 경우 새로운 상황에 대해 수집된 요소들을 엮어 만든 이야기는 사실 을 기반으로 하는 다큐멘터리에 가깝다. 따라서 신화를 쓰거나 역사에 대해 이 야기할 수는 없지만 브랜드가 탄생하는 과정이나 고객들과 관계를 맺는 방식을 통해 여러 가지 이야기가 생겨날 수 있다. 기업의 실수나 고객의 반응, 제품과 서비스가 갖고 있는 독특한 면 등은 이야기의 좋은 소재가 된다. 그러나 정보를 수집해서 보여주는 것만으로는 부족하다. 사실에 상상을 더해 브랜드의 미래에 관한 비전을 보여주며 고객을 꿈의 세계로 인도할 수 있어야 한다.

반면 오래된 브랜드의 경우 사실에 허구가 보태지고 이야기의 특정 부분이 부풀려지거나 빠지면서 브랜드 스토리는 사실보다는 허구에 가깝게 변모한다. 우리나라의 대표적 소화제로 알려진 활명수는 120년의 역사를 지니고 있다. 고 종임금이 대한제국의 황제로 즉위하던 1897년 당시 궁중 선전관으로 있던 민병 호 선생이 개발한 것이라고 한다. 궁중에서만 복용되던 생약을 백성들에게 효용 을 주고자 서양의학을 접목하여 만든 우리나라 최초의 신약이다. 민병호 선생과 그의 아들은 이 약을 보급하기 위해 동화약방을 설립하고 이 약에 '생명을 살리 는 물'이라는 뜻을 담아 활명수라 이름 붙였다. 오래된 브랜드에 관한 이야기는 우리가 그 시대를 잘 알지 못하기에 신비롭고 허구에 가깝게 느껴진다. 그 자체로 흥미를 느끼게 하지만 그렇다고 같은 이야기를 계속 우리려고 해서는 곤란하다. 외부로 눈을 돌려 새로운 관계를 맺으며 새로운 이야기를 쓰기 위해 노력해야 한다.

3) 핵심 스토리

브랜드 스토리는 전통적인 우화의 내러티브와 비슷하다. 여기에는 '누가, 무엇을, 왜, 어디서, 언제, 어떻게, 누구의 도움으로' 등의 질문에 대한 답이 포함되어 있다.[214] 브랜드 스토리는 이야기의 기본이 되는 '시작, 중간, 끝'의 3부분이 들어 있으며, 연대기적 시퀀스 안에 다양한 사건들이 전개되고 플롯으로 구성된다.[215] 이야기는 가치의 진술(value statements)이며,[216] 갈등을 포함한다. 갈등은 행동을 추진시키는 원동력이며 조화로운 상태로 돌아가기 위해 탐색하는 과정이다.[217] 브랜드 스토리는 이러한 요소들을 포함하고 있어야 한다.

덴마크의 커뮤니케이션 회사인 SIGMA의 스토리텔링 전문가들인 Fog, Budtz, Yakaboylu 등은 회사를 움직이기 위한 핵심 스토리(core story)를 찾아내는 것이 브랜드 스토리텔링의 중요한 목적이라고 강조한다. 제품의 성능이나 가격, 디자인 등에서 차별화를 꾀하기가 점점 어려워지는 현실에서 기업의 브랜딩 전략을 세우기 위해서는 기업의 가치를 입힌 핵심 스토리를 이용해야 한다.[218] 성능이나 기능 면에서 별다른 차이가 없는 상황에서 가장 효과적인 차별화 전략은 고객의 감성에 호소하는 것이다. 기업이나 제품에 대해 매력적인 이야기를 하는 것도 그러한 전략 가운데 하나이다.[219]

스토리텔링은 브랜드 전략에 부합하도록 기업의 핵심 스토리를 만들어야 하며 이를 통해 기업의 각 분야가 유기적으로 결합할 수 있도록 해야 한다. 핵심 스토리를 개발하기 위해서는 광고, PR, 브랜드의 역사, 기업의 조직과 조직원, 고객과의 소통 등에 관한 내용을 상세하게 파악하고 이해하는 능력이 필요하다.

1. 신생 브랜드와 오래된 브랜드의 스토리를 찾아 비교해 보세요.

2. 자신이 좋아하는 브랜드의 핵심 스토리는 무엇인지 찾아보세요.

5 브랜드 스토리텔링 설계

1) 스토리라인

스토리라인은 스토리의 줄거리나 구상을 의미한다. 전체적인 스토리를 작성하기에 앞서 대략적인 아웃라인을 잡은 개요를 작성해야 한다. 영화나 드라마에서는 시놉시스, 광고에서는 콘티라고 부르는 개요가 필요한데 형식이나 이름이 무엇이든 본격적인 창작에 들어가기에 앞서 아이디어의 스케치부터 시작한다. 스토리라인을 잡는 것은 투자자에게 전체적인 아웃라인을 설명함으로써 스토리텔링에 대한 이해를 도모할 수 있으며, 만약 이야기의 방향이 잘못될 경우 발생할 수 있는 시간적, 재정적 손실을 방지할 수 있다.

스토리라인은 명료하고 간결해야 하며 반드시 필요한 내용만을 담아야 한다. 불필요한 내용은 생략하고 가장 중요한 줄거리와 갈등 요소, 이야기에 재미를 부여하는 요소들을 포함한다. 좋은 줄거리를 갖추기 위해서는 긴장감을 주거나 감동을 불러일으키는 극적인 탈출, 극적인 만남, 극적인 이별 등 드라마틱한 요소들을 적재적소에 잘 배치해야 한다.

스토리라인은 사회적 위계, 영토권, 집단 정체성, 시간성을 포함한다.[220] 사회적 위계란 보다 높은 것, 보다 발전 가능성이 높은 이미지와 체험이 담겨야 한다는 것을 의미한다. 영토권은 우리의 안위를 위태롭게 하는 것을 피하고 안에 있되 밖이 잘 내다보이는 피난처 같은 곳을 지향하는 속성을 말한다. 집단 정체성이란 여러 가지 걱정과 근심으로 인해 인간이 하나의 이미지나 주제 아래 모이려고 하는 것으로 이것이 결국 집단의 특성을 이루게 된다. 변화를 수용하는 것은 그것이 치명적인 위협이 되지 않을 때이다. 인간의 수명은 유한하기 때문에 변화를 꺼려하고 현상유지를 선호하게 되는데 이는 바로 시간성이라는 요소 때문이다.

스토리라인을 작성하기 위해서는 고객에 대한 이해가 선행되어야 한다. 고객은 제품을 경험하거나 서비스를 제공받으면서 브랜드와 감성적으로 접촉한다. 따라서 고객이 느끼고 생각하며 판단하는 것을 스토리라인에서 반영해야 한다.

한계를 넘어서며 고객을 특별하게 대하고 긍정적인 감정을 담은 스토리라인을 작성한다. 행복, 기쁨, 친절, 칭찬, 확신, 희망, 감사, 평화, 자존감, 만족, 열정과 같은 긍정적인 감정을 담은 스토리라인은 고객이 브랜드에 대해 호감을 갖게 만든다. 브랜드 스토리라인은 CEO, 임직원, 고객, 경쟁사, 미디어, 기업의 문화, 제품에 관한 분야로 구분해 볼 수 있는데 최근에는 각 분야가 혼용되기도 한다. CEO와 고객이 만나거나 기업의 문화와 미디어가 합쳐지는 경우도 있다.

2) 제목과 주제

브랜드 스토리의 제목은 회사와 제품명을 연상시킬 수 있는 것이라야 한다. 제목을 들으면 곧바로 고객의 머릿속에 떠오르는 내용이 기업이 목표로 하는 것과 일치할 수 있는 것이 적당하다. 시적이고 드라마틱하며 놀라움을 주는 제목이라 하더라도 그 자체로 자극이 될 뿐 회사나 제품과 연결되지 못한다면 소용이 없다.

주제란 이야기에 방향성을 부여하며 등장인물들이 어떻게 행동해야 하는지를 정해준다. 브랜드 스토리의 시작부터 종결시점까지 부여잡고 가야 하는 중요한 요소이다. 회사와 제품이 정해지면 어떤 가치를 담고 누구를 타깃으로 어떤 위치에서 이야기를 전개할 것인지를 정한다. 브랜드 스토리의 주제는 왜 이 이야기를 해야만 하는가에 대한 당위성을 담고 있다. 모든 브랜드는 선택받고 싶으며 사랑받고 싶은 욕망을 지닌다. 주제는 이를 반영해야 하고 고객이 들어주려는 의사를 표시한다면 일단 브랜드 스토리는 고객의 눈길을 끄는 데 성공한 것이다.

3) 장 르

장르란 이야기에서 공통된 특징으로 나눌 수 있는 영역이나 양식, 형식을 의미한다. 사람들은 장르에 대해 익숙해져 있으며 어떤 장르가 어떠할 것이라고 짐작하고 기대한다. 예를 들어 코미디장르라면 웃음을, 비극적 장르라면 슬픔을, 공포물이라면 스릴과 두려움을, 로맨틱이라면 아름다운 사랑에 대한 기대를 갖는다. 장르는 새로움과 낯섦을 모두 지녀야 생명력을 지닐 수 있다. 대중적으로 너무 익숙한 내용에 치우치면 지루해지고, 너무 새로우면 거리감을 느끼기 때문에 친숙함과 참신함 사이에서 적당히 익숙하고 적당히 새로운 면을 보여주어야 한다.[221]

브랜드 스토리의 장르는 매체별로 라디오, TV, 인쇄매체, SNS 등으로 나눌 수 있으며 이야기의 형식별로 광고, 캠페인, 픽션, 논픽션, 이야기의 주체별로 CEO, 직원, 고객, 제품, 이야기의 유형별로 액션, 드라마, SF 등과 같은 카테고리로 구분할 수 있다. 장르를 정하기 위해서는 현재 인기 있는 장르는 무엇인지, 브랜드의 성격에 맞는 장르는 무엇인지 철저하게 분석해야 한다. 고객이 익숙해져 있는 이야기의 유형에 새로운 요소를 가미하여 익숙하되 참신한 모습으로 고객에게 다가가야 할 것이다.

4) 이야기의 무대

이야기의 무대는 이야기가 펼쳐지는 시간적 · 공간적 배경을 의미한다. 비슷한 이야기라도 언제 어디에서 전개되는지에 따라 고객의 감흥은 달라진다. 고객이 마음속에 떠올리는 브랜드의 토양이 되는 곳이자 고객의 마음을 사로잡은 매력적인 곳이 바로 이야기의 무대가 된다. 브랜드 스토리의 배경이 되는 무대는 브랜드네임, 로고, 창업 장소, 직원이 일하거나 고객이 제품과 만나는 곳, 기업과 고객이 소통하는 공간 등을 모두 포함한다. 브랜드 스토리가 전개되는 장소는 기획단계에서부터 전략적으로 선정해야 한다. 브랜드와 연관이 있거나 그 장소를 보고 들었을 때 브랜드를 떠올릴 수 있는 곳이 좋다.

여행사의 이벤트형 스토리텔링을 기획한다면 결혼이주여성의 체험수기를 공모해 이를 책으로 출판하고 모국에 있는 가족을 만나도록 지원하는 프로그램을 생각해볼 수 있다. 남편 한 사람을 보고 고향을 떠나 낯선 땅에서 수많은 갈등과 문제에 부딪히는 결혼이주 여성. 그 중에서도 부모님을 만나고 싶지만 경제적인 어려움 때문에 만날 수 없다는 문제를 기업이 해결해줄 때 이야기의 무대는 한국에서 그리운 고국으로 옮겨지고 기업은 문제를 해결해주는 조력자의 역할을 담당한다. 여기서 한국은 사랑과 꿈을 이루는 이야기가 펼쳐지는 로맨틱한 장소이고, 이주여성의 고향은 부모 형제가 있는 아련한 추억과 정을 담은 장소가 된다.

미국 펜실베이니아에는 허쉬(Hershey) 마을이 있다. 허쉬 초콜릿을 생산하는 공장과 학교, 호텔, 박물관, 테마파크 등으로 이루어져 있다. 키세스 초콜릿 모양의 가로등이 불을 밝히고 길 이름도 코코아 애브뉴, 초콜릿 애브뉴라고 붙였다. 이곳은 허쉬초콜릿이라는 회사가 탄생한 곳이며 직원들이 즐겁게 일할 수 있도록 지어진 곳이다. 허쉬 마을은 허쉬라는 기업의 달콤한 역사와 이야기가 시작된 곳이자 지금도 고객과 만나며 대화하는 무대가 되고 있다.

2010년에 문을 연 로드샵 화장품 브랜드인 홀리카홀리카의 무대는 마법의 성 콘셉트를 지닌 매장이다. '홀리다'라는 우리말을 응용하여 '홀리카홀리카'라는 브랜드명을 사용했으며 이는 브랜드의 이름인 동시에 예뻐지고 싶을 때 외우는 주문이기도 하다. 동화에 나오는 마법사의 집처럼 몽환적이고 신비로운 분위기의 매장은 주문을 외우면 소녀에서 숙녀로 변신이 가능한 장소이다. 이곳에서는 푸석푸석한 피부를 매끈하게 해 주는 기적 같은 일이 일어나며 크고 또렷한 눈매로 만들어주는 마술봉 아이라이너와 같은 제품을 만날 수 있다.

10대를 타깃으로 한 화장품 에뛰드 하우스는 핑크색상을 중심으로 아기자기하고 귀여운 느낌의 매장을 이야기의 무대로 꾸몄다. 마치 동화 속 공주의 나라에 온 것 같은 느낌을 주는 매장에서 고객들은 아름다움에 대한 이야기를 듣고 꿈꾸며 자신의 이야기를 쓰고 싶어진다. 매장의 구석구석을 누비는 고객의 모습에서 우리는 이야기의 무대가 얼마나 중요한지 알 수 있다.

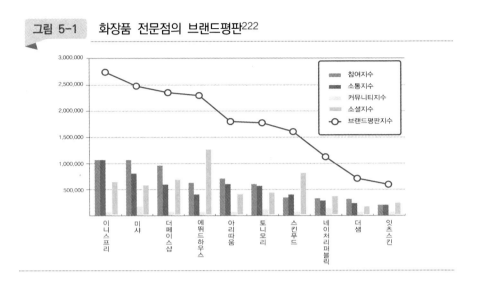

그림 5-1　화장품 전문점의 브랜드평판[222]

　　이야기는 이성과 지식을 넘어 감성으로 교감하는 것이다. 기업이 고객의
신뢰를 얻고 사랑을 받기 위해서는 고객을 초대하는 최초의 장소가 기억에 남
을 수 있도록 강렬해야 하며 다음 기억까지도 끌어낼 수 있어야 한다. 매력적인
장소로 초대받은 고객은 호기심을 느끼고 충족시킨다. 서서히 고객이 행복감과
안정감을 경험하면서 오래 머물고 싶어 한다면 견고한 이야기 나라를 만드는
데 성공한 것이다. 브랜드 스토리를 설계하는 데 있어 고객의 욕망을 반영하고
꿈을 실현시키는 독특한 이야기 나라를 창조하는 것은 어렵고도 중요한 작업
이다.

5) 인　물

　　브랜드 스토리에 등장하는 인물은 고객의 관심을 끌 수 있는 개성을 지니
고 있다. 주인공이나 조력자는 고객의 롤모델이 되어야 하고 적대자는 고객의
비난과 증오를 받는 인물이어야 한다. 롤모델이 된다는 것은 여러 가지 의미를
지닌다. 의지, 용기, 부, 명예, 아름다움, 멋짐, 지성, 선행 등 브랜드의 콘셉트에
부합하는 분야에서 롤모델이 될 수 있어야 한다. 반면 주인공과 적대적인 관계

에 있는 인물은 반드시 엄청난 해악을 끼치는 절대 악의 상징일 필요는 없다. 코라콜라와 펩시콜라는 음료업계의 오랜 경쟁사이다. 펩시콜라는 코카콜라를 빼면 이야기가 안 될 정도로 경쟁사인 코카콜라를 물고 늘어졌다.

펩시콜라는 1898년 미국 노스캐롤라이나 주의 약사 출신인 캘러브 D. 브래덤(Caleb D. Bradham)에 의해 탄생했다. 12년 전 코카 나뭇잎과 콜라의 열매로 만들어진 제품인 코카콜라보다 늦은 출발이었기에 여러모로 불리했다. 무엇보다 코카콜라는 정부의 각종 특혜를 받으며 미국을 대표하는 음료로 성장한데 반해 펩시는 부도를 겪기까지 하는 등 우여곡절이 많았다. 어떻게 보면 상대가 안 되는 후발주자이자 만년 2등이었는데도 펩시콜라는 코카콜라를 경쟁상대라고 부르며 이야기의 무대로 끌어들였다. 특히 비교 광고를 만들며 상대편의 약을 돋우는 전략을 썼는데 코카콜라는 이에 대해 여유 있게 응수하며 고객들에게 재미있는 볼거리를 제공하였다. 매출이나 인지도면에서 언제나 우위를 차지했던 코카콜라는 펩시의 광고에서 얻어터지거나 선택받지 못하는 패잔병으로 등장한다.

그림 5-2　**펩시콜라의 비교광고**

나란히 놓인 두 회사의 음료 자판기 가운데 펩시 자판기 앞쪽 길만 사람들이 많이 다닌 흔적을 남기며 빨대는 코카콜라가 싫어 휘어지고 코카콜라 직원은 몰래 펩시콜라를 마시기도 한다. 코카콜라는 2층에서 팔지만 펩시는 어디에

나 있다는 비교 광고를 통해 주인공인 펩시콜라는 사랑받고 선택받는 존재로 등장하는 반면 코카콜라는 실패하고 버림받는 적대자로 등장한다. 이야기의 무대는 펩시가 주인공으로 등장해 고객으로부터 듬뿍 사랑을 받는 행복한 곳이지만 사실 이는 현실과는 거리가 멀었다. 현실에서는 늘 코카콜라가 이겨왔기 때문이다. 그런데 이러한 펩시의 바람에 고객이 공감한 덕분인지 펩시는 2004년 전체매출에서 73억 달러 차이로 코카콜라를 제쳤으며 마침내 2005년 12월, 112년 만에 시가총액으로 코카콜라를 앞지르는 성과를 거두었다.

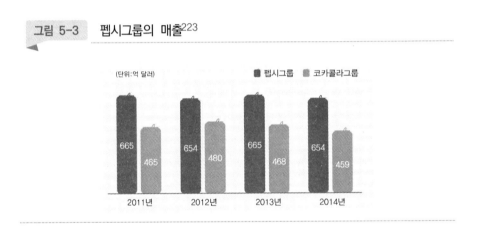

그림 5-3 펩시그룹의 매출[223]

(단위:억 달러)   ■ 펩시그룹 ■ 코카콜라그룹

	2011년	2012년	2013년	2014년
펩시그룹	665	654	665	654
코카콜라그룹	465	480	468	459

브랜드 스토리에 등장하는 인물은 의인화가 특징이다. 기업과 경쟁사, 기업의 목표, 제안, 고객을 비롯해 깡통, 박스, 고무와 같은 제품도 대부분 생명이 있으며 생각하는 인물로 등장한다. 이야기 속에서 주인공은 갈등을 해결하고 목표를 추구하며 달성하는 영웅적인 인물이다. 영웅의 행동이 칭송받기 위해서는 이로 인해 수혜를 받고 이익을 얻는 인물이 있어야 한다. 이야기가 생명체처럼 움직일 수 있는 것은 갈등을 해결하기 위한 다양한 시도에서 비롯된 것이다. 이야기 속에 등장하는 인물들은 갈등을 일으키며 구체화하고 경쟁이나 투쟁, 협상 등을 통해 갈등을 해소한다. 주요 인물은 목표나 사명을 추구하며 적대자가 만들어낸 어려움을 극복하는데 이를 위해 조력자(지지자, 후원자)의 지지가 필요하다. 또한 주요 인물이 그의 목표를 성공적으로 수행하기 위해서는 사명의 성공

이 절실히 필요한 수혜자가 있어야 한다.[224]

브랜드 스토리가 현대사회의 신화가 되기 위해서는 '브랜드영웅'이 필요하다. 영웅이란 자신이 옳다고 믿는 가치를 위해 싸우며 모든 것을 바칠 수 있는 인물이다. 오늘날 지역사회와 국가의 지도자, 혹은 조직의 대표들 가운데 리더십을 발휘하고 고귀한 목표를 위해 전진하는 인물들은 신화와 전설에서 이어온 영웅의 캐릭터를 승계 받았다고 할 수 있다. 따라서 이들을 브랜드마케팅에 영웅적 주인공으로 등장시켜 브랜드 이미지를 제고하는 것이 가능하다. 국가브랜드를 대내외적으로 마케팅하려 한다면 국가 지도자의 영웅적인 면을 강조하고 이를 부각시키는 스토리의 설계를 생각해볼 수 있다.

브랜드 스토리에서 조력자는 주인공을 넘어서지 않으면서 주인공을 지지하고 도와주는 역할을 하는 인물이다. 미국 대선에서 대통령 후보 부인들의 지지연설 같은 것에 해당한다. 버락 오바마가 두 번째 미국 대통령 후보로 나섰을 때 그의 부인 미셸 오바마는 팔뚝이 드러나는 기성복 원피스를 입고 민주당 전당대회에 나타났다. 미셸은 가난했던 시절에 대해 "버락에게 가장 소중한 재산은 쓰레기 창고에서 찾아낸 커피 테이블이었고, 단 하나 있던 정장용 구두는 너무 작았다"며 낭만적으로 이야기를 풀어내었다. 경쟁자였던 롬니 후보의 아내 앤 롬니는 고급스럽고 사랑스러운 억만장자의 전업주부 아내의 이야기를 들려준 반면 미셸은 친서민적인 스토리텔링으로 오바마를 지지했다. 그 결과 앤 롬니의 연설 당시 트윗은 6000건을 웃돌았지만 미셸 오바마의 연설에서는 분당 트윗 수가 2만 8000건이었다. 낡은 커피 테이블과 단 하나뿐인 정장 구두는 소박하고, 인간적인 면을 강조하면서 사람들의 감성을 자극하였다. 이처럼 주인공을 향한 조력자의 행동과 말이 주인공의 가치와 일치를 이룰 때 주인공의 역할은 더욱 빛나며 설득력을 지니게 된다.

표 5-1   브랜드 스토리의 등장인물과 특성

인물	주인공	적대자	조력자	수혜자
역할	기업, 직원, 고객, 제품, 서비스	경쟁사 문제	기업, 직원, 고객, 협력사, 지자체, 국가	(잠재적) 고객, 직원, 사회적 약자, 사회, 세계(지구)
특성	롤모델 매력적 영웅적	경쟁적 관계 문제·갈등유발	지원 지지 후원	약자 문제해결(도움) 이 절실한 상태

ABC마트는 2016년 말 '세상에 없던 신발'에 관한 아이디어를 공모했다. 그 가운데 우수자 10명을 선발해 아이디어를 담은 신발을 제작했고 사랑의 열매 (서울사회복지공동모금회)에 1000켤레를 기부했다.[225] 세상에 없던 신발이라는 ABC마트 브랜드 스토리의 주인공은 10명의 고객이며 조력자는 ABC마트, 적대 자는 경제적으로 어려운 상황, 수혜자는 도움이 필요한 사람들이다. 여기에는 기업의 사회공헌활동에 제품과 관련된 인물들이 등장하고 문제를 해결함으로써 아름다운 결말을 보여주는 감동적인 브랜드 스토리가 들어 있다.

그림 5-4   ABC마트 세상에 없던 신발

6) 플 롯

플롯은 이야기에서 일련의 사건을 선택하고 배치하는 이야기의 구조를 말한다. 문학에서 플롯이란 종종 등장인물의 내적 갈등이나 등장인물 간의 갈등, 자연적 힘이나 정치 체계와 같은 여러 요인들 사이의 갈등으로 표현되기도 한다. 브랜드 스토리에서 플롯이란 이야기가 전개되면서 여러 가지 변화를 겪는 것으로 상품(서비스나 이벤트)의 기획과 제안, 소비자 욕구, 갈등발생, 갈등해소와 같은 이야기의 진전과 변화를 의미한다.

성공적인 플롯을 구성하기 위한 전략이 무엇인지에 대해 학자들은 여러 가지 요소들을 제시하고 있다. 김정희는 보편성, 참신성, 완결성을 주요 요소로 들고 있는데, 보편성은 "쉽고 친숙한" 이야기를 들려주는 것이며, 참신성은 보다 "새롭고 낯선 형식"의 이야기를 꺼내는 것이고, 완결성은 "논리적 결합"을 강조하여 "보다 명료한 의미 전달과 미적 즐거움을 부여"하는 것이다.[226] 칩 히스와 댄 히스는 플롯을 도전 플롯, 연결 플롯, 창의성 플롯의 세 카테고리로 분류한다.[227] 도전플롯은 힘든 여정을 통해 목표를 달성하는 사람들의 이야기를 담는 것이다. 사업에 실패하고 재기에 성공한 사람이나 스타팅 기업의 창업주, 장애를 이겨낸 학자 등 겉보기에는 연약하지만 불굴의 의지로 도전에 성공한 사람들에 관한 이야기를 의미한다. 연결 플롯은 직업, 국가, 나이, 성별 등의 차이를 극복하고 대립되는 집단 간의 반목을 조정시키는 "관계"를 핵심으로 한다. 다른 나라들이 벌이는 전쟁의 현장에서 취재를 하는 종군기자나 종교와 무관하게 교육을 하고 의술을 펼치는 박애주의자들에 관한 이야기가 여기에 해당한다. 창의성 플롯은 오래된 책에 숨겨진 암호를 해독하거나 지혜와 아이디어로 미션을 수행하는 것, 모나리자의 미소나 최후의 만찬에 담긴 미스터리를 새로운 방식으로 풀어내는 것과 같이 독창적이고 다양한 시각으로 해결책을 찾아가는 내용을 담고 있다.

브랜드 스토리의 플롯은 변화를 추구하고 새로운 이야기를 듣고 싶어 하는 고객, 투자자, 직원들이 기대하는 변화와 새로움에 관한 욕구를 반영해야 한다.[228] 기업이나 소비자, 우리 사회가 당면한 난해하고 복잡한 문제를 해결해

나가는 과정을 보여주기 위해서는 개성 있는 인물이 등장해야 하며 극적인 사건이 필요하다. 편두통과 같은 신체적인 고통을 비롯해 장애인과의 소통, 자녀에 대한 애정의 표현, 주행할 때 소음 감소 등 소비자는 여러 가지 사안에 대해 문제를 지니고 있다. 기업은 소비자의 문제를 해결하고 욕구를 만족시켜야 하는데 현실적으로 기업의 능력에는 한계가 존재한다. 가격이나 기술, 디자인, 성능, 경쟁사, 인력수급, 진입장벽 등 기업 역시 많은 문제가 있지만 어려움을 이겨내고 소비자를 만족시켜야 하는 사명을 지니고 있다. 이러한 과정을 담아내는 것이 바로 브랜드 스토리의 플롯이다.

Demonstrating Comprehension

1. 브랜드 스토리텔링의 사례를 찾아 스토리라인, 제목과 주제, 인물, 장르, 이야기의 무대, 플롯을 분석해 보세요.

2. 본인이 원하는 브랜드를 선택해 브랜드 스토리텔링을 설계해 보세요.
   - 스토리라인
   - 제목과 주제
   - 장르
   - 이야기의 무대
   - 인물
   - 플롯

◖ 마케팅을 위한 스토리텔링 설계 10계명 ◗

1. 단순하게 구성한다.
2. 매력적인 인물을 창조한다.
3. 하나의 스토리에 하나의 메시지를 담는다.
4. 가치를 담은 메시지를 전달한다.
5. 신화, 전설, 민담, 고전 등에서 아이디어를 얻는다.
6. 특별한 사건이 일어나야 한다.
7. 몰입을 이끌어낼 수 있는 흥미성을 지녀야 한다.
8. 목적에 부합하는 스토리를 만든다.
9. 익숙하고 보편적인 플롯으로 구성한다.
10. 해피엔딩으로 결말을 맺는다.

맺는 말

스토리와 텔링의 합성어인 스토리텔링은 정치, 경제, 사회, 문화 전반 특히 대중소비문화를 주도하는 미디어와 엔터테인먼트 산업의 토대가 되고 있는 담화 기법이다. 이야기가 평면적인 데 비해 스토리텔링은 역동적이며 상황과 대상에 따라 적절히 이야기의 내용을 변형시킬 수 있는 유연성, 이야기를 듣는 대상과의 상호작용성, 이야기를 듣고 난 뒤 청자가 들은 바에 따라 실행에 옮기도록 하는 행동이라는 특징을 지닌다. 이 책은 스토리텔링의 이해를 바탕으로 마케팅 분야에서 어떻게 스토리텔링이 적용되는지에 대해 이론적·실무적 측면에서 살펴보고자 기획되었다.

1장에서는 스토리가 무엇인지 밝히면서 이야기의 최소 단위와 구성방식에 대해 설명하고 있다. 더불어 신화와 전설이란 주제를 통해 기업의 브랜드가 어떻게 신화화되며 고객은 이러한 신화의 소비를 통해서 어떻게 삶의 의미를 갖게 되는지 밝히고 있다. 신화나 전설에 나오는 인물이나 내용을 잘 기억하듯이 기업은 기업의 브랜드를 마치 하나의 신화 혹은 전설처럼 만들려고 한다. 이를 위해 신화나 전설의 내용을 차용하여 기업명이나 제품명, 로고 등을 만들기도 한다.

오늘날 스토리텔링은 다양한 분야에서 활용되고 있다. 교육과 마케팅 분야에서 더욱 활발히 이용되고 있다. 교육 분야에서 스토리텔링은 학생들의 흥미를 유발시키며 동기부여에 효과적이다. 무엇보다 스토리텔링 방식의 교육은 학생들의 기억을 용이하게 하는데 학습자는 유입된 정보를 자신의 경험과 연결시켜 오래, 그리고 자세히 기억하게 된다. 이러한 스토리텔링의 기능은 소비자에게 제품의 정보를 제공하는 데 있어서도 마찬가지로 작용한다. 스토리를 담은 광고나 캠페인은 소비자들에게 긍정적인 이미지를 전달하며 회사와 제품, 브랜드에 대해 좋은 기억을 남기도록 해 준다.

브랜드의 특성과 잘 어울리는 이야기를 만들어 소비자의 마음을 움직이는 스토리텔링 마케팅은 브랜드 홍보에 적극적으로 활용되고 있다. 마케팅 분야에서 입소문과 바이럴마케팅은 간혹 스토리텔링 마케팅과 유사한 개념으로 쓰이기도 한다. 그러나 입소문이나 바이럴마케팅은 정보의 전파과정을 설명하는 개념인 데 반해 스토리텔링은 정보의 생성에 초점을 둔다는 점에서 분명한 차이가 있다.

마케팅 환경은 인터넷 시대의 도래로 인해 급격한 변화를 겪고 있다. 소비자는 인터넷을 통해 손쉽게 제품에 대한 정보를 얻고 의사결정 역시 기존의 전통적 매체의 정보에 의존하는 것이 아니라 인터넷을 통해 연결된 다른 소비자의 제품 정보 경험을 공유한다. 그리고 인터넷은 국내시장에만 국한되어 소비하던 소비자들에게 보다 넓은 시장을 제공하게 되었다. 마케팅 실무자들에겐 보다 많은 경쟁자가 생기게 된 것이다. 이러한 환경에서 마케팅 실무자들의 새로운 마케팅 전략의 모색은 더욱 절실해 졌다. 이러한 새로운 전략 중 효과적인 것이 바로 스토리텔링 마케팅이다. 효과적인 스토리텔링 마케팅을 구현하기 위해서는 기본적으로 스토리텔링의 이론적 측면을 들여다보아야 한다.

2장은 스토리텔링에 대한 이론적 논의로 이뤄졌다. 스토리텔링은 인간의 원시적 삶에서부터 함께 하였다. 이야기는 족장의 권위로 대표되기도 하고 초자연적 힘이나 우주의 원리를 전하는 데 쓰이기도 하며 부족의 의식, 신화, 전설을 공유하는 데 매우 중요한 도구였다. 이야기는 단순히 담화의 수준에 멈추지 않고 우리의 사고 양식을 지배하는 패러다임으로 역할을 한다. 따라서 우리의 경험은 이야기 구조로 체험되고 묘사된다. 스토리텔링이 실현되기 위해서는 이야기 요소와 구조가 필요하다. 이야기라는 텍스트가 필요하며 이를 상호작용할 화자와 청자가 필요하다. 그런데 과거와 달라진 이야기 구조는 커뮤니케이션 채널이다. 화자와 청자 사이를 이어주는 채널이 일대일, 일대다, 다대다를 가능하

게 하는 환경이 조성되면서 이야기의 확산 속도가 급속히 빨라지고 다양한 이
야기의 창조와 변형이 용이해진 것이다. 이는 마케팅 실무자들에게 기회이자 위
협이 되기도 한다. 소비자들은 다양한 채널을 통해 손쉽게 제품의 정보를 공유
하고 제품을 평가하게 된다. 소비자의 평가는 매우 빠른 속도로 다른 소비자에
게 전파되고 있다.

　　마케팅 분야에서 스토리텔링의 중요성과 활용방안에 대한 논의가 활발한
반면 스토리텔링 마케팅의 실질적인 효과에 대한 논의는 상대적으로 부족하다.
이러한 현실을 감안하여 이 책은 스토리텔링 마케팅의 다양한 효과에 대해 고
찰하였다. 스토리텔링은 마케팅의 중요한 개념 중에 하나인 브랜드 인지에 강력
한 효과를 거둘 수 있다. 브랜드 인지는 지각과 기억의 인지 과정을 통해서 형
성된다. 인지 과정에서 스토리텔링은 중요하게 작용한다. 제품 판매의 첫 단계
는 소비자들이 제품명을 기억하는 것인데 스토리텔링은 소비자가 브랜드를 인
지하는데 다양한 형태로 도움을 준다. 예를 들면 브랜드를 연상하게 하는 에피
소드, 간접체험, 가십 같은 것이 있다. 브랜드의 태도에도 스토리텔링은 탁월한
효과를 발휘한다. 브랜드 태도는 브랜드에 대한 소비자의 호의적 혹은 비호의적
선호를 의미한다. 감성적 스토리텔링은 브랜드에 대해 인상적인 태도를 형성하
게 해 준다. 결과적으로 브랜드 인지와 브랜드에 대한 태도는 브랜드 경험으로
연결된다. 브랜드의 스토리 유형으로 본문에서 브랜드 히스토리, 브랜드 스토리
슈머, 브랜드 콘텐츠를 소개하고 있는데 이를 통해 소비자는 브랜드를 더욱 효
과적으로 강력하게 경험하게 된다.

　　3장에서는 감성과 스토리텔링 마케팅, 관계와 스토리텔링 마케팅, 가치와
스토리텔링 마케팅, 그리고 감각과 스토리텔링 마케팅에 대해서 논하였다. 최근
마케팅 실무자들에게 스토리텔링이 빈번하게 활용되고 있는 이유 중에 하나는
스토리텔링이 감성 마케팅에 중요한 역할을 하기 때문이다. 감성 마케팅은 감정
을 자극하거나 혹은 감정의 정화를 이끌어 내는 것이다. 감성 마케팅은 마케팅
분야에서 광고뿐만 아니라 구매행동과 소비자의 충성도에 영향을 미친다. 감성
을 자극하는 요소를 지닌 스토리는 보다 많은 사람들에 의해서 회자된다. 따라
서 브랜드 스토리는 감성코드를 지니고 있어야 하며 진정성이 느껴져야 고객에

게 감동을 전하는 스토리텔링 마케팅이 구현된다.

　스토리텔링 마케팅은 관계마케팅과도 연관성을 지닌다. 관계마케팅은 기업이 고객, 공급업자, 유통업자 그리고 기타 마케팅 파트너들과 같은 이해관계자들과 장기적이고 호혜적인 관계를 구축하는 것이다. 스토리는 기업에 의해서 만들어지기도 하지만 고객에 의해서 생겨나기도 한다. 기업과 고객을 잇는 이야기는 그들의 관계를 긍정적인 관계로 이끌며 관계마케팅에 효과적으로 작용한다. 가치마케팅은 마케팅의 중요한 역할 가운데 하나로 소비자에게 가치를 창조하고 이를 전달하는 마케팅 역할을 담당한다. 기업 측면에서 가치는 다양한 형태로 나타나는데 브랜드 네임, 슬로건, 광고 등을 통해 기업이 추구하는 목표나 비전, 가치를 소비자에게 전달한다. 전통적 소비자는 이러한 기업의 가치를 제공받는 역할에 머물렀으나 매체의 발달로 소비자 스스로 가치를 창조하기도 한다. 스토리텔링은 기업과 소비자의 가치생성 과정에 참여한다.

　마지막으로 3장에서 다뤘던 것은 감각과 스토리텔링 마케팅이다. 감각마케팅은 소비자의 지각적／정서적 반응을 자극하기 위하여 감각적 요소를 사용하는 것을 말한다. 그런데 감각마케팅은 소비자의 일시적인 호기심을 충족시킬 수 있으나 지속적인 관심을 갖기에 부족하다. 여기에 이야기 요소를 가미할 경우 고객과의 활발한 상호작용이 이루어지고 지속성을 유지할 수 있게 된다.

　4장에서는 스토리텔링 마케팅의 목적, 스토리텔링의 내용, 스토리의 소재 등에 대해 다루었다. 스토리텔링의 목적은 다양하게 논의될 수 있다. 특히 기업의 이미지 제고나 변신, 새로운 비전을 통한 기업의 정체성 확립에 대해 소통하는 데 있어 스토리텔링은 매우 효과적이다. 소비자는 제품과 서비스를 구입하고 소비하는 데 있어서 이미지에 의한 영향을 받게 된다. 경쟁이 치열해지면서 제품과 서비스의 특성은 거의 표준화되어가고 있다. 이에 따라 소비자는 이미지를 통해 차별성을 인식하게 되었다. 기업이 기존의 구체적인 제품과 서비스 광고에서 벗어나 이미지 광고에 열을 올리는 것도 이 때문이다. 기업 이미지, 제품 이미지, 서비스 이미지는 소비자의 구매를 결정하는 매우 핵심적인 요소이다. 따라서 기업은 보다 나은 이미지 형성을 위해서 전력을 다할 수밖에 없는 것이다. 이 책에서는 기업 이미지 형성과정 모델의 하나로 커뮤니케이션을 제시하였다.

기업이 추구하는 이미지가 일방향적으로 형성되기는 쉽지 않다. 고객과의 상호작용을 통해서 기업 이미지가 형성되는데 상호작용의 핵심은 커뮤니케이션이다. 스토리텔링은 커뮤니케이션 활동의 일부로 고객을 포함한 이해관계자와의 원활한 소통과 함께 기업 이미지 형성에 효과적으로 기여할 수 있다.

기업의 이미지 제고와 함께 스토리텔링 마케팅의 또 다른 목적은 기업정체성 형성을 들 수 있다. 기업의 정체성은 기업의 마케팅 믹스 중 하나인데 다양한 요소로 이뤄진다. 이때 스토리텔링이 중요한 요소로 작용한다. 스토리텔링은 기업의 정체성 형성과 유지에 도움을 줄뿐만 아니라 설득메시지 전달에도 탁월한 영향력을 발휘한다. 태도, 신념, 의도, 동기, 심지어 행동유발이나 보강, 조정, 제고에 스토리텔링은 기능한다.

마케팅 실무자들은 스토리텔링에 대해 인지하고 있으나 스토리텔링 마케팅을 실행할 때 어떻게 스토리텔링 할 것인가에 대해서는 구체적인 매뉴얼을 찾지 못하는 경우가 적지 않다. 스토리텔링의 대상에는 기업의 비전, 브랜드, 제품(서비스) 등이 해당된다. 스토리의 소재에 대해서는 조직 내적인 요소와 외적인 요소로 나누어서 설명했다. 조직 내적인 요소로는 기업주와 관련된 이야기나 상황이 있고, 직원들과 관련된 다양한 이벤트, 로고와 관련된 유래, 역사, 스토리가 있다. 조직 외적인 요소는 고객과 관련한 내용이며 이는 바이럴마케팅에도 중요한 요소가 된다.

마지막 장인 5장에서는 마케팅을 위한 스토리텔링 구성과 관련해서 논하였다. 브랜드 스토리 구성 전략에서 제일 먼저 기억할 것은 '하나의 스토리, 하나의 메시지(OSOM: One Story One Message)'이다. 너무 많은 정보와 메시지는 소비자를 혼란스럽게 하고 기억이나 인지과정에서 어려움을 겪게 할 수도 있기 때문이다. 이밖에 사건과 클라이맥스, 카타르시스, 개성, 고객과의 연결고리, 자연스러움, 진정성 등도 전략으로 논의되었다. 스토리의 대입과 응용을 위해서는 인문학적 소양이 요구된다. 신화와 전설, 고전문학 등에 대한 이해와 응용 능력을 바탕으로 스토리의 모티프를 찾아낼 수 있어야 한다. 스티븐 데닝의 8가지 이야기 패턴을 중심으로 한 논의는 마케팅에서 이야기를 전략적으로 활용하는 데 유용할 것이다. 브랜드 스토리의 규칙 역시 브랜드 스토리텔링에서 고려해야 할 중요한 내용이다. 브랜드 스토리텔링의 설계에 있어 스토리라인, 제목과 주제, 장르, 이야기의 무대, 인물, 플롯의 6단계를 밟으며 진행하도록 하였다.

이 책은 전체적으로 다섯 개의 장을 토대로 스토리텔링 마케팅에 대해 논의하고 실전방법을 제시하였다. 스토리텔링을 통한 마케팅 전략구성도 중요하지만 스토리텔링을 통한 마케팅 역할의 재정립 역시 필요한 듯하다. 스토리텔링은 궁극적으로 이야기 나눔이다. 이야기 나눔의 주체는 나와 너이고 나와 너의 상호작용이 가능하기 위해서는 원활한 소통이 이뤄져야 한다. 스토리는 기업에서 일방적으로 설계하고 제작하는 것이 아니라 고객과의 상호작용에 의해 생성되어야 한다. 이를 위해 다양한 채널을 통해 기업과 고객이 공감할 수 있는 지평에서 소통이 이뤄져야 한다. 기업 측면에서는 전통적인 메시지나 매체 운영체계에서 벗어나 고객과의 적극적인 스토리 나눔을 통한 자연스런 스토리텔링을 기대할 수 있다.

스토리텔링 마케팅의 성공 여부는 스토리텔링의 내용과 스토리텔링의 주체가 얼마나 적극적으로 소통하는가에 달려 있다. 스토리텔링의 주체가 고객일 경우 고객은 적극적으로 나서 제품이나 서비스에 대한 감동을 텔링하는 텔러이자 이야기의 주인공이 된다. 이 때 고객은 물건을 사는 사람에서 벗어나 자발적 마케터가 되며 고객이 직접 경험한 이야기의 진정성은 많은 사람들의 호응을 이끌어낼 수 있다. 스토리텔링 마케팅 전략에 있어 선행되어야 할 것은 고객을 감동시킬 수 있는 제품과 서비스, 그리고 고객이 공감할 수 있는 가치의 공유이다. 결국 모든 기업의 모든 마케팅 전략에 앞서 기업이 세워야 할 것은 기업이 지향하는 가치라고 할 수 있다. 조직원의 복지와 안녕, 고객의 만족, 환경에 대한 인식, 기아와 난민 등 더불어 행복하게 사는 가치를 담은 이야기는 많은 사람들의 마음을 얻게 될 것이다.

1 S. 채트먼 저, 한용환 역, 이야기와 담론, 푸른사상, 2003.

2 Jerome S. Bruner, Acts of Meaning, Harvard University Press, 1990.

3 Roger C. Schank, Tell Me a Story : Narrative and Intelligence, Northwestern University Press Evanstone, Illinois, 1990.

4 S. 채트먼, 앞의 저서에서 재인용.

5 류은영, 내러티브와 스토리텔링 : 문학에서 문화콘텐츠로, 인문콘텐츠 제14호, 2009, pp. 229－262.

6 홍숙영 저, 스토리텔링 인간을 디자인하다, 상상채널, 2011.

7 김광욱, 스토리텔링의 개념, 겨레어문학 제41집, 2008, pp. 249－276.

8 Bashford, Suzy. "The Art and Science of Storytelling", Marketing Apr, 2014, pp. 42－49.

9 류은영, 앞의 논문에서 재인용.

10 Padgett, Dan, and Douglas Allen. "Communicating experiences: A narrative approach to creating service brand image.", Journal of advertising 26.4, 1997, pp. 49－68.

11 Scholes, Robert. "Language, narrative, and anti－narrative.", Critical Inquiry 7.1, 1980, pp. 204－212.

12 Barry, David, and Michael Elmes. "Strategy retold: Toward a narrative view of strategic discourse.", Academy of management review 22.2, 1997, pp. 429－452.

13 Barry, David, and Michael Elmes, 앞의 논문에서 재인용.

14 류은영, 앞의 논문에서 재인용.

15 Salmon, Christian. "Storytelling: la machine à fabriquer des histoires et à formater les esprits.", La Découverte, 2013.

16 류은영, 앞의 논문에서 재인용.

17 Jerome S. Bruner, 앞의 저서에서 재인용.

18 Ang, Kerry. "Storytelling in the history classroom." Agora 49.2, 2014, pp. 73－79.

19 Ellis, G., and J. Brewster. "The storytelling handbook: A guide for primary teacher of English." Hamondswath: Penguin , 1991.

20 민덕기, 디지털 스토리텔링을 통한 초등영어수업 방안 : 서사경험의 극대화를 중심으로, 초등영어교육 vol. 8 no. 2, 2002, pp. 175－208.

21 강문숙, 김석우, 내러티브 스토리텔링의 교육적 효용성에 대한 학습자 인식 연구, 사고개발 제8권 제2호, 2012, pp. 83－106.

22 Fawcett, Stanley E., and Amydee M. Fawcett. "The "living" case: Structuring

storytelling to increase student interest, interaction, and learning.", Decision Sciences Journal of Innovative Education 9.2, 2011, pp. 287−298.

23 오가와 코우스케 저, 코래드 브랜드 전략연구소 역, 브랜드 관계 마케팅, 커뮤니케이션 북스, 2004.

24 Bashford, Suzy, 앞의 논문에서 재인용.

25 Lundqvist, Anna, et al. "The impact of storytelling on the consumer brand ex−perience: The case of a firm−originated story.", Journal of Brand Management 20.4, 2013, pp. 283−297.

26 Barthes, Roland. "Introduction to the structural analysis of narratives.", 1988, pp. 95−135.

27 Fawcett, Stanley E., and Amydee M. Fawcett, 앞의 논문에서 재인용.

28 Lundqvist, Anna, et al, 앞의 논문에서 재인용.

29 홍숙영, 앞의 저서에서 재인용.

30 박문각, 시사상식사전, 2014.

31 유병우, 감성마케팅(emotional marketing)의 환경변화와 전망, 마케팅 제39권 제1호, 2005, pp. 48−56.

32 Fisher, Walter R. "Narration as a human communication paradigm: The case of public moral argument.", Communications Monographs 51.1, 1984, pp. 1−22.

33 MacIntyre, Alasdair. "After Virtue: A Study in Moral Theory.", University of Notre Dame Press 187, 1981.

34 롤프 옌센 저, 서정환 역, DREAM SOCIETY(드림소사이어티), 리드리드출판, 2005.

35 Jerome S. Bruner 저, Actual Minds, Possible Worlds, Vol. 1. Harvard University Press, 1986.

36 김광욱, 앞의 논문에서 재인용.

37 권승준, 이연주, '아빠 힘내세요'가 아빠들도 나도 일으켰죠, 조선일보, 2017.01.09.

38 김광욱, 앞의 논문 p. 269의 스토리텔링 개념도를 재구성.

39 한일섭 저, 서사의 이론: 이야기와 서술, 한국문화사, 2009.

40 한일섭, 앞의 저서에서 재인용.

41 S. 채트먼, 앞의 저서에서 재인용.

42 Barthes, Roland, 앞의 논문에서 재인용.

43 Fisher, Walter R., 앞의 논문에서 재인용.

44 Stutts, Nancy B., and Randolph T. Barker. "The use of narrative paradigm theory in assessing audience value conflict in image advertising.", Management Communication Quarterly 13.2, 1999, pp. 209−244.

45 블라디미르 프롭 저, 황인덕 역, 민담형태론, 예림기획, 1998.

46 원용진 저, 텔레비전 비평론: 신화, 이데올로기 비평, 한울, 2000.

47 레비 스트로스 저, 임봉길 역, 신화학.1, 한길사, 2005.

48 배규민, 두산중공업 '아름다운별 지구편', 美 HPA 어워즈 수상, 머니투데이, 2014.11. 12.

49 백승국, 권지혁, 한창호, 문화코드의 문화기호학적 고찰 : 영상콘텐츠의 스토리텔링을 중심으로, 인문콘텐츠 제24호, 2012, pp. 149－176.

50 롤랑 바르트 저, 김인식 역, 이미지와 글쓰기, 세계사, 1993.

51 롤랑 바르트, 이미지의 수사학, 작가세계 통권 제12호, 1992, pp. 462－498.

52 이혜지, 심현주, 백승국, 그레마스 서사도식의 스키마 이론 고찰 －웰니스 콘텐츠 이용자의 인지행로 분석을 중심으로－, 기호학 연구 제42권, 2015, pp. 251－282.

53 이혜지, 심현주, 백승국, 앞의 논문에서 재인용.

54 Barry, David, and Michael Elmes, 앞의 논문에서 재인용.

55 주형일, 그레마스 기호학을 이용한 서사 분석의 문제 ＜겨울왕국＞을 중심으로, 한국언론정보학보 제76권, 2016, pp. 7－30.

56 Greimas, Algirdas Julien. "Semantique structurale.", Paris, PUF, 1986.

57 김성도 저, 구조에서 감성으로: 그레마스의 기호학 및 일반 의미론의 연구, 고려대학교 출판부, 2002.

58 김성도, 앞의 저서에서 재인용.

59 Briot, Eugénie, and Christel De Lassus. "La figure de l'entrepreneur fondateur dans le récit de marque et la construction de la personnalité de la marque de luxe.", Management international/International Management/Gestiòn Internacional 17.3, 2013, pp. 49－64.

60 Wood, Wendy. "Attitude change: Persuasion and social influence.", Annual review of psychology 51.1, 2000, pp. 539－570.

61 Minton, Elizabeth A. "Belief systems, religion, and behavioral economics: Marketing in multicultural environments.", Business Expert Press, 2013.

62 Mehta, Abhilasha, and Scott C. Purvis. "Reconsidering recall and emotion in advertising.", Journal of Advertising research 46.1, 2006, pp. 49－56.

63 Aaker, David A, Building strong brands, Simon and Schuster, 2012.

64 김경선, 전지윤, 브랜드 인지도 향상을 위해 스토리텔링을 이용한 Visual Merchandising (VMD) 디자인 구현 사례 및 분석, 디지털디자인학 연구 제13권 제3호, 2013, pp. 423－432.

65 Gagne, Robert. "The Conditions of Learning and Theory of Instruction Robert Gagné.", New York, NY: Holt, Rinehart and Winston , 1985.

66 Lutz, Hartmut. "Contemporary Challenges: Conversations with Canadian Native Authors.", Fifth House, 1991.

67 마사범, 조승호, "광고의 상호작용성이 한·중 소비자의 광고태도에 미치는 영향." 한국
콘텐츠학회논문지 제16권 제7호, 2016, pp. 91−99.

68 Huang, M., F. Wang, and T. Xie. "A review on word−of−mouth and its de−
velopment under online environment [J].", Chinese Journal of Management,
2010, pp. 138−142.

69 Dodds, William B., Kent B. Monroe, and Dhruv Grewal. "Effects of price, brand,
and store information on buyers' product evaluations.", Journal of marketing
research, 1991, pp. 307−319.

70 Lundqvist, Anna, et al, 앞의 논문에서 재인용.

71 김도영, 서정운, 와인의 스토리텔링이 브랜드인지와 구매행동에 미치는 영향, 관광·레
저연구 제24권 제1호 통권 제64호, 2012, pp. 513−532.

72 박운성, 김헌, 웹 브랜드 아이덴티티 강화를 위한 인터랙티브 스토리텔링 사례 연구, 디
자인지식저널 제19권, 2011, pp. 92−101.

73 신혜리, 김영미, 윤성준, 스토리텔링 기법과 제품 관여도가 광고태도, 브랜드태도, 구매
의도에 미치는 영향, 문화산업연구 제14권 2호, 2014, pp. 53−59.

74 배준영, 오경수, 출판사의 스토리텔링 마케팅 효과 연구 : 페이스북을 중심으로, 한국콘
텐츠학회논문지, 제15권 제10호, 2015, pp. 92−104.

75 강수영, 김효진, 광고에서 브랜드 스토리 유형에 따른 소비자 공감에 대한 평가: 제품유
형의 조절적 역할을 중심으로, 고객만족경영연구 제18권 3호, 2016, pp. 23−41.

76 홍숙영, 조승호, 스토리의 주체에 따른 브랜드 스토리텔링 광고효과, 한국콘텐츠학회논
문지 제16권 제7호, 2016, pp. 112−121.

77 Lundqvist, Anna, et al, 앞의 논문에서 재인용.

78 Woodside, Arch G., Suresh Sood, and Kenneth E. Miller. "When consumers and
brands talk: Storytelling theory and research in psychology and marketing.",
Psychology & Marketing 25.2, 2008, pp. 97−145.

79 Escalas, Jennifer Edson. "Narrative processing: Building consumer connections to
brands.", Journal of Consumer Psychology 14.1−2, 2004, pp. 168−180.

80 Roger C. Schank and Robert P. Abelson, Knowledge and Memory: the Real
story: Advances in social cognition 8, 1995.

81 Escalas, Jennifer Edson, 앞의 논문에서 재인용.

82 Pennington, Nancy, and Reid Hastie. "Evidence evaluation in complex decision
making.", Journal of Personality and Social Psychology 51.2, 1986, pp. 242−258.

83 Escalas, Jennifer Edson, 앞의 논문에서 재인용.

84 배용호, 최호규, 기업의 감성마케팅에 관한 사례연구: 방송광고를 중심으로, 경영컨설팅
리뷰, 제14권 제1호, pp. 25−41.

85 스콧 로비넷 외 2명 저, 윤천규 역, 감성 마케팅, 김앤김북스, 2003.

86 고은결, 인터넷과 종편에 밀려... 공중파 TV와 라디오 광고시장 갈수록 감소, 데일리한

국, 2015.09.13.

87 채반석, 국내 SNS 이용시간, '카스'보다 '인스타그램', 블로터앤미디어, 2016.07.06.

88 Zillmann, Dolf. "Mood management through communication choices.", American Behavioral Scientist 31.3, 1988, pp. 327－340.

89 김광욱, 앞의 논문에 실린 표를 재구성한 것임.

90 김은혜, 스토리텔링(Storytelling)광고에 관한 연구 : 명품 브랜드 중심으로, 이화여자대학교 디자인대학원 석사논문, 2005.

91 Holbrook, Morris B., and Elizabeth C. Hirschman. "Consumer fantasies, feelings, and fun: The experiential aspects of consumption.", unpublished working paper, 1981.

92 http://terms.naver.com/list.nhn?cid＝41991&categoryId＝41991

93 Hovland, Carl I., and Walter Weiss. "The influence of source credibility on communication effectiveness.", Public opinion quarterly 15.4, 1951, pp. 635－650.

94 Carroll, Archie B. "A three－dimensional conceptual model of corporate performance.", Academy of management review 4.4, 1979, pp. 497－505.

95 Schultz, Don E., Stanley I. Tannenbaum, and Robert F. Lauterborn. "Integrated marketing communication: Pulling it together and making it work.", Lincolnwood, IL: NTC Publishing Group, 1993.

96 Philip, Kotler. "Marketing management: analysis planning implementation and control.", Prentice－Hall of India, 1994.

97 Draper, Tim, and Steve Jurvetson. "Viral Marketing.", Netscape M Files, 1997.

98 Modzelewski, F. Mark. "Finding a cure for viral marketing.", Direct Marketing News 11.09, 2000, p. 100.

99 Ho, Jason YC, and Melanie Dempsey. "Viral marketing: Motivations to forward online content.", Journal of Business research 63.9, 2010, pp. 1000－1006.

100 Schulz, W. "A three－dimensional theory of interpersonal behavior.", New York: Holt, Rhinehart, & Winston, 1958.

101 Phelps, Joseph E., et al. "Viral marketing or electronic word－of－mouth advertising: Examining consumer responses and motivations to pass along email.", Journal of advertising research 44.4, 2004, pp. 333－348.

102 Flanagin, Andrew J., and Miriam J. Metzger. "Internet use in the contemporary media environment.", Human communication research 27.1, 2001, pp. 153－181.

103 Feick, Lawrence F., and Linda L. Price. "The market maven: A diffuser of marketplace information.", The Journal of Marketing, 1987, pp. 83－97.

104 오가와 코우스케, 앞의 저서에서 재인용.

105 Zainuddin, Nadia, Josephine Previte, and Rebekah Russell—Bennett. "A social marketing approach to value creation in a well—women's health service.", Journal of Marketing Management 27.3—4, 2011, pp. 361—385.

106 Holbrook, Morris B. "The nature of customer value: an axiology of services in the consumption experience.", Service quality: New directions in theory and practice 21, 1994, pp. 21—71.

107 Babin, Barry J., William R. Darden, and Mitch Griffin. "Work and/or fun: measuring hedonic and utilitarian shopping value.", Journal of consumer re—search 20.4, 1994, pp. 644—656.

108 밥 길브리스 저, 구세희 역, 마케팅 가치에 집중하라, 비즈니스맵, 2011.

109 밥 길브리스, 앞의 저서에서 재인용.

110 밥 길브리스, 앞의 저서에서 재인용.

111 Jean Marie Floch 저, 김성도 역, 기호학 마케팅 커뮤니케이션, 나남, 2003.

112 박인철 저, 파리 학파의 기호학, 민음사, 2003.

113 이병주 저, 촉 : 미세한 변화를 감지하는 동물적 감각, 가디언, 2012.

114 Hill, Dan. "Body of truth: Leveraging what consumers can't or won't say.", John Wiley & Sons, 2003.

115 Alderfer, Clayton P. "An empirical test of a new theory of human needs.", Organizational behavior and human performance 4.2, 1969, pp. 142—175.

116 Bowen, Howard R. "Social responsibilities of the businessman.", University of Iowa Press, 2013.

117 Bowen, Howard R., 앞의 논문에서 재인용.

118 석진홍, 박우성, 현대카드 CSR의 진화와 도전 : 발전단계이론을 중심으로, 기업윤리연구 제14권 제1호, 2014, pp. 45—69.

119 Carroll, Archie B, 앞의 논문에서 재인용.

120 Carroll, Archie B. "The pyramid of corporate social responsibility: Toward the moral management of organizational stakeholders.", Business horizons 34.4, 1991, pp. 39—48.

121 Schwartz, Mark S., and Archie B. Carroll. "Corporate social responsibility: A three—domain approach.", Business ethics quarterly 13.04, 2003, pp. 503—530.

122 www.oecd.org

123 https://www.tuv.com/media/india/informationcenter_1/systems/Corporate_Social_Responsibility.pdf

124 웨인 비서, 더크 매튼, 만프레드 폴, 닉 톨허스트 저, 임정재 역, 기업의 사회적 책임 : 기업의 사회적 책임에 대한 A부터 Z까지, 재승출판, 2009, pp. 230—231.

125 이주성, 신승훈 저, 미래 경제와 사회적 기업, 청람, 2011.

126 McElhaney, Kellie. "A strategic approach to corporate social responsibility.", Leader to Leader 52.1, 2009, pp. 30−36.

127 이윤하, 최인호, 염정윤, 정세훈, CSR 메시지에서 내러티브와 영상 이미지의 설득 전략 효과에 관한 연구, 스피치와 커뮤니케이션 제22호, 2013, pp. 66−100.

128 Boje, D. M., & Khan, F. R. "Story−branding by empire entrepreneurs: Nike, child labour, and Pakistan's soccer ball industry", Journal of Small Business & Entrepreneurship, 22.1, 2009, pp. 9−24.

129 Lounsbury, Michael, and Mary Ann Glynn. "Cultural entrepreneurship: Stories, legitimacy, and the acquisition of resources.", Strategic management journal 22.6-7, 2001, pp. 545−564.

130 Porter, Michael E., and Mark R. Kramer. "The big idea: Creating shared value.", Harvard Business Review 89.1, 2011, pp. 1−12.

131 Porter, Michael E., and Mark R. Kramer, 앞의 논문에서 재인용.

132 오찬종, '현대·코이카 드림센터 캄보디아', 자동차 전문정비인력 47명 첫 배출, 매일경제, 2016.12.14.

133 김승호, 유한킴벌리, 시니어 위한 소기업·사회적 기업 발굴 '공유가치창출 노력', 메트로미디어, 2016.10.13.

134 연세대학교 경영학과 실전마케팅학회, 헤리티지 마케팅, 기업의 가치를 높이다, 마케팅 제48권 제4호, 2014, pp. 62−69.

135 http://www.themackiss.co.kr/sub/eco_healing.php

136 허주연, 박경도, 매장에서의 감각체험이 소비자 감정적 반응, 매장태도, 브랜드태도, 구매의도에 미치는 영향, 경영논총 28권 1호, 2010, pp. 71−95.

137 박성연, 배현경, 매장 내 감각적 체험이 매장태도와 애호도에 미치는 영향 : 소비감정과 만족의 매개적 영향을 중심으로, 마케팅관리연구 제11권 제3호, 2006, pp. 1−13.

138 유병우, 앞의 논문에서 재인용.

139 댄 힐 저, 이정명 역, 감각 마케팅, 비즈니스북스, 2004.

140 Topalian, Alan. "Corporate identity: beyond the visual overstatements.", International Journal of Advertising 3.1, 1984, pp. 55−62.

141 Selame, Elinor, and Joe Selame. "Developing a corporate identity: How to stand out in the crowd.", Chain Store Pub. Corp., 1975.

142 Bernstein, David. "Company image and reality: A critique of corporate communications.", London, UK: Cassell, 1986.

143 Shee, P. S. B., and Russell Abratt. "A new approach to the corporate image management process.", Journal of marketing management 5.1, 1989, pp. 63−76.

144 Balmer, John MT., Comprehending corporate marketing and the corporate marketing mix, Bradford University, School of Management, 2006.

145 van Riel, Cees BM, and John MT Balmer. "Corporate identity: the concept, its measurement and management.", European journal of marketing 31.5/6, 1997, pp. 340−355.

146 Olins, Wally. "The corporate personality: An inquiry into the nature of corpo−rate identity.", Mayflower Books, 1978.

147 Cameron, K. S., Diagnosing and Changing Organizational Culture: Based on the Competing Values Framework, Reading, Mass.: Addison−Wesley, 1999.

148 Olson, James M., and Mark P. Zanna. "Attitudes and attitude change.", Annual review of psychology 44.1, 1993, pp. 117−154.

149 Gass, Robert H., and John S. Seiter, Persuasion: Social influence and com−pliance gaining, Routledge, 2015.

150 Perloff, Richard M., The dynamics of persuasion: communication and attitudes in the twenty−first century, Routledge, 2010.

151 White, James Boyd, Heracles' bow: Essays on the rhetoric and poetics of the law, Univ of Wisconsin Press, 1985.

152 Rideout, J. Christopher. "Storytelling, narrative rationality, and legal persuasion.", Legal Writing: J. Legal Writing Inst. 14, 2008, p. 53.

153 Lee, Elissa, and Laura Leets. "Persuasive storytelling by hate groups online ex−amining its effects on adolescents.", American Behavioral Scientist 45.6, 2002, pp. 927−957.

154 Cho, Seung Ho, and Karla K. Gower. "Framing effect on the public's response to crisis: Human interest frame and crisis type influencing responsibility and blame.", Public Relations Review 32.4, 2006, pp. 420−422.

155 윤헌서, 풀무원 '뮤지엄김치간', 3천년의 역사 '김치문화' 알린다, 그린포스트코리아, 2016.05.18.

156 Boje, David M. "Learning storytelling: Storytelling to learn management skills." Journal of Management Education 15.3, 1991, pp. 279−294.

157 American Marketing Association, 1991.

158 Aaker, David A., "Managing brand equity", Simon and Schuster, 2009.

159 Keller, Kevin Lane, M. G. Parameswaran, and Isaac Jacob. "Strategic brand management: Building, measuring, and managing brand equity." Pearson Education India, 2011.

160 임영택, 임채숙 저, 브랜드 경영 이론, 국제, 2007.

161 Philip Kotler, Kevin Lane Keller, Swee Hoon Ang, Siew Meng Leong, & Chin Tiong Tan, "Markeing Management: An Asian Perspective.", Pearson: Singapore, 2009.

162 송정란 저, 스토리텔링의 이해와 실제, 문학아카데미, 2006년.

163 이용학 저, 마케팅(2판), 무역경영사, 2009.

164 Philip Kotler et al, 앞의 논문에서 재인용.

165 최시한 저, 스토리텔링, 어떻게 할 것인가, 문학과지성사, 2015.

166 정숙 저, 스토리텔링으로 소통하라, 차림, 2011.

167 O'Connor, Ellen. "Storied business: Typology, intertextuality, and traffic in en-trepreneurial narrative.", Journal of Business Communication 39.1, 2002, pp. 36-54.

168 Simmons, John. "Guinness and the role of strategic storytelling.", Journal of Strategic Marketing 14.1, 2006, pp. 11-18.

169 https://www.guinness.com/ko-kr

170 Simmons, John, 앞의 논문에서 재인용.

171 클라우스 포그, 크리스티안 부츠, 바리스 야카보루 저, 황신웅 역, 스토리텔링의 기술 : 어떻게 만들고 적용할 것인가, 멘토르, 2008.

172 이기진, 60년 역사 '성심당' 빵에 열광하는 이유 있었네!, 동아일보, 2016.06.20.

173 홍숙영, 조승호, 위기상황에서 스토리텔링의 구성방식과 효과에 대한 분석, 한국콘텐츠학회논문지 제14권 제12호, 2014, pp. 683-693.

174 Pham, Long, Ebetuel Pallares-Venegas, and Jeffrey E. Teich. "Relationships between logo stories, storytelling complexity, and customer loyalty.", Academy of Banking Studies Journal 11.1, 2012, pp. 73-92.

175 Thompson, Craig J., and Eric J. Arnould. "Narrative analysis of a marketing relationship: The consumer's perspective.", Psychology & Marketing 15.3, 1998, pp. 195-214.

176 Holt, Douglas B. "How brands become icons: The principles of cultural branding.", Harvard Business Press, 2004.

177 한경닷컴, NO.1 고객소통, NO.1 LCC항공, 한국경제, 2017.01.19.

178 Fog, Klaus, Christian Budtz, and Baris Yakaboylu, Storytelling: Branding in Practice, Samfundslitteratur Press, 2005.

179 Fog, Klaus et al, 앞의 저서에서 재인용.

180 하정민, 기상천외 아이디어로 '버진 제국' 일군 '창조적 괴짜', 동아일보, 2013.07.19.

181 이신영, [Weekly BIZ] [5 Questions] "개성 있는 CEO가 브랜드 가치 높여", 조선일보, 2012.10.06.

182 정욱, 김동은, 김정환, 이동인, 문지웅, 강영운, 이니스프리, 대학생포함 그린원정대 제주 오름 지키기, 매일경제, 2016.12.15.

183 Tom Duncan 저, 브랜드 커뮤니케이션, 북코리아, 2003.

184 Goffee, Rob, and Gareth Jones. "Managing authenticity: The paradox of great leadership.", Harvard business review 83.12, 2005, pp. 85-94.

185 Kernis, Michael H., and Brian M. Goldman. "A multicomponent conceptualiza-tion of authenticity: Theory and research.", Advances in experimental social psychology 38, 2006, pp. 283–357.

186 Dickinson, J. Barry. "The role of authenticity in relationship marketing.", Journal of Management and Marketing Research 8, 2011, p. 1.

187 Grandey, Alicia A., et al. "Is "service with a smile" enough? Authenticity of positive displays during service encounters.", Organizational Behavior and Human Decision Processes 96.1, 2005, pp. 38–55.

188 Rotter, Julian B. "A new scale for the measurement of interpersonal trust.", Journal of personality 35.4, 1967, pp. 651–665.

189 조승호, 홍숙영, 위기커뮤니케이션의 진정성에 대한 공중의 평가 : 항공사 위기사례를 중심으로, Crisisonomy 제10권 제10호, 2014, pp. 61–75.

190 조나 삭스 저, 김효정 역, 스토리 전쟁 : 이야기 종결자가 미래를 지배한다, 을유문화사, 2013.

191 Joseph Campbell, Bill Moyers, The power of Myth, Anchor Books, 2011.

192 로렌스 빈센트 저, 박주민 역, 스토리로 승부하는 브랜드 전략, 다리미디어, 2003.

193 Cousineau, Phil, Once and Future Myths: The Power of Ancient Stories in Modern Times, Conari Press, 2001.

194 로렌스 빈센트 저, 앞의 저서에서 재인용.

195 브루스 링컨 저, 김윤성 역, 신화 이론화하기 : 서사, 이데올로기, 학문, 이학사, 2009.

196 조지프 캠벨, 데이비드 쿠들러저, 노혜숙 역, 블리스, 내 인생의 신화를 찾아서, 아니마, 2014.

197 조지프 캠벨 저, 앞의 저서에서 재인용.

198 조지프 캠벨 저, 앞의 저서에서 재인용.

199 막스 뤼티 저, 김홍기 역, 유럽의 민담, 보림출판사, 2005

200 아서 아사 버거 저, 엄창호 역, 애착의 대상 : 기호학과 소비문화, 커뮤니케이션북스, 2011.

201 이연지, 모바일 뱅킹 사용하는 현대판 라푼젤, 이코노믹리뷰, 2015.08.27.

202 전주언, 고전문학 작품이 주입된 브랜드 스토리텔링의 효과 : 내러티브 유형과 소비자의 창의성을 중심으로, 마케팅논집 제24집 제1호, 2016, pp. 105–124.

203 최혜진, 고전문학 교육과 문화콘텐츠 창작 교육, 인문학연구 24권, 2013, pp. 245–264.

204 전주언, 앞의 논문에서 재인용.

205 엄지현, 광고면서 광고 아닌 듯 웹툰·웹드라마가 뜬다, 중앙일보, 2016.11.20.

206 양길모, 임페리얼 브랜드 웹툰 '4버디스' 500만 뷰 돌파, 뉴시스, 2016.12.28.

207 정유현, 열정·도전 긍정의 힘…삼성 웹드라마 4000만뷰, 청춘과 通했다, 이투데이, 2016.12.26.

208 Denning, Stephen. "Effective storytelling: strategic business narrative techniques .", Strategy & Leadership 34.1, 2006, pp. 42-48.

209 문선아, [어바웃 슈퍼리치] 미국 유통업계의 '스티브 잡스', 코스트코 창립자 짐 시네 갈 [시선뉴스], 시선뉴스, 2016.11.17.

210 황춘화, 남성 설계자는 상상도 못했다, 한겨레, 2009.06.04

211 류성, [퍼니지먼트(Funagement)] 세기의 팔씨름 대회, 이데일리, 2014.01.02.

212 오찬종, 스카이프 창업자 "한번 망한기술, 다시 키워 세계 1등 됐다", 매일경제, 2016.12.12.

213 댄 힐, 앞의 저서에서 재인용.

214 Shankar, Avi, Richard Elliott, and Christina Goulding. "Understanding con- sumption: Contributions from a narrative perspective.", Journal of marketing Management 17.3-4, 2001, pp. 429-453.

215 Stern, Barbara B. "Classical and vignette television advertising dramas: Structural models, formal analysis, and consumer effects.", Journal of Consumer Research 20.4, 1994, pp. 601-615.

216 롤프 옌센, 앞의 저서에서 재인용.

217 Fog, Klaus et al, 앞의 저서에서 재인용.

218 Fog, Klaus et al, 앞의 저서에서 재인용.

219 Fog, Klaus et al, 앞의 저서에서 재인용.

220 댄 힐, 앞의 저서에서 재인용.

221 박주연 저, 텔레비전 리얼리티 프로그램, 한국언론재단, 2005.

222 http://www.rekorea.net/bbs/board.php?bo_table=repu6&wr_id=336

223 뉴스큐레이션팀, [세계 파워 우먼 (8)]100년 만에 코카콜라 꺾은 당찬 '엄마 CEO', 조선일보, 2017.01.09.

224 Fog, Klaus et al, 앞의 저서에서 재인용.

225 이충진, ABC마트, 사회공헌 캠페인으로 서울영상광고제서 은상 수상, 스포츠경향, 2017.01.18.

226 김정희, 스토리텔링 이론과 실제, 인간사랑, 2010.

227 칩 히스, 댄 히스 저, 안진환, 박슬라 역, 스틱: 뇌리에 착 달라붙는 메시지의 힘, 웅진 윙스, 2007.

228 O'Connor, Ellen, 앞의 논문에서 재인용.

참고문헌

[국문 참고문헌]

강수영, 김효진, 광고에서 브랜드 스토리 유형에 따른 소비자 공감에 대한 평가: 제품유형의 조절적 역할을 중심으로, 고객만족경영연구 제18권 3호, 2016, pp. 23−41.

강문숙, 김석우, 내러티브 스토리텔링의 교육적 효용성에 대한 학습자 인식 연구, 사고개발 제8권 제2호, 2012, pp. 83−106.

고은결, 인터넷과 종편에 밀려… 공중파 TV와 라디오 광고시장 갈수록 감소, 데일리한국, 2015.09.13.

권승준, 이연주, '아빠 힘내세요'가 아빠들도 나도 일으켰죠, 조선일보, 2017.01.09.

김경선, 전지윤, 브랜드 인지도 향상을 위해 스토리텔링을 이용한 Visual Merchandising (VMD) 디자인 구현 사례 및 분석, 디지털디자인학 연구 제13권 제3호, 2013, pp. 423−432.

김광욱, 스토리텔링의 개념, 겨레어문학 제41집, 2008, pp. 249−276.

김도영, 서정운, 와인의 스토리텔링이 브랜드인지와 구매행동에 미치는 영향, 관광·레저연구 제24권 제1호 통권 제64호, 2012, pp. 513−532.

김성도 저, 구조에서 감성으로: 그레마스의 기호학 및 일반 의미론의 연구, 고려대학교출판부, 2002.

김승호, 유한킴벌리, 시니어 위한 소기업·사회적 기업 발굴 '공유가치창출 노력', 메트로미디어, 2016.10.13.

김은혜, 스토리텔링(Storytelling)광고에 관한 연구: 명품 브랜드 중심으로, 이화여자대학교 정보디자인, 2005.

김정희, 스토리텔링 이론과 실제, 인간사랑, 2010.

뉴스큐레이션팀, [세계 파워 우먼 (8)]100년 만에 코카콜라 꺾은 당찬 '엄마 CEO', 조선일보, 2017.01.09.

댄 힐 저, 이정명 역, 감각 마케팅, 비즈니스북스, 2004.

레비 스트로스 저, 임봉길 역, 신화학 1, 한길사, 2005.

로렌스 빈센트 저, 박주민 역, 스토리로 승부하는 브랜드 전략, 다리미디어, 2003.

롤랑 바르트 저, 김인식 역, 이미지와 글쓰기, 세계사, 1993. 롤랑 바르트, 이미지의 수사학, 작가세계 통권 제12호, 1992, pp. 462−498.

롤프 옌센 저, 서정환 역, DREAM SOCIETY(드림소사이어티), 리드리드출판, 2005.

류성, [퍼니지먼트(Funagement)] 세기의 팔씨름 대회, 이데일리, 2014.01.02.

류은영, 내러티브와 스토리텔링 : 문학에서 문화콘텐츠로, 인문콘텐츠 제14호, 2009, pp. 229−262.

마사범, 조승호, "광고의 상호작용성이 한·중 소비자의 광고태도에 미치는 영향." 한국콘텐츠학회논문지 제16권 제7호, 2016, pp. 91−99.

문선아, [어바웃 슈퍼리치] 미국 유통업계의 '스티브 잡스', 코스트코 창립자 짐 시네갈 [시선뉴스], 시선뉴스, 2016.11.17.

민덕기, 디지털 스토리텔링을 통한 초등영어수업 방안 : 서사경험의 극대화를 중심으로, 초등영어교육 vol. 8 no. 2, 2002, pp. 175−208.

박문각, 시사상식사전, 2014.

박성연, 배현경, 매장 내 감각적 체험이 매장태도와 애호도에 미치는 영향 : 소비감정과 만족의 매개적 영향을 중심으로, 마케팅관리연구 제11권 제3호, 2006, pp. 1−13.

박운성, 김헌, 웹 브랜드 아이덴티티 강화를 위한 인터랙티브 스토리텔링 사례 연구, 디자인지식저널 제19권, 2011, pp. 92−101.

박인철 저, 파리 학파의 기호학, 민음사, 2003.

박주연 저, 텔레비전 리얼리티 프로그램, 한국언론재단, 2005.

밥 길브리스 저, 구세희 역, 마케팅 가치에 집중하라, 비즈니스맵, 2011.

배규민, 두산중공업 '아름다운별 지구편', 美 HPA 어워즈 수상, 머니투데이, 2014.11.12.

배용호, 최호규, 기업의 감성마케팅에 관한 사례연구: 방송광고를 중심으로, 2013, pp. 25−41.

배준영, 오경수, 출판사의 스토리텔링 마케팅 효과 연구 : 페이스북을 중심으로, 한국콘텐츠학회논문지, 제15권 제10호, 2015, pp. 92−104.

백승국, 권지혁, 한창호, 문화코드의 문화기호학적 고찰 : 영상콘텐츠의 스토리텔링을 중심으로, 인문콘텐츠 제24호, 2012, pp. 149−176.

블라디미르 프롭 저, 황인덕 역, 민담형태론, 예림기획, 1998.

브루스 링컨 저, 김윤성 역, 신화 이론화하기 : 서사, 이데올로기, 학문, 이학사, 2009.

석진홍, 박우성, 현대카드 CSR의 진화와 도전 : 발전단계이론을 중심으로, 기업윤리연구 제14권 제1호, 2014, pp. 45−69.

송정란 저, 스토리텔링의 이해와 실제, 문학아카데미, 2006년.

스콧 로비넷 외 2명 저, 윤천규 역, 감성 마케팅, 김앤김북스, 2003.

신혜리, 김영미, 윤성준, 스토리텔링 기법과 제품 관여도가 광고태도, 브랜드태도, 구매
　　의도에 미치는 영향, 문화산업연구 제14권 2호, 2014, pp. 53－59.

아서 아사 버거 저, 엄창호 역, 애착의 대상 : 기호학과 소비문화, 커뮤니케이션북스,
　　2011.

양길모, 임페리얼 브랜드 웹툰 '4버디스' 500만 뷰 돌파, 뉴시스, 2016.12.28.

엄지현, 광고면서 광고 아닌 듯 웹툰·웹드라마가 뜬다, 중앙일보, 2016.11.20.

연세대학교 경영학과 실전마케팅학회, 헤리티지 마케팅, 기업의 가치를 높이다, 마케팅
　　제48권 제4호, 2014, pp. 62－69.

오가와 코우스케 저, 코래드 브랜드 전략연구소 역, 브랜드 관계 마케팅, 커뮤니케이션북
　　스, 2004.

오찬종, 스카이프 창업자 "한번 망한 기술, 다시 키워 세계 1등됐다", 매일경제,
　　2016.12.12.

오찬종, '현대·코이카 드림센터 캄보디아', 자동차 전문정비인력 47명 첫 배출, 매일경
　　제, 2016.12.14.

원용진 저, 텔레비전 비평론: 신화, 이데올로기 비평, 한울, 2000.

웨인 비서, 더크 매튼, 만프레드 폴, 닉 톨허스트 저, 임정재 역, 기업의 사회적 책임 :
　　기업의 사회적 책임에 대한 A부터 Z까지, 재승출판, 2009, pp. 230－231.

유병우, 감성마케팅(emotional marketing)의 환경변화와 전망, 마케팅 제39권 제1호,
　　2005, pp. 48－56.

윤헌서, 풀무원 '뮤지엄김치간', 3천년의 역사 '김치문화' 알린다, 그린포스트코리아,
　　2016.05.18.

이기진, 60년 역사 '성심당' 빵에 열광하는 이유 있었네!, 동아일보, 2016.06.20.

이병주 저, 촉 : 미세한 변화를 감지하는 동물적 감각, 가디언, 2012.

이신영, [Weekly BIZ] [5 Questions] "개성 있는 CEO가 브랜드 가치 높여", 조선일보,
　　2012.10.06.

이주성, 신승훈 저, 미래 경제와 사회적 기업, 청람, 2011, p. 6.

이연지, 모바일 뱅킹 사용하는 현대판 라푼젤, 이코노믹리뷰, 2015.08.27.

이용학 저, 마케팅(2판), 무역경영사, 2009.

이윤하, 최인호, 염정윤, 정세훈, CSR 메시지에서 내러티브와 영상 이미지의 설득 전략
　　효과에 관한 연구, 스피치와 커뮤니케이션 제22호, 2013, pp. 66－100.

이충진, ABC마트, 사회공헌 캠페인으로 서울영상광고제서 은상 수상, 스포츠경향,
　　2017.01.18.

이혜지, 심현주, 백승국, 그레마스 서사도식의 스키마 이론 고찰 －웰니스 콘텐츠 이용

자의 인지행로 분석을 중심으로-, 기호학 연구 42권, 2015, pp. 251－282.

임영택, 임채숙 저, 브랜드 경영 이론, 국제, 2007.

전주언, 고전문학 작품이 주입된 브랜드 스토리텔링의 효과 : 내러티브 유형과 소비자의 창의성을 중심으로, 마케팅논집 제24집 제1호, 2016, pp. 105－124.

정숙 저, 스토리텔링으로 소통하라, 차림, 2011.

정욱, 김동은, 김정환, 이동인, 문지웅, 강영운, 이니스프리, 대학생포함 그린원정대 제주 오름 지키기, 매일경제, 2016.12.15.

정유현, 열정·도전 긍정의 힘…삼성 웹드라마 4000만뷰, 청춘과 通했다, 이투데이, 2016.12.26.

조나 삭스 저, 김효정 역, 스토리 전쟁 : 이야기 종결자가 미래를 지배한다, 을유문화사, 2013.

조승호, 홍숙영, 위기커뮤니케이션의 진정성에 대한 공중의 평가 : 항공사 위기사례를 중심으로, Crisisonomy 제10권 제10호, 2014, pp. 61－75.

조지프 캠벨, 데이비드 쿠들러저, 노혜숙 역, 블리스, 내 인생의 신화를 찾아서, 아니마, 2014.

주형일, 그레마스 기호학을 이용한 서사 분석의 문제 <겨울왕국>을 중심으로, 한국언론정보학보 76, 2016, pp. 7－30.

채반석, 국내 SNS 이용시간, '카스'보다 '인스타그램', 블로터앤미디어, 2016.07.06.

채트먼 저, 한용환 역, 이야기와 담론, 푸른사상, 2003.

최시한 저, 스토리텔링, 어떻게 할 것인가, 문학과지성사, 2015.

최혜진, 고전문학 교육과 문화콘텐츠 창작 교육, 인문학연구 24권, 2013, pp. 245－264.

칩 히스, 댄 히스 저, 안진환, 박슬라 역, 스틱: 뇌리에 착 달라붙는 메시지의 힘, 웅진윙스, 2007.

클라우스 포그, 크리스티안 부츠, 바리스 야카보루 저, 황신웅 역, 스토리텔링의 기술 : 어떻게 만들고 적용할 것인가, 멘토르, 2008.

하정민, 기상천외 아이디어로 '버진 제국' 일군 '창조적 괴짜', 동아일보, 2013.07.19.

한경닷컴, NO.1 고객소통, NO.1 LCC항공, 한국경제, 2017.01.19.

한일섭 저, 서사의 이론: 이야기와 서술, 한국문화사, 2009.

허주연, 박경도, 매장에서의 감각체험이 소비자 감정적 반응, 매장태도, 브랜드태도, 구매의도에 미치는 영향, 경영논총 28권 1호, 2010, pp. 71－95.

홍숙영 저, 스토리텔링 인간을 디자인하다, 상상채널, 2011.

홍숙영, 조승호, 위기상황에서 스토리텔링의 구성방식과 효과에 대한 분석, 한국콘텐츠학회논문지 제14권 제12호, 2014, pp. 683－693.

홍숙영, 조승호, 스토리의 주체에 따른 브랜드 스토리텔링 광고효과, 한국콘텐츠학회논문지 제16권 제7호, 2016, pp. 112-121.

황춘화, 남성 설계자는 상상도 못했다, 한겨레, 2009.06.04.

[영문 참고문헌]

Aaker, David A., Managing brand equity, Simon and Schuster, 2009.

Aaker, David A. Building strong brands, Simon and Schuster, 2012.

Alderfer, Clayton P. "An empirical test of a new theory of human needs.", Organizational behavior and human performance 4.2, 1969, pp. 142-175.

Ang, Kerry. "Storytelling in the history classroom." Agora 49.2, 2014, 73-79.

Babin, Barry J., William R. Darden, and Mitch Griffin. "Work and/or fun: measuring hedonic and utilitarian shopping value.", Journal of consumer research 20.4, 1994, pp. 644-656.

Balmer, John MT., Comprehending corporate marketing and the corporate marketing mix, Bradford University, School of Management, 2006.

Barry, David, and Michael Elmes. "Strategy retold: Toward a narrative view of strategic discourse.", Academy of management review 22.2, 1997, pp. 429-452.

Barthes, Roland. "Introduction to the structural analysis of narratives.", 1988, pp. 95-135.

Bashford, Suzy. "The Art and Science of Storytelling", Marketing, 2014, pp. 42-49.

Bernstein, David. "Company image and reality: A critique of corporate communications.", London, UK: Cassell, 1986.

Boje, D. M., & Khan, F. R. "Story-branding by empire entrepreneurs: Nike, child labour, and Pakistan's soccer ball industry", Journal of Small Business & Entrepreneurship, 22.1, 2009, pp. 9-24.

Bowen, Howard R. "Social responsibilities of the businessman.", University of Iowa Press, 2013.

Briot, Eugénie, and Christel De Lassus. "La figure de l'entrepreneur fondateur dans le récit de marque et la construction de la personnalité de la marque de luxe.", Management international/International Management/Gestiòn Internacional 17.3, 2013, pp. 49-64.

Cameron, K. S., Diagnosing and Changing Organizational Culture: Based on the

Competing Values Framework, Reading, Mass.: Addison—Wesley, 1999.

Carroll, Archie B. "A three—dimensional conceptual model of corporate performance.", Academy of management review 4.4, 1979, pp. 497—505.

Carroll, Archie B. "The pyramid of corporate social responsibility: Toward the moral management of organizational stakeholders.", Business horizons 34.4, 1991, pp. 39—48.

Cho, Seung Ho, and Karla K. Gower. "Framing effect on the public's response to crisis: Human interest frame and crisis type influencing responsibility and blame.", Public Relations Review 32.4, 2006, pp. 420—422.

Cousineau, Phil, Once and Future Myths: The Power of Ancient Stories in Modern Times, Conari Press, 2001.

Dickinson, J. Barry. "The role of authenticity in relationship marketing.", Journal of Management and Marketing Research 8, 2011, pp. 1—12.

Dodds, William B., Kent B. Monroe, and Dhruv Grewal. "Effects of price, brand, and store information on buyers' product evaluations.", Journal of marketing research, 1991, pp. 307—319.

Denning, Stephen. "Effective storytelling: strategic business narrative techniques.", Strategy & Leadership 34.1, 2006, pp. 42—48.

Draper, Tim, and Steve Jurvetson. "Viral Marketing.", Netscape M Files, 1997.

Ellis, G. and J. Brewster. "The storytelling handbook: A guide for primary teacher of English." Hamondswath: Penguin , 1991.

Escalas, Jennifer Edson. "Narrative processing: Building consumer connections to brands.", Journal of Consumer Psychology 14.1—2, 2004, pp. 168—180.

Fawcett, Stanley E., and Amydee M. Fawcett. "The "living" case: Structuring storytelling to increase student interest, interaction, and learning.", Decision Sciences Journal of Innovative Education 9.2, 2011, pp. 287—298.

Feick, Lawrence F., and Linda L. Price. "The market maven: A diffuser of mar— ketplace information.", The Journal of Marketing, 1987, pp. 83—97.

Fisher, Walter R. "Narration as a human communication paradigm: The case of public moral argument.", Communications Monographs 51.1, 1984, pp. 1—22.

Flanagin, Andrew J., and Miriam J. Metzger. "Internet use in the contemporary media environment.", Human communication research 27.1, 2001, pp. 153—181.

Fog, Klaus, Christian Budtz, and Baris Yakaboylu, Storytelling: Branding in

Practice, Samfundslitteratur Press, 2005.

Gagne, Robert. "The Conditions of Learning and Theory of Instruction Robert Gagné.", New York, NY: Holt, Rinehart and Winston, 1985.

Gass, Robert H., and John S. Seiter, Persuasion: Social influence and compliance gaining, Routledge, 2015.

Goffee, Rob, and Gareth Jones. "Managing authenticity: The paradox of great leadership.", Harvard business review 83.12, 2005, pp. 85−94.

Grandey, Alicia A., et al. "Is "service with a smile" enough? Authenticity of pos− itive displays during service encounters.", Organizational Behavior and Human Decision Processes 96.1, 2005, pp. 38−55.

Greimas, Algirdas Julien. "Semantique structurale.", Paris, PUF, 1986. p. 180.

Hill, Dan. "Body of truth: Leveraging what consumers can't or won't say.", John Wiley & Sons, 2003.

Ho, Jason YC, and Melanie Dempsey. "Viral marketing: Motivations to forward online content.", Journal of Business research 63.9, 2010, pp. 1000−1006.

Holbrook, Morris B. "The nature of customer value: an axiology of services in the consumption experience.", Service quality: New directions in theory and practice 21, 1994, pp. 21−71.

Holbrook, Morris B., and Elizabeth C. Hirschman. "Consumer fantasies, feelings, and fun: The experiential aspects of consumption.", unpublished working pa− per, 1981.

Holt, Douglas B. "How brands become icons: The principles of cultural branding.", Harvard Business Press, 2004.

Hovland, Carl I., and Walter Weiss. "The influence of source credibility on com− munication effectiveness.", Public opinion quarterly 15.4, 1951, pp. 635−650.

Huang, M., F. Wang, and T. Xie. "A review on word−of−mouth and its devel− opment under online environment [J].", Chinese Journal of Management , 2010, pp. 138−142.

Jerome S. Bruner, Acts of Meaning, Harvard University Press, 1990.

Jerome S. Bruner 저, Actual Minds, Possible Worlds, Vol. 1. Harvard University Press, 1986.

Joseph Campbell, Bill Moyers, The power of Myth, Anchor Books, 2011.

Keller, Kevin Lane, M. G. Parameswaran, and Isaac Jacob. "Strategic brand man− agement: Building, measuring, and managing brand equity." Pearson Education

India, 2011.

Kernis, Michael H., and Brian M. Goldman. "A multicomponent conceptualization of authenticity: Theory and research.", Advances in experimental social psy–chology 38, 2006, pp. 283–357.

Lee, Elissa, and Laura Leets. "Persuasive storytelling by hate groups online ex–amining its effects on adolescents.", American Behavioral Scientist 45.6, 2002, pp. 927–957.

Lounsbury, Michael, and Mary Ann Glynn. "Cultural entrepreneurship: Stories, legitimacy, and the acquisition of resources.", Strategic management journal 22.6-7, 2001, pp. 545–564.

Lundqvist, Anna, et al. "The impact of storytelling on the consumer brand experie nce: The case of a firm–originated story.", Journal of Brand Management 20.4, 2013, pp. 283–297.

Lutz, Hartmut. "Contemporary Challenges: Conversations with Canadian Native Authors.", Fifth House, 1991.

MacIntyre, Alasdair. "After Virtue: A Study in Moral Theory.", University of Notre Dame Press 187, 1981.

McElhaney, Kellie. "A strategic approach to corporate social responsibility.", Leader to Leader 52.1, 2009, pp. 30–36.

Mehta, Abhilasha, and Scott C. Purvis. "Reconsidering recall and emotion in advertising.", Journal of Advertising research 46.1, 2006, pp. 49–56.

Minton, Elizabeth A. "Belief systems, religion, and behavioral economics: Marketing in multicultural environments.", Business Expert Press, 2013.

Modzelewski, F. Mark. "Finding a cure for viral marketing.", Direct Marketing News 11.09, 2000, p. 100.

O'Connor, Ellen. "Storied business: Typology, intertextuality, and traffic in en–trepreneurial narrative.", Journal of Business Communication 39.1, 2002, pp. 36–54.

Olins, Wally. "The corporate personality: An inquiry into the nature of corporate identity.", Mayflower Books, 1978.

Olson, James M., and Mark P. Zanna. "Attitudes and attitude change.", Annual review of psychology 44.1, 1993, pp. 117–154.

Padgett, Dan, and Douglas Allen. "Communicating experiences: A narrative ap–proach to creating service brand image.", Journal of advertising 26.4, 1997, pp.

49－68.

Pennington, Nancy, and Reid Hastie. "Evidence evaluation in complex decision making.", Journal of Personality and Social Psychology 51.2, 1986, pp. 242－258.

Perloff, Richard M., The dynamics of persuasion: communication and attitudes in the twenty－first century, Routledge, 2010.

Pham, Long, Ebetuel Pallares－Venegas, and Jeffrey E. Teich. "Relationships be－ tween logo stories, storytelling complexity, and customer loyalty.", Academy of Banking Studies Journal 11.1, 2012, pp. 73－92.

Phelps, Joseph E., et al. "Viral marketing or electronic word－of－mouth adver－ tising: Examining consumer responses and motivations to pass along email.", Journal of advertising research 44.4, 2004, pp. 333－348.

Philip Kotler, Kevin Lane Keller, Swee Hoon Ang, Siew Meng Leong, & Chin Tiong Tan, "Markeing Management: An Asian Perspective.", Pearson: Singapore, 2009.

Philip, Kotler. "Marketing management: analysis planning implementation and control.", Prentice－Hall of India, 1994.

Porter, Michael E., and Mark R. Kramer. "The big idea: Creating shared value.", Harvard Business Review 89.1, 2011, pp. 1－12.

Rideout, J. Christopher. "Storytelling, narrative rationality, and legal persuasion.", Legal Writing: J. Legal Writing Inst. 14, 2008.

Roger C. Schank and Robert P. Abelson , Knowledge and Memory: the Real story: Advances in social cognition 8, 1995.

Roger C. Schank, Tell Me a Story : Narrative and Intelligence, Northwestern University Press Evanstone, Illinois, 1990.

Rotter, Julian B. "A new scale for the measurement of interpersonal trust.", Journal of personality 35.4, 1967, pp. 651－665.

Salmon, Christian. "Storytelling: la machine à fabriquer des histoires et à formater les esprits.", La Découverte, 2013.

Scholes, Robert. "Language, narrative, and anti－narrative.", Critical Inquiry 7.1, 1980, pp. 204－212.

Schultz, Don E., Stanley I. Tannenbaum, and Robert F. Lauterborn. "Integrated marketing communication: Pulling it together and making it work.", Lincolnwood, IL: NTC Publishing Group, 1993.

Schulz, W. "A three−dimensional theory of interpersonal behavior.", New York: Holt, Rhinehart, & Winston, 1958.

Schwartz, Mark S., and Archie B. Carroll. "Corporate social responsibility: A three−domain approach.", Business ethics quarterly 13.04, 2003, pp. 503−530.

Selame, Elinor, and Joe Selame. "Developing a corporate identity: How to stand out in the crowd.", Chain Store Pub. Corp., 1975.

Shankar, Avi, Richard Elliott, and Christina Goulding. "Understanding con−sumption: Contributions from a narrative perspective.", Journal of marketing Management 17.3−4, 2001, pp. 429−453.

Shee, P. S. B., and Russell Abratt. "A new approach to the corporate image management process.", Journal of marketing management 5.1, 1989, pp. 63−76.

Simmons, John. "Guinness and the role of strategic storytelling.", Journal of Strategic Marketing 14.1, 2006, pp. 11−18.

Stern, Barbara B. "Classical and vignette television advertising dramas: Structural models, formal analysis, and consumer effects.", Journal of Consumer Research 20.4, 1994, pp. 601−615.

Stutts, Nancy B., and Randolph T. Barker. "The use of narrative paradigm theory in assessing audience value conflict in image advertising.", Management Communication Quarterly 13.2, 1999, pp. 209−244.

Thompson, Craig J., and Eric J. Arnould. "Narrative analysis of a marketing rela−tionship: The consumer's perspective.", Psychology & Marketing 15.3, 1998, pp. 195−214.

Tom Duncan 저, 브랜드 커뮤니케이션, 북코리아, 2003.

Topalian, Alan. "Corporate identity: beyond the visual overstatements.", International Journal of Advertising 3.1, 1984, pp. 55−62.

van Riel, Cees BM, and John MT Balmer. "Corporate identity: the concept, its measurement and management.", European journal of marketing 31.5/6, 1997, pp. 340−355.

White, James Boyd, Heracles' bow: Essays on the rhetoric and poetics of the law, Univ of Wisconsin Press, 1985.

Woodside, Arch G., Suresh Sood, and Kenneth E. Miller. "When consumers and brands talk: Storytelling theory and research in psychology and marketing.", Psychology & Marketing 25.2, 2008, pp. 97−145.

Wood, Wendy. "Attitude change: Persuasion and social influence.", Annual review of psychology 51.1, 2000, pp. 539－570.

Zainuddin, Nadia, Josephine Previte, and Rebekah Russell－Bennett. "A social marketing approach to value creation in a well－women's health service.", Journal of Marketing Management 27.3－4, 2011, pp. 361－385.

Zillmann, Dolf. "Mood management through communication choices.", American Behavioral Scientist 31.3, 1988, pp. 327－340.

[인터넷 사이트]

http://terms.naver.com/list.nhn?cid＝41991&categoryId＝41991

http://www.oecd.org

https://www.tuv.com/media/india/informationcenter_1/systems/Corporate_Social_Responsibility.pdf

http://www.themackiss.co.kr/sub/eco_healing.php

https://www.guinness.com/ko－kr

http://www.rekorea.net/bbs/board.php?bo_table＝repu6&wr_id＝336

http://egloos.zum.com/mijk/v/4395477

http://www.ogilvy.com.au/our－work/share－coke

http://romabike.eurobike.kr/bbs_2013.php?table＝tongsin&act＝view&gcd＝3183&T_CON＝FR

http://www.insight.co.kr/article.php?ArtNo＝2660

http://egloos.zum.com/thiiink/v/5163785

https://www.youtube.com/watch?v＝rmnsiaap384

http://kr.wsj.com/posts/2014/11/14/%EB%AF%BC%EA%B0%84%EC%9A%B0%EC%A3%BC%EC%97%AC%ED%96%89－%EC%84%A0%EA%B5%AC－%EB%B2%84%EC%A7%84－%EA%B0%A4%EB%9F%AD%ED%8B%B1%EC%9D%98－%EC%B6%94%EB%9D%BD%ED%95%9C－%EC%9A%B0%EC%A3%BC%EC%84%A0/

http://www.jejupress.co.kr/news/articleView.html?idxno＝68212

http://www.millet.co.kr/brand/brand/brand_story.php

http://www.travelnbike.com/news/articleView.html?idxno＝14322

찾아보기

Sookyeong Hong

Associate professor, Department of Media & Advertising, Hansei University, Korea

- Teaching field: Persuasion and Communication, Broadcasting Programming and Analysis, Media Criticism, Digital Contents Workshop, Radio Program ming, Introduction to Journalism, Creative writing, Media Storytelling
- Research field: Multiculture and media contents, Media Contents Analysis, Storytelling

- Academic background

2007. Ph.D. in Information and Communication, University of Paris II, France

2002. DEA in Media and Multi—Media, University of Paris II, France

1996. Master in Information and Journalism, University of Paris II, France

1992. B.A. in Economics, Ewha Women's University, Korea

- Publications

2015. Creative Writing Project, PakYoung Books, Seoul, Korea

2012. SNS and Debate, Naeha Publication, Seoul, Korea

2011. Storytelling and Human, Imagine Channel Publication, Seoul, Korea

2010. Talking to Fascinating City, Saramdeul Publication, Seoul, Korea

2008. Get on the Sad Train (Poetry), Naeha Publication, Seoul, Korea

2006. Elephant Fed by Creativity, Naeha Publication, Seoul, Korea

- Selected papers

2016. "Journalists' Evaluation of the South Korean Government's Crisis Management in the Cheonan Incident", Journal of Contingencies and Crisis Management, Vol.24, No.4, pp. 221—229. (With Seung—Ho Cho)

2016. "The effect of Brand Storytelling based on the Subject of Story", The

Journal of the Korea Contents Association, Vol.16, No.7, pp. 112−121. (With Seung−Ho Cho)

2015. "Improvement of Multicultural Awareness and Story Building by Community Radio", The Journal of the Korea Contents Association, Vol.15, No.5, pp. 98−107.

2014. "Argumentation Structure of SNS Debate and Its Character", The Korean Journal of Art and Media, Vol.13, No.2, pp. 157−173.

2014. "The Public's Evaluation on Authenticity of Crisis Communication: The Case of Airline Crisis", Journal of Safety and Management, Vo.10, No.10, pp. 61−75. (With Seung−Ho Cho)

2014. "The Structure and the Effect of Crisis Storytelling", The Journal of the Korea Contents Association, Vol.14, No.12, pp. 683−693. (With Seung−Ho Cho)

2014. "Argument on the right to be forgotten and the freedom of expression −focused on the reforming the press arbitration system", The Journal of Digital Policy and Management, Vol.12, No.6, pp. 1−11.

2014. "Right to delete and Right to be forgotten−Discuss on the condition of the right to delete", The Journal of Digital Policy and Management, Vol.12, No.12, pp. 13−22.

2013. "The Effect of Multi−cultural TV Program on The Viewers' Perception of Migrant Women", The Journal of Digital Policy and Management, Vol.11, No.7, pp. 19−26.

2013. "Explore to Use of Pod cast Through Theory of Planned Behavior", The Journal of Digital Policy and Management, Vol.11, No.2, pp. 183−191. (With Seung−Ho Cho)

2013. "The Effect of Female Immigrants' Image on Building Relationship", International Journal of Digital Content and its Application, Vol.7, No.12, pp. 401−405. (With Seung−Ho Cho)

2013. How Does Social Issue Moderate Diffusion of Innovation: A case of podcasting with Naneun Gomsuda in Korea, International Journal of Advancements in computing Technology, Vol.5, No.12, pp. 350−355. (With Seung−Ho Cho)

2013. "The Structure of Conflict's Storytelling of Musical", The Korean Journal of Art and Media, Vol.12, No.2, pp. 199−211. (With Jiyoung Jung)

2012. "CEO's Twitter Message and Image: Exploring CEO's Twitter Messages and Followers", The Journal of Digital Policy and Management, Vol.10, No.6, pp. 83−92. (With Seung−Ho Cho)

2011. "Exploring Political Figures' Image through Microbloging: Analyzing Twitter Messages of Political Figures", The Journal of Digital Policy and Management, Vol.9, No.3, pp. 95−104. (With Seung−Ho Cho)

2011. "The Effect of Individual Political Position on Evaluation on Government's Crisis Management: The Case of Frigate Cheonan Disaster", Journal of Safety and Management, Vol.7, No.6, pp. 17−28. (With Seung−Ho Cho and Jung Ryel Cho)

SeungHo Cho

Associate Professor, Department of Global Commerce, Soongsil University, Korea.

- Teaching field: Global marketing, Foreign Resarch Marketing, Global Management, Public Relations & Advertising
- Research field: Global Marketing, Crisis Management, New Media & Marketing, Consumer Behavior, Emotion & Marketing

- Academic background

2007. Ph.D. in Communication Info Sciences, The University of Alabama, United States

2001. M.A. in Mass Communication, Korea University, Korea

1998. B.A. in Philosophy, Soongsil University, Korea

- Selected papers

2016. The effect of brand storytelling based on the subject of story. (With Sook−Yeong Hong)

2015. The Study of consumer's perception toward authenticity of CSR after a multinational company's crisis.

2014. The structure and the effect of crisis storytelling. (With Sook−Yeong Hong)

2012. Corporate social responsibility as a halo effect in issue management (With Yong−Chan Kim)

2011. The effect of human interest framing in cause related marketing (CRM) on a consumer's purchase intention mediated by negative emotions and empathy. (With Jun−Sang, Lim)

2010. A cross−cultural study of effective organizational crisis response strategy in the United States and South Korea. (With Seon−Kyoung An, Don−jin Park, & Bruce Berger)

2009. We want our MTV: Glocalization of cable content in China, Korea, and Japan. (Seungho Cho & J−Y Chung)

2009. Image of women in STEM fields (With M. Goodman, B. Oppenheiner, J. Codling, & T. Robinson)

2008. Sport PR in message boards on major league baseball websites (With ChangWan Woo, & Seon−Kyoung An)

2007. Effects of motivation and gender on adolescents' self−disclosure in online chatting.

스토리텔링 마케팅: 이론과 적용

초판발행   2017년 4월 17일
중판발행   2022년 2월 10일

지은이   홍숙영 · 조승호
펴낸이   안종만 · 안상준

편 집   배근하
기획/마케팅   김한유
표지디자인   김연서
제 작   고철민 · 조영환

펴낸곳   ㈜**박영사**
        서울특별시 금천구 가산디지털2로 53, 210호(가산동, 한라시그마밸리)
        등록 1959. 3. 11. 제300-1959-1호(倫)
전 화   02)733-6771
f a x   02)736-4818
e-mail   pys@pybook.co.kr
homepage   www.pybook.co.kr
ISBN   979-11-303-0441-0 93320

* 파본은 구입하신 곳에서 교환해 드립니다. 본서의 무단복제행위를 금합니다.
* 저자와 협의하여 인지첩부를 생략합니다.

정 가   14,000원